CHRISTOPH KARDINAL SCHÖNBORN

DIE MENSCHEN, DIE KIRCHE, DAS LAND

Christentum als gesellschaftliche Herausforderung

MOLDEN VERLAG

Christoph Kardinal Schönborn

DIE MENSCHEN, DIE KIRCHE, DAS LAND

Christentum als gesellschaftliche Herausforderung

MOLDEN VERLAG WIEN

Die Deutsche Bibliothek – CIP-Einheitsaufnahme
Schönborn, Christoph Kardinal:
Die Menschen, die Kirche, das Land/Christoph Kardinal Schönborn. – Wien:
Molden Verlag, 1998
ISBN 3-85485-013-1

Der Autor hat verfügt, daß die ihm aus diesem Buch zustehenden Honorare direkt dem „Internationalen theologischen Institut in Gaming“ für Stipendien für osteuropäische Studenten zugute kommen sollen.

1.–6. Tausend September 1998
7.–9. Tausend Oktober 1998

Lektorat: Dr. Hubert Feichtlbauer
unter Mitarbeit von Mag. Hubert Philipp Weber
Titelphoto: Gerhard Wartha
Umschlagentwurf: Veronika Molden
Herstellung: Franz Hanns
Druck: Wiener Verlag, Himberg

ISBN 3-85485-013-1

Inhalt

Vorwort

Als Bischof werde ich immer wieder aufgefordert, zu aktuellen Fragen der Gesellschaft aus der Sicht des Glaubens und der Katholischen Kirche Stellung zu nehmen. Einige dieser Wortmeldungen sind im vorliegenden Buch gesammelt. Ich bin mir des fragmentarischen Charakters meiner Ausführungen bewußt. Dennoch zieht sich wie ein roter Faden eine Gewißheit durch alle Beiträge: daß wir heute in allen Bereichen des gesellschaftlichen Lebens vor große neue ethische Herausforderungen gestellt sind, die immer auch im Letzten metaphysische und religiöse Fragen einschließen und die ohne eine Verankerung im transzendenten Geheimnis Gottes nur schwer eine tragfähige Antwort finden.

Unsere demokratische, rechtsstaatliche Ordnung basiert auf Grundwerten und Haltungen, die sie nicht selber geschaffen, sondern empfangen hat. Das Christentum hat sie weitgehend vermittelt und gepflegt: die unveräußerliche Würde *jeder* menschlichen Person, die Gemeinschaftswerte, deren Gedeihen durch die zehn Gebote geschützt ist, und das Wissen um die eigene Geschöpflichkeit, in Gottesverehrung und Weltverantwortung. Nicht minder prägend waren und sind die Haltungen des Evangeliums, besonders der Bergpredigt Jesu Christi: gegenseitiges Erbarmen, Bereitschaft, Schuld zu bekennen und zu vergeben, den Feinden Gutes, ja Liebe zu erweisen, die Armen bevorzugt als Gottes Lieblinge zu behandeln. Trotz allen Versagens haben diese Haltungen unserem Land und dem europäischen Raum ihr Gepräge gegeben. Gleichnisse Jesu wie das vom barmherzigen Samariter, vom verlorenen Sohn; Worte Jesu wie „Wer von euch ohne Sünde ist, werfe den ersten Stein“ (Joh 8, 7) oder „Was ihr dem geringsten meiner Brüder getan habt, das habt ihr mir getan" (Mt 25, 40) haben, wo sie gelebt wurden, die „Seelenlandschaft" und das humane „Klima" nachhaltig geformt.

Wie diese Grundwerte und Haltungen in den verschiedenen Bereichen der Gesellschaft, in Politik und Wirtschaft, in Bildung und Kunst, in Medizin und Medien, aber auch in der Kirche selbst besser wahrgenommen und gelebt werden können, ist Thema der Beiträge dieses Buches. Ich danke Fritz Molden für seine Initiative dazu, Dr. Hubert Feichtlbauer für seine redaktionelle Mithilfe, Mag. Hubert Weber und dem Verlag für die Betreuung des Manuskripts. Möge das Buch, trotz seiner Unvollkommenheiten, Zeugnis geben „vom Grund unserer Hoffnung" (1 Petr 3, 5).

Wien, am 9. August 1998
am 55. Todestag von Franz Jägerstätter

1.
Kirche und Gesellschaft

Krisen- und Wendezeit – Versuch einer Standortbestimmung

Kirche und Gesellschaft sind betroffen

„Die Kirche verliert ihre Basis" – so schrieb mir vor einiger Zeit ein besorgter Katholik. Er konnte genügend Gründe für seine Sorge anführen: Die große Kirchenaustrittswelle, die nun schon seit Ende der 70er Jahre andauert, will nicht abebben. Sie führt zu einem unübersehbaren Mitgliederschwund. Der Kirchenbesuch ist in den letzten 15 Jahren um die Hälfte zurückgegangen. „Die Kirche verliert die Jugend", so wird geklagt. Im 19. Jahrhundert habe die Kirche die Arbeiterschaft verloren, heute verliere sie die Frauen. Priestermangel bedroht das Leben der Gemeinden. Die katholische Moral, besonders die Sexualmoral, sei einer der Gründe, warum so viele Zeitgenossen mit dieser Kirche nichts mehr anfangen können. „Rom" ist für viele ein Rotes Tuch, der Papst ist ihnen Inbild einer überholten Institution, deren Ende abzusehen sei.

Dem besorgten Briefschreiber antwortete ich mit einer Gegenfrage: „Ist es nicht vielmehr so, daß unsere Gesellschaft ihre Basis verliert?" Und ich konnte nun meinerseits eine erhebliche Liste von besorgniserregenden Krisenzeichen anführen. Bei meinen häufigen Schulbesuchen höre ich immer wieder: Es gibt kaum mehr Kinder, die aus „intakten" Familien kommen. Die Kinder bringen in den seltensten Fällen religiöses Grundwissen von zu Hause mit. Das bedeutet aber: Bereits die Elterngeneration ist immer öfter nicht mehr religiös „beheimatet" – ein Zeichen dafür, daß die familiären, die sozialen, die religiösen Bindungen schwächer werden. Krisenhaft entwickelt sich die Arbeitsmarktsituation: Immer mehr Menschen müssen um den Arbeitsplatz bangen, büßen damit Stabilität in der Lebensgestaltung ein, sind den neuen Belastungen der Flexibilisierung, der Mobilität, der Beschleunigung ausgesetzt, was wiederum die menschlichen Beziehungen schwächt und brüchiger macht.

Der Glaube an einen kontinuierlichen Fortschritt ist bei vielen ins Wanken geraten.

Die Krise der Kirche und die Krise der Gesellschaft kann man nicht voneinander trennen; sie sind ineinander verwoben wie das Leben der Christen, die die Kirche bilden, mit dem Leben des Landes, der Gesellschaft verquickt ist. Und man darf beide nicht übertreiben. Das mediale, veröffentlichte Bild der Kirche scheint nur die Krise zu kennen. Die zahlreichen internationalen Medienvertreter, die zum Papstbesuch (19.–21. Juni 1998) nach Österreich gekommen waren, erwarteten sich vor allem ein Bild dramatischer Krisenzustände. Eine Kirche, die herzhaft und festlich zu feiern versteht, die sich des Glaubens freut und dem Papst einen herzlichen Empfang bereitet, paßte nicht ins Schema. Daß die Kirche lebt, daß sie in der Gesellschaft, in vielen Gemeinschaften und Gemeinden lebendig ist, scheint im Krisenszenarium nicht auf.

Die Kirche lebt. Doch ist sie auch weiterhin prägende Kraft in diesem Land? Wird sie nicht zum „Minderheitenprogramm", zur „kleinen Herde"? In manchen Wiener Schulen sind die muslimischen Kinder die größte Religionsgruppe. Die Katholikenzahl in Wien nähert sich der Fünfzig-Prozent-Marke. Was bedeuten diese Entwicklungen für die Kirche, für die Gesellschaft? Stellt das Christentum tatsächlich jene gesellschaftliche Herausforderung dar, die es seiner Sendung nach sein sollte? Die folgenden Kapitel versuchen, auf diese Frage ein wenig zu antworten. In diesem ersten Kapitel soll der Versuch unternommen werden, den Standort von Kirche und Gesellschaft heute genauer in den Blick zu bekommen. Dabei geht es mir nicht um eine neutrale Analyse, sondern um Orientierungen für die Zukunft, um die Benennung der Ziele, um die Wahl der Wege zu diesen Zielen.

Unsere kirchliche Situation ist – nicht anders als die gesellschaftliche – durch eine große Unübersichtlichkeit geprägt.

Entsprechend vielfältig, ja oft widersprüchlich, sind die Ratschläge, die man als Bischof bekommt, oft in der Form von sehr bestimmten und drängenden Forderungen. Nicht nur die Gesellschaft, auch die Kirche wird immer vielgestaltiger wahrgenommen. Dementsprechend unterschiedlich fallen die Vorstellungen aus, in welche Richtung der Weg weitergehen soll. Drei Wege seien im folgenden bedacht; sie überschneiden sich zum Teil, haben Berührungspunkte aber auch deutliche Unterschiede, bis hin zu Widersprüchen. Deshalb werden sie bisweilen auch als sich konkurrenzierende, ja einander bekämpfende Richtungen erlebt. Ich meine

1. die Richtung, die mit dem Stichwort „Kirchenvolksbegehren" angezeigt ist;
2. die wachsende Strömung der sogenannten „neugeistlichen Bewegungen";
3. schließlich, oft medial und in der innerkirchlichen Diskussion zu sehr vernachlässigt, die schlicht und unspektakulär gelebte christliche Identität, die einfach praktizierte „Nachfolge Christi".

Das „Kirchenvolksbegehren": zukunftsweisend oder Nachhut der Moderne?

In fast jeder Diskussion, in Pfarren, in Schulen, in Gesprächsrunden, begegnen dem Bischof seit Jahren „unfehlbar" eine Reihe von Fragen: Aufhebung des Zölibats, Priesterweihe für Frauen, katholische Sexualmoral, Wiederverheiratung Geschiedener. Es hilft wenig, darauf hinzuweisen, daß diese Fragen doch wahrhaftig nicht die einzigen und schon gar nicht die wesentlichen Themen der Christenheit seien – sie kehren, oft ermüdend bis zum Überdruß, stets wieder. Es hilft auch nicht, darauf hinzuweisen, daß diese Fragen nicht durch lokalkirchliche Eigeninitiativen „gelöst“ werden können, daß sie nur im Rahmen der Weltkirche zu beantworten seien – sie kommen dennoch unweigerlich immer wieder auf den Tisch. Dazu mag beitragen, daß sie „Lieblingsthemen“ der Medien sind, als „heiße Eisen“ gelten und daher bevorzugt angesprochen und „warmgehalten“ werden. Wie dem auch sei, die Themen sind da, und sie stellen für viele Katholiken echte, drängende Fragen dar. Durch das „Kirchenvolksbegehren“ des Jahres 1995 sind sie noch akuter geworden.

Dieser Initiative, in einer kirchlichen Krisensituation gestartet, ist international bei weitem nicht der Erfolg beschieden gewesen, den sie in Österreich verzeichnen konnte. In den USA hatten nach 18 Monaten von 60 Millionen Katholiken knapp 30 000 unterzeichnet. In Asien, Afrika, Lateinamerika fand sie praktisch keinerlei Echo. Was bedeutet ihr Widerhall bei uns? Vorweg ist eine ernste Gegenfrage zu stellen, die Johann Baptist Metz aufgeworfen hat: Bei den evangelischen Christen sind alle Forderungen im Sinne des „Kirchenvolksbegehrens“ gelöst. Ist deswegen die Zustimmung zum Christsein größer geworden? Ist die Kirche dadurch „attraktiver“ geworden? Ist es dadurch leichter geworden, heute Christ zu sein? Warum sollte die katholische Kirche das Experiment der evangelischen Kirche einfach wiederholen? Diese Gegenfrage zeigt auf jeden Fall deutlich, daß an diesen Fragen das Christsein heute nicht scheitert.[1] Sie bleiben dennoch virulent, und da sie viele Menschen wirklich bewegen, ja erregen, müssen wir annehmen, daß hinter ihnen echte Sorgen, ja auch „Zeichen der Zeit“ sichtbar werden. Wenigstens stichwortartig sei auf sie eingegangen.

Die *Zölibatsdebatte* ist nicht neu. Es lohnt sich, heute die Schrift Johann Adam Möhlers aus dem Jahr 1828 wiederzulesen, in der er Punkt für Punkt auf eine Denkschrift der Freiburger Theologieprofessoren zur Abschaffung des „Pflichtzölibats“ antwortet. Kaum ein heutiges Argument ist nicht schon damals zu finden.[2] Die Debatte war eng verbunden mit der tiefen Glaubens- und Kirchenkrise der Aufklärungszeit. Die Hauptargumente gegen den Zölibat waren schon damals, daß er nicht mehr zeitgemäß sei und daß es seinetwegen zu wenige Priester gebe. Möhlers Antwort wendet sich mit der ihm eigenen Ruhe und heiteren Gelassenheit gegen den massiven Meinungsdruck. Er ist überzeugt, daß eine die Seichtheit des aufgeklärten Christentums überwindende Glaubensvertiefung wieder Freude an dieser Berufung wekken werde, sein Leben ganz dem Reich Gottes zu widmen und so Zeichen für die kommende Welt zu sein. Möhler hat recht behalten, auch wenn er, der 1836 erst 42jährig starb, nur die ersten Anzeichen der Wende erleben sollte. Der große Neuaufbruch der Katholischen Kirche, vor allem ab der Mitte des 19. Jahrhunderts, mit seinen zahlreichen Gründungen, seiner weltweiten missionarischen Ausbreitung der Kirche, seinen vielen bis in unsere Zeit reichenden apostolischen Initiativen, ließ die Zölibatsdebatte wieder verstummen. Ich wage daher die These, daß es besonders die Krisenzeiten der Kirche sind, die auch zu neuen „Zölibatsdebatten“ führen. Ich glaube auch, daß sich die Zeichen einer Glaubenserneuerung mehren und daß die Wertschätzung für die Ehelosigkeit um des Himmelreiches willen trotz allen Widerspruchs wieder wachsen wird.

Der bleibende, einzig tragfähige Grund für diese Lebensform ist die Lebensweise Jesu Christi selbst, die Tatsache, daß er – für seine Zeit und sein Volk reichlich ungewohnt, ja anstößig – ehelos geblieben ist und daß er diesen Weg „um des Himmelreiches willen“ (Mt 19, 12) auch anderen als Lebensform zugemutet hat. Ich glaube, die entscheidende Frage ist auch heute: Wird der priesterliche Zölibat als Zeichen für das Reich Gottes und die Verbundenheit mit Christus gelebt und wahrgenommen? Wird im freiwilligen Verzicht auf Ehe und Familie etwas von dem sichtbar, um dessentwillen dieser Verzicht verantwortbar und lebbar ist: Jesus Christus und sein „Himmelreich"?

Als Erzbischof von Wien bin ich auch Ordinarius für die griechisch-katholischen Christen in Österreich und damit für deren Priester, die zum Teil verheiratet sind. Ich kann diesen Priestern nur ein gutes Zeugnis ausstellen. Die zölibatäre Lebensform der Priester, die in der (lateinischen) Kirche nicht, wie oft behauptet wird, erst im Mittelalter aufgekommen ist, sondern schon in die Frühzeit des Christentums reicht[3], ist nicht unabänderlich dogmatisch fixiert. Sie aber gerade heute zu ändern schiene mir unter anderem aus folgendem Grund bedenklich. Ein wach beobachtender Laie hat mich darauf hingewiesen, daß eine Entkoppelung von Priestertum und Zölibat nur dann verantwortbar wäre, wenn einerseits die Ehe ein geschützter Raum wäre und anderseits das Mönchtum, das Ordensleben in Blüte stünde. Mit anderen Worten: Es dürfte nicht auch die Ehe in Krise sein, was heute, da der Schutzzaun um die Ehe fast völlig niedergerissen ist, nicht der Fall ist; und es müßte das für die Kirche notwendige Charisma der Ehelosigkeit durch ein kräftiges, anziehendes Mönchs- und Ordensleben leuchten. Da beide Voraussetzungen heute gerade in unseren Breiten nicht gegeben sind, wäre ein Abgehen von der zölibatären Lebensform der Priester derzeit kaum zu verantworten.

Das *Priestertum für Frauen* ist ein relativ neues Thema. In allen christlichen Kirchen herrschte bis vor wenigen Jahrzehnten Einhelligkeit, daß vom Neuen Testament her das kirchliche Amt Männern vorbehalten ist. Auch die intensive „Frauenforschung" der letzten Jahre hat zu dieser Regel keine nennenswerten Ausnahmen aufzeigen können. Die Frage lautet daher: Ist die ununterbrochene Praxis der Kirche eine Stiftung Christi? Dann ist die Kirche an sie gebunden und nicht frei, diese Ordnung umzustoßen. Daran erinnert der Papst, und deshalb könne er nicht anders verfügen. Dennoch geht die Debatte weiter. Die Erklärung des Papstes ist weder ein Denk- noch ein Redeverbot. Wohl aber weist er klar auf eine Vorgabe hin, die im katholischen Kirchenverständnis nicht übergangen werden kann. Von diesem her gesehen erweist es sich als Fehlschluß, aus dem Nein zum Frauenpriestertum ein Nein zur „Frau in der Kirche" abzuleiten. Ein tiefsitzendes Mißverständnis sieht „die Kirche" primär als die Gruppe der „Amtsträger", als „Amtskirche". Das II. Vaticanum hat aber das ganze Volk Gottes als die Kirche in den Blick genommen und sich entschieden von einer auf den Klerus beschränkten Sicht der Kirche abgewandt.

Wird die Kirche nicht nur in ihrer hierarchischen Struktur gesehen, sondern in ihrem „Lebensgeheimnis", dann muß auffallen, daß die „Urbilder" für die Kirche durchgehend weiblich sind: sie wird biblisch als Braut und Mutter gesehen, als bergender, schützender Lebensraum[4]. „Die umgreifende Mütterlichkeit der Kirche"[5] ist die Dimension, auf die es mehr denn je ankommt. Ob sie auf diese Weise erfahren wird, hängt auch davon ab, ob ein dem Evangelium gemäßes Miteinander von Frauen und Männern, ein Ja zur gegenseitigen Hilfe und Ergänzung gelingt; ein Miteinander, das nur allzuleicht von Konkurrenz und Rivalität bedroht ist. Wo aber dieses Miteinander glaubwürdig gelebt und auch durch alle Schwierigkeiten hindurch liebend getragen wird, kann der Heilige Geist neue Wege und neue Formen zeigen, wie das kirchliche Amt in seiner Vielgestaltigkeit sich weiter entwickeln soll.

Die *Katholische Moral* verlangt eine Neubesinnung.[6] Kaum ein kirchliches Thema hat in den vergangenen Jahren für so viel Konfliktstoff gesorgt wie die katholischen Normen der Sexual- und Ehemoral, die in einer weltanschaulich pluralistischen Wohlfahrtsgesellschaft in zunehmendem Spannungsverhältnis zur Lebensrealität großer Teile der Bevölkerung stehen. Die Gefahr ist nicht zu übersehen, daß „katholische Moral“ bei vielen sich auf Verbote im Sexualbereich reduziert. Grund dafür ist die heute üblich gewordene, solche Bereiche bevorzugende Berichterstattung, aber wohl auch die zu einseitige Betonung dieser Themen in der kirchlichen Verkündigung. Die gegenwärtigen Erschütterungen in der Kirche können zum positiven Anstoß für eine dringende Neubesinnung in der katholischen Moralverkündigung werden. Auch in der katholischen Moraltheologie des 19. Jahrhunderts – und bis weit in unser Jahrhundert hinein – gab es unleugbar ein Übergewicht der Sexualmoral gegenüber dem Ganzen des sittlichen Lebens. Geht man noch weiter zurück, so zeigt sich, daß seit langem die Moraltheologie einseitig „kasuistisch“ auf das Erlaubte und Verbotene ausgerichtet war – mit detaillierten Grenzangaben.

Moral ist aber mehr als eine Summe von Geboten und Verboten. Sie hat etwas mit gelungenem Leben zu tun, mit dem, wonach es das Herz verlangt (wenn es ihm gelingt, im Tumult der Leidenschaften und im Lärm der Zeit sich Gehör zu verschaffen). Aristoteles, Plato, Augustinus, Thomas sahen die Moral als einen Weg zum „glücklichen Leben“. Dazu sind Gebote und Verbote Wegweiser, der innere Kompaß aber ist jenes Gespür für das Richtige, das wir „Gewissen“ nennen. Der Hauptakzent dieser „klassischen“ Moral, die seit Kants bloßer Pflichtenethik und seit der katholischen Kasuistik vergessen oder vernachlässigt worden ist, liegt auf den „Tugenden“, auf jenen Haltungen, die das menschliche Leben aufbauen, zur Reife und Erfüllung bringen, es im Ergebnis „gelingen“ lassen. Es geht vor allem um das Einüben menschlicher Grundhaltungen, aus denen heraus das richtige, auch beglückende Handeln und Verhalten zur spontanen Reaktion, zum inneren Bedürfnis und nicht bloß zur äußeren Pflicht wird. Anders als Kant sagen die „Klassiker“: Tugend bewirkt Freude!

Wir haben die große Tradition der christlichen „Meister des Lebens“ verlernt, für die die christliche Moral Ausdruck einer „Lebenslehre“, eines dynamischen, vielgestaltigen Weges ist. Wir haben stets das hohe Ziel des Menschen verkündet, ohne das es keinen Weg, keine Orientierung gibt, wir haben aber zu wenig die Wege dorthin gesucht: alles, was die menschliche Persönlichkeit erst in den Stand setzt, ihr Ziel zu erreichen, was sie aufbaut, was sie beziehungsfähig macht, oder, um es mit dem einfachsten Wort der Ethik zu bezeichnen, was den Menschen „gut“ macht. Es ist wichtig, das unverkürzte Ideal zu zeigen, aber es ist entmutigend, wenn nicht zugleich die Stufen und Grade der Annäherung, die Etappen des Wachsens und Reifens, das Umgehen mit Versagen und Scheitern gezeigt werden. Die Kirche hat nicht nur den Auftrag, das hohe Ziel sittlichen Lebens zu verkünden, sondern auch mit großer Aufmerksamkeit die Spuren gelebter Sittlichkeit überall dort auszumachen, wo nicht das ganze Ideal verwirklicht ist, wo aber in konkreten Lebenswirklichkeiten, die äußerlich weit vom christlichen Ideal entfernt sein mögen, tatsächlich Gutes geschieht, wo nach einem oftmals beeindruckenden inneren sittlichen Anspruch gehandelt wird. Jedes noch so kleine Gute ist Anlaß zur Freude, weil es im Fragment die Größe des schlechthin Guten ahnen läßt.

Moral – Wegweiser zum „glücklichen Leben“: das heißt auch, die Erfahrungen von Versagen, Scheitern, Schuld und Leid nicht verdrängen, nicht „wegerklären“. Peter Turrinis inzwischen berühmt gewordener Satz „Die Sünde muß wieder benannt, die Vergebung muß wieder erfleht werden“ spricht eine Grundvoraussetzung „gelungenen Lebens“ an: das Anerkennen von Sünde und Schuld und das Wissen darum, daß keiner sich selbst daraus befreien kann ohne den Zuspruch der Vergebung, ohne das Geschehen der Versöhnung. Dieses Anerkennen wird mir aber nur dort möglich sein, wo ich mich nicht verurteilt und verworfen weiß. In der Mitte der christlichen Moralverkündigung steht die Botschaft vom Kreuz Jesu Christi: „Er hat mich geliebt und sich für mich hingegeben" (Gal 2, 20). Jesu Wort zur Ehebrecherin „Ich verurteile dich nicht. Geh und sündige von jetzt an nicht mehr" (Joh 8, 11) weist den Weg einer motivierenden, ermutigenden christlichen Moral: weil sie um die zuvorkommende, vergebende Liebe Gottes weiß, kann sie Schuld und Sünde benennen, ohne den Menschen zu verurteilen, kann sie Schritte auf dem Weg zum Guten auch in deren Unvollkommenheit bejahen. Nicht verschweigen wird sie freilich, daß jeder Weg sittlicher und damit glücklicher Lebensgestaltung ein gerüttelt Maß an Mühe, an Kampf mit sich selbst und an Verzicht auf manche Soforterfüllung bedeutet. Ein geglücktes ist nicht unbedingt ein leichtes Leben – ohne Kreuz keine Auferstehung.

Die *wiederverheirateten Geschiedenen* gehören mit ihrer besonderen Situation zu den großen Schmerzpunkten der heutigen Seelsorge. Wird nicht gerade hier die Botschaft von der vergebenden Liebe Gottes außer Kraft gesetzt, wenn das Scheitern einer Ehe bei Wiederverheiratung zum lebenslangen Ausschluß von den Sakramenten führt? Mit Recht weisen die Seelsorger immer wieder auf diesen Notstand hin. Wichtig ist es, beides beieinander zu lassen: das Gemeinwohl und die Situation der Betroffenen. Der Schutz von Ehe und Familie gehört zu den vorrangigen Aufgaben des Staates, geht es doch um die Lebenszellen der Gesellschaft. Daß diese Priorität auch für die Kirche gilt, ist einsichtig. Ebenso klar und verbindlich ist die Weisung Jesu selbst, daß die Ehe vom Schöpfer als unauflöslicher, lebenslang treuer Bund gewollt ist, und daß deshalb „der Mensch nicht trennen darf, was Gott verbunden hat" (Mt 19, 6). Kein menschliches Gesetz wird die Gültigkeit dieser Ordnung des Schöpfers aufheben können.

Ebenso gewiß ist aber, daß Jesus menschlichem Versagen und Scheitern mit besonderer Zuwendung und Liebe begegnet ist: „Nicht die Gesunden bedürfen des Arztes, sondern die Kranken. Ich bin gekommen um die Sünder zu rufen, nicht die Gerechten" (Mk 2, 17). Wie läßt sich dieses Wort Jesu und sein dementsprechendes Verhalten umsetzen in eine dem Evangelium gemäße Praxis? Wohl zuerst dadurch, daß die christliche Gemeinde sich bemüht, ein Ort zu sein, an dem Versöhnung gesucht und gelebt wird. Viel wird bereits getan, um Ehepaaren und Familien zu helfen, Krisen aus dem Glauben heraus zu bestehen und Brüche zu vermeiden. In einer Umwelt, in der die Scheidung so häufig ist, sollte die versöhnende, Beziehungen heilende Kraft des Kreuzes Christi um so deutlicher erfahrbar werden. Vorbilder sind hier unerläßlich – Eheleute, die bezeugen können, daß sie miteinander den Weg der Vergebung und Versöhnung gehen konnten.

Wo es dennoch zum Bruch kam, wo unwiederbringlich die Beziehung zerbrochen ist, darf der bergende, heilende Raum der Kirche nicht fehlen. Jede Situation hat ihre eigene, unverwechselbare Gestalt. Es wird daher nicht möglich sein, *ein* „Rezept", *eine* „Lösung" für alle „Fälle" zu finden. Aus der eigenen Seelsorgserfahrung scheint mir eines besonders wichtig zu sein: Fast immer ist Scheidung mit tiefen Wunden, mit Leid, oft mit Schuld, meist auch mit starken Schuldgefühlen verbunden. Es hilft daher nicht, dies alles zu „überspringen", ohne es auszutragen. Es gibt im Leben Dinge, die nicht gelöst, sondern nur getragen werden können. Aber wenn sie angenommen werden, kann ein Neuanfang besser gelingen. Die Kirche kann nicht das vergangene Leid ungeschehen machen, aber der Glaube hilft, „mit Brüchen zu leben". Vielleicht wird es im persönlichen Glaubensweg wiederverheirateter Geschiedener helfen, das Unlösbare der neuen Situation (daß es keine zweite gültige sakramentale Ehe geben kann) auch als Wiedergutmachung für das Leid des früheren Partners und der Kinder zu tragen.

Gelegentlich ist zu hören: Einem Mörder kann die Sünde verziehen werden und er kann wieder zu den Sakramenten gehen. Wiederverheiratete Geschiedene bleiben dagegen lebenslänglich ausgeschlossen. Der Vergleich hinkt. Denn kein Priester kann einen Mörder lossprechen, wenn dieser nicht bereit ist, die Folgen seiner Tat zu tragen. Und dies kann heißen: lebenslängliche Haft. Wird sich also an der kirchlichen Lehre und Praxis nichts ändern? Am Wort Jesu ist sicher nicht zu rütteln. Daß aber etwa die kirchlichen „Ehenichtigkeitsverfahren" noch besser auf die konkrete, je verschiedene Situation eingehen können, zeigt deutlich die Entwicklung der kirchlichen Rechtsprechung.[7] Daß auch die Seelsorger behutsam, mit Einfühlung auf die Betroffenen eingehen sollen, auch wenn es keine „glatte Lösung" geben kann, gehört zum Auftrag des Hirten, der sich besonders der Verletzten annimmt.

Für all die „heißen Eisen" gibt es also doch nicht die erwünschten, geforderten, „begehrten" Lösungen? Nichts Neues in der Kirche? Oder könnte es nicht so sein, daß Neues nicht immer dort auftaucht, wo man es erwartet, erhofft? Denn Neues gibt es unübersehbar in der Kirche. Und könnte es nicht so sein, daß manche der heutigen Probleme sich in neuem Licht zeigen, wenn die Neuaufbrüche in der Kirche bewußter und wirksamer werden? Von ihnen sei im folgenden die Rede.

Neue geistliche Bewegungen: Chancen und Gefahren

Das Aufbrechen der neuen geistlichen Bewegungen in unserem Jahrhundert, besonders in dessen zweiter Hälfte, stellt in mancher Hinsicht etwas Neues dar, doch ist es nicht völlig analogielos. Es gibt kaum ein Jahrhundert in der 2000jährigen Kirchengeschichte, in dem es nicht vergleichbare Phänomene gegeben hätte. Papst Johannes XXIII. erhoffte sich vom Zweiten Vatikanischen Konzil ein neues Pfingsten für die Kirche. Seit dem ersten Pfingstfest in Jerusalem hört der Geist des Herrn nicht auf, in der Kirche neues Leben zu wecken. Dies geschieht ebenso durch die Sakramente wie auch durch die Charismen, die ein und derselbe Geist verleiht. Zu allen Zeiten sind diese Geistausgießungen nicht nur beschränkt auf die Gaben und Gnaden für die einzelnen Personen, sondern sie manifestieren sich auch in der Gestalt von gemeinschaftlichen Aufbrüchen und Bewegungen.

Religionssoziologie und Religionspsychologie, Kulturgeschichte und Sozialgeschichte werden für diese Aufbrüche immer wieder auch andere als rein geistliche Gründe nennen können. Die große Bewegung des Mönchtums, die fast zeitgleich mit der konstantinischen Wende aufbricht, hat durchaus auch soziale, politische, kulturelle Wurzeln. Dies ist kein Argument gegen die zutiefst geistliche, geistgewirkte Kraft dieser Bewegung. Die Kirche wächst stets, nach den Worten des Konzils, aus irdischen und himmlischen Elementen zu einer komplexen, geheimnisvollen Wirklichkeit zusammen. Die große monastische Bewegung im 12. Jahrhundert, die Europa mit Zisterzienserabteien übersät hat, die unglaubliche Dynamik der Mendikantenbewegung des 13. Jahrhunderts, die in den neu entstehenden Städten überall Dominikaner- und Franziskanerklöster aus dem Boden sprießen ließ, auch diese Europa so tief prägenden Bewegungen sind komplexe Wirklichkeiten, in denen sich ein ganzes Bündel von Faktoren zusammenfindet. Entscheidend jedoch ist an diesen Aufbrüchen, daß sie eine tiefe religiöse und menschliche, kulturelle und gesellschaftliche Prägekraft entfaltet haben. Sie haben wirklich „das Antlitz der Erde erneuert". In der großen Krise der Kirchenspaltung des 16. Jahrhunderts hat der Neuaufbruch der „katholischen Reform" durchaus den Charakter eines neuen Pfingstens. Mit dem Jesuitenorden, mit der Erneuerung des Karmel, mit der Vielzahl neuer Ordensgemeinschaften und neuer Apostolatsformen zeigt sich auch eine neue Gestalt der Kirche, die im Barock ihren lebensfreudigen und alle Lebensbereiche erfassenden Ausdruck findet. Das 19. Jahrhundert schließlich, das nach der Krise der Aufklärung in seiner zweiten Hälfte den großen Aufbruch zur Weltmission erlebt, ist wieder ein neues Pfingsten der Kirche. Die Kirche wird in einer nie dagewesenen Missionswelle Weltkirche, und dies wird getragen von zahlreichen neuen Kongregationen, missionarischen Gemeinschaften und Orden, aber auch von den zahlreichen katholischen Verbänden und Vereinen, die überall entstehen. Auch hier fehlt es nicht an gesellschaftlichen und politischen Implikationen. Das Antlitz der Kirche hat sich in diesen Jahrzehnten gewaltig verändert.

Seit dem Zweiten Weltkrieg, besonders aber seit dem Zweiten Vaticanum und im Gefolge der tiefgehenden Krise, die die Kirche nach dem Zweiten Vaticanum heimgesucht hat, entstehen die „Movimenti". Die Zahl der neuen Bewegungen und der Neugründungen von Gemeinschaften ist inzwischen derart angewachsen, daß es bereits eines umfangreichen Repertoriums bedürfte, wollte man sie alle registrieren. Was bedeutet dieser große Aufbruch? Soziologen, Psychologen, Politologen, Historiker sollen ihren Beitrag in der gesellschaftlichen Analyse dieser Phänomene leisten. Es wäre sicher verfehlt, wollte man in den Movimenti sozusagen nur „Heiligen Geist pur" sehen. Wie bereits in der Vergangenheit, so handelt es sich auch bei diesen neuen geistlichen Bewegungen um komplexe Wirklichkeiten, in denen geistliche und zeitliche Elemente eine lebendige Verbindung eingehen. Lassen Sie mich versuchen, einige, wie mir scheint, typische Kennzeichen dieser neuen Bewegungen zu nennen, ehe ich auch auf einige der Punkte eingehe, die immer wieder Anlaß zu Kritik geben.

Die Movimenti lassen sich mit *fünf Kennzeichen* charakterisieren.

1. Sie können nicht in die Kategorien konservativ und progressiv eingliedert werden. In vieler Hinsicht sind sie neue Phänomene. In anderer Hinsicht sind sie aber auch so etwas wie Neuentdeckungen der Tradition der Kirche. Die neuen Bewegungen sind Antworten auf neue Herausforderungen für die Kirche. In ihnen kommt vieles von dem, was das Zweite Vaticanum an Erneuerung und Reform der Kirche gewünscht hat, zum Ausdruck. So spielt oft Wiederentdeckung der Heiligen Schrift, ein intensives Leben aus dem Wort Gottes eine große Rolle. Meist wird der Liturgie, der Feier des Gottesdienstes, nicht nur in der Hochform der Eucharistie, sondern in den vielfältigen Möglichkeiten des gemeinsamen Gebetes, große Bedeutung zugemessen. Die Bedeutung der Gemeinschaft wird intensiv erfahren. Daß Kirche Communio ist, Gemeinschaft von Personen, gesammelt um Jesus Christus im Heiligen Geist, ist für viele die Neuheitserfahrung der geistlichen Bewegungen. Dabei wird manches Verschüttete und Vergessene der Vergangenheit wiederentdeckt und kommt zu neuem Leben. Von außen betrachtet entsteht daher der oft verwirrende Eindruck, daß hier „Konservatives" und „Progressives" sich verbinden. Es handelt sich wirklich um „Altes und Neues" (vgl. Mt 13, 52).

2. Die neuen geistlichen Bewegungen sind meist übernational, international, vielfach weltweit. Sie sind ein deutlicher Ausdruck der Universalität der Kirche. Das bringt gelegentlich gewisse Spannungen zur Ortskirche mit sich. Diese Spannungen sind nicht neu. Auch die Mendikantenbewegung des 13., die Orden des 16., die Kongregationen des 19. Jahrhunderts waren mit ihrer weltweiten Dimension immer wieder ein Hinweis darauf, daß die Kirche sich nicht zur Nationalkirche verkürzen darf. Die neuen geistlichen Bewegungen sind daher ein mächtiger Stimulus, über die Grenzen der Ortskirche hinauszusehen. Die Gefahr des Nationalkirchentums ist in der Kirche stets gegenwärtig. Doch Pfingsten ist, vom ersten Pfingsten in Jerusalem angefangen, stets völkerverbindend, grenzenüberschreitend, katholisch-universal. Das Petrusamt ist Ausdruck und Garant dieser Universalität der Kirche. Es ist daher kein Zufall, daß die neuen geistlichen Bewegungen sich besonders mit dem Papst und seinem Dienst an der Einheit der Weltkirche verbunden wissen, und daß seinerseits der Papst die neuen geistlichen Bewegungen besonders fördert. Das haben die Päpste des 13. Jahrhunderts ebenso getan wie die des 16. und des 19. Jahrhunderts. Die neuen geistlichen Bewegungen sind aber auch eine Herausforderung für die älteren Orden und Gemeinschaften in der Kirche, die einmal in diesem Geist der Universalität und der Verbindung mit dem Petrusamt entstanden sind und die Gefahr laufen, diese Dimension heute zu vernachlässigen.

3. In den neuen geistlichen Bewegungen zeigt sich eine erneuerte Gestalt der Zusammenarbeit von Laien und Priestern. Was das Zweite Vaticanum gewollt und gewährt hat, ist in diesen Gemeinschaften vielfach schon zur gelebten Wirklichkeit geworden. Die geistlichen Bewegungen sind vielfach ausgesprochene Laienbewegungen, entfalten sich jedoch nicht im Gegensatz zur Hierarchie, sondern in einer engen

Verbindung und Communio mit dieser. Ein untrügliches Zeichen dieser Communio ist die Tatsache, daß diese Laienbewegungen so viele geistliche Berufungen hervorbringen. Viele Priester, die in der nachkonziliaren Krise den Boden unter den Füßen verloren hatten und nicht mehr um ihre Identität wußten, haben durch die geistliche Erfahrung der neuen Bewegungen einen neuen Zugang zu ihrer priesterlichen Berufung gefunden. Gleichzeitig haben die geistlichen Gemeinschaften vielen Priestern geholfen, einen gewissen Klerikalismus zu überwinden und sich ohne Angst um Positionsverluste in den Dienst der Gemeinschaft zu stellen, zum Teil auch ausdrücklich unter der Leitung von Laien. Viele Priester machen auch die Erfahrung, von den Laien der Gemeinschaften wirklich menschlich und christlich getragen zu werden. Umgekehrt ist es für viele Laien auch eine Neuentdeckung des Unverwechselbaren am priesterlichen Dienst. In einer Atmosphäre, in der der priesterliche Dienst geschätzt und gesucht wird, wachsen auch neue Priesterberufungen.

4. Die Frage der Frau in der Kirche ist zu einer der brennendsten Fragen der Gegenwart geworden. In den geistlichen Bewegungen zeigt sich ein neues Bild der Frau in der Kirche, das für die Zukunft prägend und orientierend sein kann. Eine ganze Reihe der neuen geistlichen Bewegungen und Gemeinschaften haben Frauen als Gründerinnen und de facto Leiterinnen. Wir erleben das doch recht neue Phänomen, daß Frauen auch Männergemeinschaften gründen, daß sie diesen auch entscheidende Prägung geben. In den neuen geistlichen Bewegungen zeichnet sich ein neues Miteinander von Frauen und Männern im Leben der Kirche ab.

5. Von großer Tragweite wird sich, so glaube ich, in Zukunft die gesellschaftliche Prägekraft der neuen geistlichen Bewegungen erweisen. Wir verdanken dem Mönchtum des 12. Jahrhunderts, den Mendikanten des 13. Jahrhunderts,

den neuen Orden des 16. Jahrhunderts entscheidende kulturelle und gesellschaftliche Prägungen Europas. Es zeichnet sich eine neue christliche Kultur ab. Es ist beeindruckend zu sehen, in wie viele Bereiche des gesellschaftlichen und kulturellen Lebens die neuen geistlichen Bewegungen hineinwirken: in das Schulwesen, in die Universitäten, in die theologische und literarische Arbeit, in die künstlerische Tätigkeit. Ist es vermessen, zu hoffen, daß die neuen geistlichen Bewegungen dazu beitragen, daß eine erneuerte christliche Kultur sich ausprägt?

Gefahren liegen in jedem geistlichen Neuaufbruch. So ist es nicht verwunderlich, daß manche Autoren besonders die mit den neuen geistlichen Bewegungen gegebenen Gefahren betonen und vor ihnen warnen. Die richtige Antwort auf solche besorgte Stimmen ist sicher nicht eine vorschnelle und lautstarke Apologetik, sondern ein nüchternes Ernstnehmen dieser Sorgen. Auch hier hilft ein Blick in die Geschichte. Von den vielen Mendikantenbewegungen des 13. Jahrhunderts sind nur wenige in der Gestalt großer traditioneller Orden bis heute am Leben geblieben. Daß es im weiten Umfeld der Armutsbewegung des 13. Jahrhunderts auch problematische Entwicklungen gegeben hat, zeigt, um nur ein Beispiel zu nennen, der ganze Konflikt um die Spiritualen der franziskanischen Bewegung. Auch dafür, daß Erneuerungsbewegungen in kirchlichen Konflikten aufgerieben werden können, gibt es Beispiele. So ist es durchaus legitim und notwendig, die Gefahren, die in den neuen geistlichen Bewegungen gegeben sind, zu benennen und ihnen bewußt zu begegnen.

Geistliche Bewegungen laufen immer wieder Gefahr, ihren Weg als *den* Weg der Kirche zu sehen. Kein Charisma genügt sich selbst. Kein geistlicher Aufbruch ist *die* Antwort für die Kirche einer bestimmten Zeit. Die wachsende Zusammenarbeit der geistlichen Bewegungen, vom Papst entschieden gefördert, wirkt kräftig dieser Versuchung entgegen und trägt dazu bei, daß die Charismen der einzelnen Erneuerungsbewegungen sich ergänzen und für die ganze Kirche zusammenwirken.

So wichtig der universalkirchliche Aspekt der geistlichen Erneuerungsbewegungen ist, so wichtig ist es, daß sie bereit sind, sich in den Dienst der Ortskirchen zu stellen. Viele der Erneuerungsbewegungen sind erfreulicherweise bereit, sich in den Pfarren zu engagieren, den Bischöfen und den Ortskirchen mit ihren Laien und Priestern zu Hilfe zu kommen. Ich sehe die geistlichen Bewegungen im Leben der Diözese als „Frischzellen", die den ganzen Leib beleben können. Das setzt freilich voraus, daß die geistlichen Bewegungen sich bewußt als Teil, als Glieder der Kirche, des Leibes Christi verstehen und nicht versuchen, gewissermaßen Kirche in der Kirche zu sein. Eine der Herausforderungen für die Bewegungen in ihrem Zusammenleben mit den Diözesen und Pfarren ist es, sich als Gemeinschaften in der weiteren Gemeinschaft der Kirche zu verstehen und sich nicht in einem allzu ausschließlichen „Eigenleben" abzusondern.

Was schon von den Orden und Klöstern galt, gilt auch von den Bewegungen: Sie sind nicht die Kirche, sondern *in* der Kirche. Sie grenzen sich deutlicher ab als die Kirche und die Gemeinden. In den Pfarrgemeinden haben Menschen aller Schichten, aller Altersstufen und aller Grade der Bindung an die Kirche Platz. Deshalb werden Pfarrgemeinden immer offenere Ränder haben als die Bewegungen. Umgekehrt können die Bewegungen eine Intensität christlicher Gemeinschaft leben, die eine Pfarre als solche nicht erbringen kann.

Der vielleicht delikateste und wichtigste Punkt: Die Charismen sind uns für den Aufbau der Kirche gegeben. Sie sind noch nicht Garanten der Heiligkeit. Die charismatischen Aufbrüche in der Kirche, wie sie uns in den neuen geistlichen

Bewegungen begegnen, sind Geschenke des Heiligen Geistes an die Kirche zu deren Aufbau und Erneuerung. Sie garantieren noch nicht die persönliche Heiligkeit der Mitglieder. Der Weg der persönlichen Heiligung verläuft für die Mitglieder der geistlichen Bewegungen nicht anders als für jeden anderen Christen. Nur die im Heiligen Geist gelebten göttlichen Tugenden des Glaubens, der Hoffnung und der Liebe führen zur Heiligkeit. Die geistlichen Bewegungen mit ihren besonderen Charismen sind kostbare Geschenke und Hilfen auf dem Weg zur Heiligkeit. Diesen Weg freilich müssen die Mitglieder der Movimenti ebenso gehen wie alle anderen Christen. Es tut den Mitgliedern der Movimenti oft gut, der Gefahr des geistlichen Hochmuts dadurch zu begegnen, daß sie beschämt und dankbar vor „ganz gewöhnlichen Christen" sich verbeugen, die weder in einer katholischen Aktion noch in einem Movimento engagiert sind und die einfach in ihrem Alltag die Nachfolge Christi in vorbildlicher Weise leben.

Ja, die Movimenti sind „Zeichen der Hoffnung". Mit der Hilfe Gottes dürfen wir darauf vertrauen, daß diese Hoffnung nicht trügt, ist sie doch durch den auferstandenen Herrn garantiert, der durch Seinen Geist der Kirche, Seiner geliebten Braut, stets neue Zeichen der Hoffnung schenkt.

Nachfolge Christi: „Fremdlinge im eigenen Land"[8]

„Die Kirche verliert ihre Basis", so fürchten die einen, und genügend Fakten scheinen ihnen recht zu geben. Die vielen Briefe von aus der Kirche Ausgetretenen, die ich zu lesen bekomme, beklagen fast immer: Die Kirche ist hinter der Zeit zurückgeblieben, sie bedürfe eines „Modernisierungsschubes", müsse offener, liberaler werden. Die im „Kirchenvolksbegehren“ gebündelten Themen und Forderungen gehen in eine ähnliche Richtung: nur eine zeitgemäßere Kirche könne auch eine menschengerechtere und damit evangeliumsgemäßere werden. „Die Gesellschaft verliert ihre Basis“, sagen mit guten Gründen andere und sehen mit Besorgnis, daß sich die Kirche zu sehr anpaßt, daß sie zu wenig Eigenprofil zeigt, ihrem unverwechselbaren und oft unbequemen Anspruch zu wenig treu ist. Die kirchlichen Erneuerungsbewegungen sind ihnen ein Zeichen der Hoffnung, daß es wieder möglich wird, das Anderssein des Christentums zu leben, „Sauerteig“ in der Gesellschaft zu sein, „Salz der Erde“ und „Licht der Welt“, nach den klaren Worten Jesu in der Bergpredigt (Mt 5, 13–14).

In der Soziologie spricht man vom „Relevanz-Identität-Dilemma“: Will die Kirche für die Gesellschaft relevant sein, so müsse sie zeitgemäßer werden, auf die Gefahr hin, an eigener Identität einzubüßen. Betont sie ihre Identität, drohe die Gefahr der Ghettoisierung, des Rückzugs auf sich selbst und damit der Verlust an gesellschaftlicher Relevanz. Dieses Dilemma ist aufs erste gesehen ein plausibles Erklärungsmuster für die heutigen kirchlichen Spannungen zwischen „Öffnern“ und „Bewahrern“, zwischen Zeitgemäßheit und Eigenprofil. Das Dilemma trügt. Die biblische Erfahrung ist eine andere und die der kirchlichen Jahrhunderte ebenso. Die „Urerfahrung“ Abrahams in seiner Begegnung mit dem lebendigen Gott ist zuerst die, dadurch zum Fremdling zu werden im eigenen Land, in der eigenen Sippe, im eigenen Haus. Gott ruft ihn, alles bisher Vertraute zu verlassen: „Der Herr sprach zu Abram: Geh fort aus deinem Land, aus deiner Verwandtschaft, aus deinem Vaterhaus – in jenes Land, das ich dir zeigen werde“ (Gen 12, 1).

Seither haben Menschen immer neu diese Erfahrung gemacht, wenn der Gott Israels, der lebendige Gott, in ihr Leben eintrat. Israel, das Volk Gottes, weiß sich mit seinem Stammvater Abraham als Fremdling und Pilger: Die Knechtschaft in Ägypten, die Verbannung in Babylon, die Zerstreuung in der Diaspora sind Varianten dieser Erfahrung, die noch einmal radikalisiert wird in der oft herben, bitteren Erkenntnis, auch im eigenen Land durch die Treue zu Gott zum Fremdling zu werden. So erging es einem Amos, einem Jeremia, den Propheten, die der Auftrag Gottes im eigenen Volk zu Fremdlingen machte. Nicht anders die christliche Urerfahrung, die im Schlußkapitel dieses Buches eigens thematisiert wird: der Glaube macht den Christen zum Fremdling und „Beisaßen" (1 Petr 2, 11) im eigenen Land.

Geht es nicht vielen Christen heute ähnlich? Wer zur Kirche steht, wer versucht, konsequent den christlichen Glauben zu leben, wird sich bald und oft im eigenen Land fremd fühlen, obwohl so viel in diesem Land bezeugt, daß das Christentum zu seinen tiefsten Wurzeln gehört. Die Lebens- und Freizeitgewohnheiten unserer Zeit, die wachsende Multikulturalität, die religiöse Unwissenheit, aber auch die internen Probleme der eigenen Glaubensgemeinschaft bewirken mehr und mehr den belastenden Eindruck, in dieser Zeit „fehl am Platz", unverstanden und ungewollt zu sein.

Eine andere Erfahrung lehrt uns der Jahrtausende alte Weg des Gottesvolkes: Gerade dort, wo es sich von seinem Gott in die Fremde, in das Fremdsein hinausführen ließ, wo es sich von der Liebe seines Gottes verlocken, umwerben und in die Wüste hinausführen ließ (vgl. Hos 2, 16), wurde es zum „Licht der Völker" (vgl. Jes 49, 6; Lk 2, 32). Die Mönche, die auf größere, gesellschaftliche „Relevanz" verzichteten und in die Wüste gingen, wurden die großen Zivilisatoren Europas. Franz von Assisi, der auf alles, selbst auf seine Kleider verzichtete und ganz dem armen Christus nachfolgte, wurde zum Inbegriff eines „geglückten Menschseins", dem Zahllose als Vorbild nacheiferten und der damit Kultur, Zivilisation, soziales, humanes Denken und Handeln weit über Europa hinaus prägte. Müßte man nicht eher sagen: „Relevanz" durch „Identität"? Jesu Wort vom „Salz der Erde" besagt etwas derartiges, und die warnenden Worte, die er hinzufügt, sollten den Christen heute ernsthafteste Anfrage sein: „Wenn aber das Salz schal wird, womit kann man es wieder salzig machen? Es taugt zu nichts mehr; es wird weggeworfen und von den Leuten zertreten" (Mt 5, 13).[9]

Nur in Stichworten sei auf einiges hingewiesen, was dem Wiedergewinnen der christlichen Identität bzw. deren Erneuerung dienen kann. Sie sind ohne Anspruch auf Vollständigkeit und Systematik hier kurz angeführt. Kennen wir noch das Christentum? Im doppelten Sinn: als zu Wissendes und als zu Lebendes? Wie steht es um das elementare Grundwissen um den christlichen Glauben, das Credo, die Glaubens- und Sittenlehre? Der weltweite Erfolg des „Katechismus der Katholischen Kirche" (1992) – über acht Millionen verkaufte Exemplare – spricht dafür, daß viele Katholiken das starke Bedürfnis haben, einfach ihren Glauben besser zu kennen, um ihn besser leben und bezeugen zu können. Der Hunger nach dem „Lebenswissen" aus dem Glauben ist groß. „Exerzitien" sind gefragt und ausgebucht: „Üben", wie christliches Leben zu gestalten sei, wie wir beten, Gott suchen, Seine Wegweisung wahrnehmen können. Vieles von dem, was früher zur katholischen „Lebensgestaltung" gehört hat, ist uns heute fremd geworden. Es fehlen weithin die Zeichen, die dem Leben Orientierung und Halt geben. Die katholische Lebensform kennzeichneten sinnliche, anschauliche Zeichen, die gewiß immer in der Gefahr der Äußerlichkeit, des Ritualismus stehen, deren Fehlen aber eine heute zu Recht von vielen als Mangel empfundene „Entsinnlichung" der Kirche nach sich zog. Es war meines Erachtens ein typisch rationalistischer Fehlschluß, auf das den Katholiken gemeinsame Zeichen des Fleischfastens am Freitag zu verzichten. Dessen Fehlen hat dazu geführt, daß der Freitag nicht mehr sinnlich, durch eine „Erkennungsmarke", an die Passion Jesu Christi erinnert. Die Individualisierung des „Freitagsopfers" mag spirituell höher stehen als das gemeinsame „rituelle" Freitags-Fleischfasten. Als Sinnen- und Gemeinschaftswesen bedürfen wir Menschen aber der gemeinsamen verbindlichen Zeichen.

Verlust der „Sinnlichkeit": Eines der dramatischsten Phänomene des Verdunstens katholischer Identität ist meines Erachtens das weithin fast systematische Schließen der Kirchen. Wo das Gotteshaus nicht mehr offensteht, wo Menschen nicht mehr die Stille und Geborgenheit des Kirchenraumes erleben, die geheimnisvolle Gegenwart des Herrn im Sakrament aufsuchen können, wo den Menschen aus Angst vor Diebstählen und Beschädigungen der Zugang zur Bild- und Zeichenwelt unserer Kirchen verwehrt wird, dort wird etwas vom Kostbarsten der Kirche „ausgegrenzt". Ich bin überzeugt, daß die vielen Gotteshäuser unseres Landes als „Oasen der Seele" einen unersetzlichen Dienst leisten können, wenn sie nur den Menschen offenstehen.

Verlust der „Sinnlichkeit": Wir klagen über mangelnden Priesternachwuchs, haben uns aber zum Teil selbst aus der Öffentlichkeit „wegretuschiert", indem viele Priester sich nicht mehr durch die Kleidung kenntlich machen. Ich weiß, „die Kutte macht noch nicht den Mönch", wie das Sprichwort sagt, und doch geht etwas von der Zeichenhaftigkeit der Kirche verloren, wenn die priesterliche Kleidung fast nur in der Werbung zu finden ist.

Das christliche Leben war früher von einem Kranz von Bräuchen umgeben, die den Tagen und Wochen, den Jahreszeiten und dem ganzen Lebenskreis Prägung und Rhythmus gegeben haben. Ihr Verlust ist wiederum Einbuße an Identität. Die gegenläufige Bewegung ist freilich nicht zu übersehen. Es ist erfreulich, wie viel an christlichen Bräuchen wiederentdeckt wird und neu wächst.[10] Der dreimal täglich gebetete „Engel des Herrn", an den noch viele Kirchengeläute erinnern, sei nur als ein Zeichen unter vielen genannt. Ein anderes, unübersehbares sind die Wallfahrten, die sich einer stets wachsenden Beliebtheit erfreuen und die stark zu einem neuen katholischen „Lebensgefühl" beitragen. Das alles, so mag man einwenden, hat wenig mit wirklicher christlicher Identität zu tun, deren Wesentliches doch im Glauben und somit im Unsichtbaren liegt. Dabei wird übersehen, daß im Herzen des christlichen Glaubens das Bekenntnis zur Inkarnation, zur Fleischwerdung des Wortes in Jesus Christus steht. Um so unersetzlicher sind die Zeichen, die dieses Geheimnis anschaulich machen, es inkarnieren und so dem Glauben an das Geheimnis helfen. Ein frühchristlicher Text beschreibt das Paradox einer authentisch gelebten christlichen Existenz: „Sie bewohnen ihr jeweiliges Vaterland, aber nur wie fremde Ansässige; sie erfüllen alle Aufgaben eines Bürgers und erdulden alle Lasten wie Fremde; jede Fremde ist für sie Vaterland und jede Heimat ist für sie Fremde."[11] Ist diese frühchristliche Erfahrung nicht wieder neu gegenwärtig, nachdem die lange Periode der „konstantinischen Ära" zu Ende geht? Der Ruf des Gottes Abrahams, der Nachfolgeruf Jesu Christi führt zuerst heraus aus der vertrauten, aber auch dunklen Welt der gewohnten „Götter" und Gewißheiten, macht Menschen zu Fremden in der eigenen Heimat. Israel mußte aus Ägypten ausziehen. Der Exodus ist ein Grundzug jüdischer wie christlicher Existenz. Doch dann gibt es auch die Erfahrung einer erstaunlichen Umkehr: die Fremde wird zur Heimat, die Wüste beginnt zu blühen. Es ereignet sich dann, daß die Welt des Glaubens inmitten einer sie als fremd betrachtenden Umwelt zum bergenden Zuhause wird, daß in ihr eine neue Zugehörigkeit, ja eine neue Weite und Offenheit erfahrbar wird, die möglich wird, weil der Glaubende sich geborgen und getragen weiß und daher sich nicht ängstlich von der ihm oft fremd und feindlich begegnenden Welt zurückziehen muß.

Blicke ich auf die Kirche in unserem Land, so sehe ich beide Seiten des Paradoxons: Christsein wird mehr und mehr zum Fremdsein im eigenen Land. Christen erleben sich zunehmend als Minderheit bis hin zur Ausgrenzung. Und doch: Selten haben, so scheint es mir, so viele Chancen bestanden, daß der Raum des Glaubens, der Lebensraum der Kirche mit all seiner Schönheit von Menschen neu als Heimat erfahren werden kann. Und da die Hoffnung in Paradoxa lebt, möchte ich in den folgenden Kapiteln dieses Buches diese Hoffnung bezeugen – für die Menschen, für die Kirche, für das Land.

2.
Kirche, Europa und Welt

Von der Einheit des Menschengeschlechts

Prometheus und Ikarus[12]

„Viel hat der europäische Genius erfunden und der Welt gegeben; Böses und Gutes, solche Dinge zumeist, die zugleich gut und böse waren ... Leugnen wir nicht das mit Händen zu Greifende: Als Inbegriff fruchtbarer Gemeinsamkeit; als ausstrahlende Macht, welche die Erde durchforschte, den Kontinenten und Inseln ihre Namen gab, auf die sie heute noch hören; als Hauptverursacherin und geistigen Quell der gegenwärtigen Weltsituation hat es Europa gegeben – Europa mit seiner katholischen Religion, mit seinen Monarchien, seinem Adel und Bürgertum, mit seinen Städten und mittelalterlichen Parlamenten, seinen Kreuzzügen und Entdeckungsfahrten, seiner Wissenschaft, seiner Kunst, seiner Musik; mit seiner Politik"; so GOLO MANN in seinem Werk „Deutsche Geschichte des 19. und 20. Jahrhunderts", erstes Kapitel.

Vergleicht man Ausmaß und Bedeutung der Beiträge, die Europa zur wirtschaftlich-technischen, kulturellen und politischen Entwicklung der Welt geleistet hat, mit der geographischen Ausdehnung dieses Kontinentes oder mit dem prozentuellen Anteil der Europäer an der Weltbevölkerung, so ergibt sich ein Ungleichgewicht, welches Europa als Brennpunkt und den Europäer als Generator der Mehrzahl aller weltverändernden Heils- und Unheilsideen der Neuzeit ausweist. Wir räumen ein, daß der europäische Kontinent keineswegs mit den heutigen Grenzen der Fünfzehnergemeinschaft gleichgesetzt werden kann. Aus der absehbaren politischen Entwicklung ergibt sich aber, daß die räumlichen Unterschiede zwischen dem europäischen Kontinent und der Europäischen Union geringer werden und daß die Zukunft der EU ihrerseits die Zukunft Europas und damit die Zukunft der Europäer immer nachhaltiger beeinflussen wird. Auch die Zukunft der Welt und das Schicksal der Menschheit werden maßgeblich von der Entwicklung mitbestimmt werden, die im geistigen Brennpunkt dieser Welt, eben in Europa, vor sich geht, und „seit Auschwitz wissen wir, wessen der Mensch fähig ist, und seit Hiroshima wissen wir, was auf dem Spiel steht" (Viktor Frankl).

Wenn wir die Frage zu beantworten vermögen, was den europäischen Menschen dazu befähigt, Ideengenerator der Welt zu sein, und welche Risken und Gefahren ihn auf diesem Wege umdrohen, werden wir auf der Suche nach der europäischen Identität einen Fortschritt erzielen. Wir werden auch ermessen können, welcher Obsorge der europäische Mensch bedarf, um seiner geistigen Fruchtbarkeit nicht verlustig zu gehen und in welcher Form die Kirchen, näherhin unsere römisch-katholische Kirche, an dieser Aufgabe teilhaben können.

Betrachten wir zunächst den wirtschaftlich-technischen Bereich. Die erste industrielle Revolution, die Zerschlagung der mittelalterlichen Abhängigkeitsstrukturen und deren Ersatz durch den Frühkapitalismus, sind europäischen Ursprungs. Der Mißbrauch, welchen der Mensch alsbald mit den neuen Strukturen und ihren Möglichkeiten ohne Rücksicht auf die Lehren des Evangeliums zu treiben begann, führte – als vermeintliches diesseitiges Korrektiv zur neugewonnenen Freiheit – in Europa zur Entwicklung des Marxismus, der in der Form des Realsozialismus um die Welt gegangen ist und drei Generationen lang deren Spaltung in ein kommunistisches und ein kapitalistisches Lager verursacht hat. Während derselben Zeit ist im Schatten der Auseinandersetzung zwischen den beiden Lagern in Europa die katholische Soziallehre entwickelt worden, die heute – da der Realsozialismus gescheitert ist und der Liberalkapitalismus bezweifelt wird – von ihrem Inhalt her weltweit als gültige Handlungsmaxime respektiert wird. Das Evangelium hat aus einem Konflikt herausgeführt, der die Welt auch in einer Atomkatastrophe hätte enden lassen können. Europäisches Denken hat den Konflikt verursacht, europäisches Denken und Gottes Wort haben ihn – einstweilen – gelöst. Der europäische Mensch hat wie Prometheus das Feuer der Technik vom Himmel geholt, hat es, dem Rat der Schlange folgend, zur Herstellung menschenverachtender und gottferner Vehikel mißbraucht und wird damit – mangels Rückbesinnung auf den Schöpfer aller Technik und auf Sein Wort – wie Ikarus ins Meer stürzen.

Auch in der Kultur, speziell in der Kunst, hat europäischer Geist schon früh mittelalterliche Denkweisen („ad maiorem Dei gloriam" – „zur größeren Ehre Gottes") zerschlagen und eine nahezu unübersehbare Fülle von Werken und Stilen geschaffen, die nicht ethischen, sondern ästhetischen Kriterien genügen und ihren Sinn in sich selbst finden sollen. Die Mißachtung ethischer Kriterien führt heute, speziell in Europa, zu Wertkollisionen, die in anderen Kulturkreisen zur öffentlichen Ächtung der betreffenden Kulturschaffenden führen und gegen die wir uns hierzulande müde und halbherzig zur Wehr setzen. Die zur Preisung des Schöpfers und seiner Schöpfung berufene Kunst ist nirgends vielfältiger erblüht als in Europa, und nirgends hat sie sich, in dem Bestreben, als „l'art pour l'art" sich selbst zu genügen, nachhaltiger in gottferne, ja gotteslästerliche Positionen begeben als hier.

Im politischen Bereich hat europäisches Denken den demokratischen Säkularismus geschaffen, der sich der Form nach unter allen politischen Systemen zur bestgeeigneten Heimstätte für menschenwürdiges Leben und Handeln entwickelt hat. Dem Inhalt nach muß dieses Handeln – sowohl der Regierenden als auch der überwiegenden Mehrzahl der Regierten – Standards und Kriterien genügen, die dem System nicht immanent, wohl aber für dessen Erfolg entscheidend sind, ebenso, wie das Trinkglas – je nach Inhalt – zum

Labungsgerät oder zum Schierlingsbecher werden kann. Solche Kriterien können nicht, zumindest nicht ausschließlich, aus diesseitigen Quellen hergeleitet werden. Der in die Entscheidungsräume von Demokratie und Säkularismus freigesetzte Mensch verliert Orientierung und Motivation, wenn ihm kein anderer Kompaß zur Verfügung steht als der eigene Vorteil. Die Gruppe – auch die demokratisch strukturierte Gemeinschaft – wird zum Wolfsrudel, wenn sie für ihr Tun und Lassen keine andere Beurteilungsinstanz gewärtigt als diesseitige Behörden. Die Ereignisse unseres Jahrhunderts rund um Aufstieg und Fall der kommunistischen und nationalistischen Gewaltherrschaften in Europa haben dies eindrücklich unter Beweis gestellt. So sehr Demokratie und Säkularismus dem individualistischen europäischen Menschenbild entsprechen und dieses zur höchsten Entfaltung gebracht haben, so verhängnisvoll ist anderseits das typisch europäische Auseinanderdriften der materiellen und spirituellen Daseinsbereiche des Europäers, der auf solche Weise, von jeglichem Rekurs auf den Schöpfer abgeschnitten, vom Schöpfungsgehilfen zum Zauberlehrling wird.

Kennzeichen des Europäers ist schließlich seine Weltoffenheit. Nicht nur sein Wissen und Können hat der Europäer in die Welt getragen, sondern auch seine Kultur, seinen Lebens- und Herrschaftsstil und seine Religion. Die Kirche ist diesen Weg mit ihm gegangen. Die Missionsreisen des heiligen Paulus, die ihn, einer Zukunftsvision folgend, zum ersten Mal nach Europa geführt haben (Apg 16, 9–10), waren Marksteine auf dem Weg zur Weltkirche. Dieser Weg war – wie der des Europäers – nicht frei von Schuld. Von gewaltsamer Christianisierung bis zur Einrichtung des Bildungs-, Erziehungs-, Gesundheits- und Wohlfahrtswesens in mehreren Kontinenten, von wirtschaftlicher Ausbeutung und politischer Unterdrückung bis zur Entwicklungshilfe spannt sich der Bogen des europäischen Leistungs- und Gestaltungswillens.

So begegnet uns der europäische Mensch, und so finden wir seine Identität im Spannungsfeld zwischen Kreativität und Gefährdung, zwischen Wohlorientiertheit im Materiellen („know how") und Orientierungslosigkeit im Geistigen („know why"), zwischen Willensstärke und Glaubensschwäche. Dem Prometheus gleich holt er das Feuer vom Himmel, dem Ikarus gleich stürzt er ins Meer. Verläßliche Orientierung erhielt der europäische Mensch durch das Licht und die Wegweisung der göttlichen Offenbarung, die im Alten Bund ihr bleibendes Fundament, in Jesus Christus ihre vollendete Gestalt gefunden hat. Die Gestalten des griechischen Mythos zeigen die Gefährdungen des europäischen Menschen, Jesus Christus will ihm „der Weg, die Wahrheit und das Leben" (Joh 14, 6) sein. Die geistigen Wurzeln unseres Kontinentes liegen in Athen und Jerusalem, in Rom und in Byzanz; Judentum, Christentum und Islam haben die Geschichte der europäischen Spiritualität geschrieben. Den größten Einfluß auf diesen zweitausendjährigen Entwicklungsprozeß hat – im Guten wie im Bösen – das Christentum genommen; es war niemals gesellschaftliche Randerscheinung, sondern entscheidend prägende Kraft der Entwicklung, von Betlehem bis in unsere Zeit.

Ein Gott und Vater aller[13]

Das Bekenntnis zu Europa darf uns freilich nicht den Blick für die Universalität der Menschheitsfamilie trüben. Ich möchte mit einigen Zitaten aus der Enzyklika Papst Pius XII. beginnen, die er zu Beginn seines Pontifikats, am 20. Oktober 1939, veröffentlicht hat. Der Krieg hatte bereits begonnen. Die nationalsozialistische Ideologie von der Überlegenheit der germanischen Rasse zeigte bereits ihre mörderischen Folgen. Dem zerstörerischen Nationalismus dieser Ideologie stellt der Papst die große biblischen Schau von der Einheit des Menschengeschlechtes entgegen. Der Irrtum liege darin, „daß man das Gesetz der Solidarität und Liebe zwischen den Menschen in Vergessenheit geraten läßt, jenes Gesetz, das sowohl durch den gemeinsamen Ursprung und durch die gleiche Vernunftnatur aller Menschen, gleichviel welchen Volkes, vorgeschrieben und auferlegt ist, wie auch durch das Opfer der Erlösung, das Jesus Christus am Altar des Kreuzes seinem himmlischen Vater für die sündige Menschheit darbrachte". Der Papst fährt weiter fort: „Der Völkerapostel macht sich zum Künder dieser Wahrheit, welche die Menschen in einer großen Familie brüderlich eint, wenn er der griechischen Welt verkündet, daß Gott aus einem einzigen Stamm alle Geschlechter der Menschen hervorgehen ließ, damit sie die ganze Oberfläche der Erde bewohnten, und daß er die Zeit ihres Daseins und die Grenzen ihrer Wohnsitze bestimmte, auf daß sie den Herrn suchten" (Apg 17, 26–27). Pius XII. spricht von einer „wunderbaren Schau, die uns das Menschengeschlecht sehen läßt in der Einheit eines gemeinsamen Ursprungs in Gott: ein Gott und Vater aller, der da ist über allen, durch alles und in uns allen (Kol 1, 16); in der Einheit der Natur, bei allen gleich gefügt aus stofflichem Leib und geistiger, unsterblicher Seele; in der Einheit des unmittelbaren Ziels und seiner Aufgabe in der Welt; in der Einheit der Siedlung auf dem Erdboden, dessen Güter zu nutzen alle Menschen naturrechtlich befugt sind, um so ihr Leben zu erhalten und zu entwickeln; in der Einheit des übernatürlichen Endziels, Gottes selbst, nach dem zu streben alle verpflichtet sind; in der Einheit der Mittel, um dieses Ziel zu erreichen. Derselbe Apostel zeigt uns die Menschheit in der Einheit der Beziehungen zum Sohne Gottes, dem Ebenbild des unsichtbaren Gottes, in dem alle Dinge geschaffen sind: in ihm ist alles erschaffen (Eph 4, 6); in der Einheit der für alle durch Christus gewirkten Erlösung, durch Christus, der die zerbrochene ursprüngliche Freundschaft mit Gott durch sein heiliges und bitterstes Leiden wieder herstellte, in dem er sich zum Mittler zwischen Gott und den Menschen machte."[14]

Ich zitiere diesen Text deshalb so ausführlich, weil er wohl die stärkste und, wie mir scheint, auch die einzig tragfähige Antwort auf jede Rassen- und Nationalideologie darstellt. Im Umfeld christlichen Denkens beheimatet, mag uns dieser Gedanke der Einheit der Menschheit, der Menschheitsfamilie, selbstverständlich sein. Der heidnischen Antike war er ganz und gar nicht selbstverständlich. Der Philosoph Kelsos polemisiert gegen diese Idee der Juden und Christen, daß alle Menschen gleich seien und einer Familie angehörten. Es schien ihm wider alle Vernunft zu sein und seiner kulturellen Evidenz zu widersprechen, daß Griechen und Barbaren, Zivilisierte und Unzivilisierte durch das Band eines gemeinsamen Ursprungs und einer gleichen Menschennatur verbunden sein sollten.

Die neuheidnische Ideologie des Nationalsozialismus konnte ebenfalls den Gedanken der gleichen Würde aller Menschen nicht ertragen. Es ist bezeichnend für den doch deutlichen Unterschied zwischen dem nationalsozialistischen Rassenwahn und der Diktatur eines Franco, daß letzterer sich geweigert hat, die Rassengesetze zu übernehmen und dies Hitler gegenüber mit dem Argument begründet haben soll, die Kirche lehre den gemeinsamen Ursprung aller Menschen, weshalb die Rassenideologie unannehmbar sei – so jedenfalls die Erinnerungen des damaligen spanischen Außenministers. (Aus demselben Grund ist auch die immer wieder zu beobachtende Tendenz, Dollfuß und Hitler unter der gemeinsamen Rubrik „Faschismus“ zu subsumieren ein schwerer Verstoß gegen die geschichtliche Wahrheit.) Ich sehe nicht, wie die universelle Gültigkeit der Menschenrechte begründet werden kann, wenn die Menschheit nicht tatsächlich von ihrem Ursprung und vom Wesen der menschlichen Natur her eine Familie bildet. Der neomarxistische Philosoph Max Horkheimer hat diese Lehre als die „großartigste . . . in der jüdischen und christlichen Religion“ bezeichnet.[15]

Untrennbar verbunden mit dieser Lehre ist freilich eine andere jüdisch-christliche Grundüberzeugung: die biblische Lehre vom Sündenfall und von den sich für die Einheit der Menschen daraus ergebenden Konsequenzen. Daß die Menschheitsfamilie in ständigen Konflikten lebt, ja daß jeder einzelne in sich die Zerrissenheit erfährt, hat nichts damit zu tun, daß die menschliche Natur schlecht geschaffen wäre, sondern daß es in der Freiheitsgeschichte der Menschheit den Bruch der Sünde, der Abwendung von Gott und daraus folgend die zahllosen Brüche in der Menschheitsfamilie gibt. Die Heilsgeschichte ist deshalb immer eine Geschichte der Versöhnung und der Sammlung der Menschen in der ursprünglich von Gott gewollten und gestifteten Einheit der Menschheitsfamilie. Die Kirche versteht sich, von ihrem Stifter her, als Instrument und Weg der Sammlung und der Wiedervereinigung. Die Vision der Geheimen Offenbarung von der wiederversöhnten Menschheit im himmlischen Jerusalem ist daher die Schau einer Familie aus allen Rassen, Sprachen, Völkern und Nationen. Die Kirche ist auf ihrem Weg durch die Zeit gewissermaßen das „Sakrament“, das Mittel und Werkzeug auf dem Weg zur versöhnten Menschheit. Ihrer innersten Natur nach ist die Kirche übernational. Auf alle Menschen und alle Völker ausgerichtet, ist sie offen für alle, kennt sie keine Rassenschranken und Klassengrenzen. Der Gedanke einer Nationalkirche ist ein Widerspruch in sich.

Aus dem bisher Gesagten ergeben sich zwei erste Schlußfolgerungen: Erstens wird verständlich, warum die Päpste in diesem Jahrhundert stets die Bemühungen um übernationale und internationale Zusammenschlüsse begrüßt haben. Der Völkerbund und später die Vereinten Nationen wurden von den Päpsten ausdrücklich gutgeheißen und ermutigt. Diese Bemühungen wurden auch vom Zweiten Vatikanum gelobt und gefördert. Zweitens aber gebietet, so sehr es der innersten Sendung der Kirche entspricht, auf den Zusammenschluß der Menschen und Völker hinzuwirken, das Wissen um die erbsündliche Verfaßtheit des Menschen nüchterne Vorsicht. Die Gefahren des Interessenegoismus, der Beherrschung der Schwächeren durch die Stärkeren, die Vergötzung der Macht und der Gewalt begleiten als gefährdende Schatten alle menschlichen Unternehmungen. Daher ist die Ermutigung zur internationalen Zusammenarbeit nie zu trennen von dem Hinweis auf die unerläßliche Voraussetzung für deren Gelingen: die stete Bereitschaft zur Umkehr und zur Erneuerung, ohne die solche Zusammenschlüsse zu bedrohlichen Machtkonzentrationen entarten können.

Heimat, Vaterland, Nation

Die Worte Heimat, Vaterland, Nation sind durch den Mißbrauch, den die verschiedenen Spielarten des Nationalismus mit ihnen getrieben haben, vorbelastet. Es ist wichtig, das Wort Heimat in seinem kostbaren und gültigen Sinn zu verstehen und zu lieben, wenn es um die Frage geht, ob es mit der Heimatliebe, mit der Treue zu Österreich, vereinbar ist, gleichzeitig einer größeren Staatengemeinschaft anzugehören. Ich möchte in diesem Zusammenhang auf die Rede verweisen, die Professor Josef Rovan anläßlich der Verleihung des

Romano-Guardini-Preises in München 1993 gehalten hat. Rovans Schicksal ist bezeichnend für unser Jahrhundert als Symbol dessen, worum es bei der europäischen Integration wirklich geht. Einer in München beheimateten jüdischen Familie mit Namen Rosenthal entstammend, in Wien und Berlin aufgewachsen, nach Frankreich emigriert, dort führend im Widerstand gegen die Naziherrschaft unter dem Namen Louis Rivier tätig, zur katholischen Kirche konvertiert, 1944 nach Dachau deportiert (wobei seine jüdische Identität unerkannt blieb), nach dem Krieg einer der Vorkämpfer der Versöhnung mit Deutschland, ist Rovan bis heute eine der beeindruckendsten Gestalten des Aufbaus der europäischen Einigung. Er sagt: „So habe ich als Franzose frei gewählt – nach dem gemeinsamen Kampf mit Gegnern des Nationalsozialismus in beiden Ländern – mich der Versöhnung und der Einigung des Vaterlandes meiner Väter und des Mutterlandes meiner Söhne zu widmen. Und dies hat die notwendige, schon während des Krieges erkannte Folge, daß wir zusammen – Deutsche und Franzosen und natürlich auch Italiener – am Bau Europas zusammenwirken müssen.“[16]

Was ist Heimat? Rovan weist darauf hin, daß es im Französischen keine genaue Entsprechung zu unserem stark gefühlsbetonten Wort Heimat gibt. Es klingt darin das Wort Heim an, das Zuhause, die Zugehörigkeit. Zur Heimat gehören nicht nur der vertraute Ort und die Landschaft, sondern vor allem die Menschen, mit denen wir verbunden sind. Rovan sagt, er könne sich, obwohl seit langem vertrieben, heute noch als Bayern zugehörig empfinden. Das ist freilich nur möglich, weil nicht alle vertrieben worden sind, weil es in der Heimat noch die Menschen gibt, die dort zu Hause sind. „Ostpreußen gibt es nicht mehr in diesem Sinne.“ Man kann, fährt er fort, „mehrere Heimaten haben, die den verschiedenen Stätten des eigenen Lebens und des Lebens der Familie oder der Familien entsprechen, denen einer zugehört. Man kann mehrere Zuhause haben oder gehabt haben." An mehreren Orten heimisch zu sein, „kann etwas Herrliches sein. Heimatlos zu werden, ist ein schreckliches Los. Ein ‚Zuagroaster' kann heimisch werden, dem Heimatlosen wird die Welt zunehmend unheimlich. Die Heimat ist notwendig, aber sie genügt nicht."

Vaterland ist nicht dasselbe wie Heimat. Deutschland, Italien und später auch Österreich wurden erst durch geschichtliche Entwicklung und bewußte politische Erziehung zu Vaterländern. Die Liebe zur Heimat ist etwas Spontanes und Naheliegendes. Die Liebe zum Vaterland wächst erst durch Erziehung, sie wird erlernt. Liebe zu Volk und Vaterland wächst aus geschichtlichen Erfahrungen, Bedrohungen. Die Liebe zu Österreich ist erst durch die dramatischen Ereignisse um den Verlust Österreichs gewachsen. Der Name „Österreich" hat in dieser Zeit für viele Menschen den Beigeschmack von „Heimat" bekommen. Dennoch hat unser Heimatland Österreich, so scheint es mir, keinen Patriotismus entwickelt, der etwa dem französischen vergleichbar wäre. Zu stark verwurzelt ist im Bewußtsein unseres Landes die Tatsache, daß das, was vom alten Österreich übriggeblieben ist, für das Größere einer übernationalen Gemeinschaft offen ist. Wir wissen, mit welcher Selbstverständlichkeit nach dem Ende der Monarchie ein Großteil der österreichischen Bevölkerung an einen Anschluß an Deutschland gedacht hat, ein Dollfuß genauso wie die Sozialisten. Die enge kulturelle, geschichtliche und menschliche Bindung an die ehemaligen Länder der Monarchie ist nicht vergangen, dramatische Ereignisse wie der Ungarn-Aufstand 1956 und die sowjetische Okkupation der Tschechoslowakei 1968 haben dieses Zugehörigkeitsgefühl stark aufleben lassen. Seit dem Fall des Eisernen Vorhangs ist diese Gemeinsamkeit wieder deutlich greifbar geworden. Und ist es nicht bezeichnend, daß in den sich vom Kommunismus mühsam befreienden Ländern diejenigen bisher am besten vorankommen, die ehemals zur Monarchie gehört haben?

Ist Österreich eine Nation? Rovan bezeichnet die Nation als „gewachsene Gemeinschaft gleicher, identischer Herkunft". Nimmt man diese Definition als Grundlage, dann ist Österreich nur bedingt als Nation zu bezeichnen. Zu vielfältig ist die Herkunft der Menschen in unserem Land, als daß der Begriff der österreichischen Nation eine Selbstverständlichkeit wäre. Es ist bezeichnend, daß der Begriff geschichtlich bei uns in kämpferischem, aggressivem Kontext erscheint, etwa in der Form „deutschnational". Im Namen der nationalen Interessen, der nationalen Größe sind die tragischen Konflike auf unserem Kontinent in diesem und zum Teil schon im vergangenen Jahrhundert entstanden. Österreich hat, so glaube ich, seiner Geschichte entsprechend eine übernationale Dimension und Berufung. Ein österreichischer Nationalismus, der sich als solcher artikuliert und zur politischen und gesellschaftlichen Motivationskraft würde, ist schwer vorstellbar. Das mißachtet nicht die verdienstvollen Bestrebungen nach 1945, Österreich als „Konsensual- und Bundesnation"[17] im Bewußtsein seiner Bürger zu verankern, weist diese aber als Versuch der Abgrenzung von großdeutschen Ideen aus.

Papst Pius XII. ist in seiner bereits genannten Enzyklika zu Beginn seines Pontifikats auch auf diesen Fragenkomplex eingegangen. Seine Antwort auf den Nationalsozialismus war nicht nur der Hinweis auf die grundsätzliche, wesenhafte Einheit der Menschheitsfamilie, sondern auch eine positive aber geläuterte Sicht von Heimat, Vaterland und Nation. Es gehört wesentlich zur katholischen Gesellschafts- und Soziallehre, daß die Einheit des Ganzen der Menschheit nicht bedeutet, die Einzelnen seien bindungslos aneinandergereiht wie Sandkörner. Das inzwischen auch im Vertrag über die Europäische Union festgeschriebene „Subsidiaritätsprinzip“ basiert auf der Überzeugung, daß es zum sozialen Wesen des Menschen gehört, in verschiedenen organischen, wechselseitigen Beziehungen zu leben. Die erste und grundlegende dieser Beziehungen ist die Familie, die Keimzelle der Gesellschaft und der erste Ort sozialen Lernens.

Heimat hat zuerst mit Familie zu tun, mit dem Daheim. Wie die Liebe zur eigenen Familie richtig und gut ist, wenn sie nicht zum Familienchauvinismus führt, so entspricht es auch der menschlichen Berufung, in der größeren Einheit einer „Volksgemeinschaft“ zu Hause zu sein, vorausgesetzt, diese Gemeinschaft beansprucht nicht die totale Unterwerfung des einzelnen und auch nicht die Verachtung und Abwertung anderer Völker und Kulturen. Die Kirche verwirft nicht die eigenen Werte, Traditionen und kulturellen Besonderheiten der Völker, in denen sie Wurzeln schlägt. Im Gegenteil: es war der die Nation verabsolutierende, vergötzende Nationalismus des 19. Jahrhunderts, der, in deutlich gegenchristlicher Einstellung, zu den Nationalitätenkonflikten geführt hat, die sich im Ersten Weltkrieg entladen haben. Der christliche Glaube hat hingegen die Kraft, die Vielfalt kultureller und nationaler Eigenheiten positiv aufzunehmen und zu bejahen, ohne aus ihnen ein Instrument der Opposition gegen andere Völker und Kulturen zu machen. In ihrer Liturgie und ihrem Leben verstand es die Kirche durch alle Jahrhunderte, in der Kraft des Glaubens, die Kostbarkeiten gewachsener Kulturen aufzunehmen und dadurch oft vor dem Untergang zu bewahren.

Die französische Gotik oder der bayrische Barock sind unverwechselbare Ausprägungen des einen Christlichen in verschiedenen Ländern und Kulturen. Pius XII. sagt: „Daß die

Völker sich entfalten und sich unterscheiden gemäß der Verschiedenheit von Lebens- und Kulturbedingungen, ist nicht auf Spaltung der Einheit des Menschengeschlechts hingerichtet; die Völker sollen diese vielmehr durch die Mitteilung ihrer besonderen Gaben und durch den gegenseitigen Austausch ihrer Werte reicher und schöner gestalten. Dies kann aber nur geschehen und im ganzen wirksam sein, wenn eine wechselseitige Liebe und eine lebendig gefühlte Zuneigung alle Kinder desselben Vaters und alle durch dasselbe Gottesblut Erlösten eint."[18] So einsichtig dies für den Christen sein mag, so schwierig kann sich die konkrete Gestaltung des Verhältnisses von universaler Menschenliebe und konkreter Nächstenliebe gestalten. Gerade angesichts der immer wieder aufbrechenden Debatten über Ausländer in Österreich stellen viele sich die Frage, was denn Vorrang habe, die unmittelbare Sorge um die eigene Heimat oder die weltweite Solidarität mit der Menschheit.

Papst Pius XII. verweist hier auf eine klassische katholische Lehre, die heute in Erinnerung zu rufen mir besonders wichtig und vordringlich erscheint. Es ist die Lehre vom *ordo caritatis.* Es gibt bei der Ausübung der Liebe eine von Gott gefügte Ordnung, nach der wir bevorzugt denen Liebe und Aufmerksamkeit schulden, denen wir unmittelbar verbunden sind. In der Ordnung der Liebe kommt die eigene Familie vor der anderen, die eigene Gemeinschaft darf vorrangig meine Zuwendung beanspruchen. Dem eigenen Vaterland und der eigenen Heimat dürfen wir in besonderer Weise zugetan sein. Liebe fordert nicht die unterschiedslos gleiche Zuwendung zu allen Menschen. Ohne diese Lehre vom *ordo caritatis* besteht einerseits die Gefahr von utopischen Forderungen einer nicht realisierbaren Liebe zu allen Menschen, anderseits droht, ebenso undifferenziert, eine nationalistische, grundsätzlich ausländerfeindliche Haltung. Nach der Lehre des *ordo cari-*

tatis ist es berechtigt, bei der Europafrage zuerst und vorrangig an die eigene Heimat zu denken, an ihr Wohl und ihre Zukunft. Das muß nicht nationaler Egoismus sein, sondern die berechtigte Sorge um das Wohl derer, die uns am nächsten stehen und für die wir vorrangig verantwortlich sind. Anderseits bedeutet aber die Lehre von der geordneten Liebe auch, daß die Zuwendung zu den eigenen Nächststehenden nicht die Offenheit für die weitere Völkergemeinschaft und die Einheit der Menschheitsfamilie vergessen darf.

Österreich und Europa in christlicher Perspektive

Es ist verständlich, daß es bei Überlegungen über die Natur der Europäischen Union zuerst einmal um wirtschaftliche Argumente geht. Ich halte es nicht für verwerflich, Pro und Kontra in wirtschaftlicher Hinsicht zu erwägen. In der katholischen Soziallehre, wie sie im Katechismus der Katholischen Kirche zusammengefaßt ist, gehört das wirtschaftliche und soziale Wohl zu einem der drei wesentlichen Elemente des Gemeinwohls. Es sind dies: die Achtung der Person, welche die Grundlage des Wohlergehens jeder Gesellschaft ist; das soziale Wohl und die Entwicklung, ohne welche die Gerechtigkeit für alle Glieder der Gesellschaft nicht verwirklicht werden kann; schließlich der Friede, das heißt die Dauerhaftigkeit und Sicherheit einer gerechten Ordnung (KKK 1905–1909). Ohne ein gutes Maß an wirtschaftlichem Wohlergehen ist auch das soziale Wohl schwerlich gesichert. Wirtschaftliche Not bedroht den Frieden und damit die Sicherheit. Sozialleistungen sind nur finanzierbar, wenn die wirtschaftliche Lage es ermöglicht. Andererseits zeigt die Erfahrung, und die Vernunft sagt es uns, daß eine unsoziale

Wirtschaftsordnung die eigenen Grundlagen zerstört, da nur bei entsprechender sozialer Sicherheit das Wirtschaftsleben und damit auch das Gemeinwohl gedeihen kann.

Es ist daher berechtigt, der wirtschaftlichen Union Europas eine gewisse Priorität zuzumessen. Es waren Friedensbestrebungen, die besonders nach dem Zweiten Weltkrieg zu ersten Wirtschaftszusammenschlüssen übernationaler Art geführt haben. Die Montanunion etwa sollte jene Wirtschaftsbereiche in übernationaler Gemeinsamkeit verbinden, die für die Kriegswirtschaft unerläßlich sind. Der Leitgedanke der Wirtschaftsunion war anfänglich die Schaffung einer europäischen Friedensordnung. Heute, da mit dem Fall des Eisernen Vorhangs die Länder Mittel- und Osteuropas vom wirtschaftlichen und sozialen Chaos bedroht sind, ist es für die Friedenserhaltung in Europa unerläßlich, daß der reiche Teil Europas massiv beim sozialen und wirtschaftlichen Wiederaufbau der kommunistischen Ruinenlandschaft mithilft. Nur ein wirtschaftlich starkes Westeuropa kann diesen für den Frieden unerläßlichen Solidarbeitrag leisten.

Die Grundlage wirtschaftlichen Wohlergehens ist die rechtsstaatliche Ordnung. Die Europäische Union hat sich im Vertrag vom 7. Februar 1992 (Vertrag von Maastricht) ausdrücklich verpflichtet, jene Grundrechte zu achten, „wie sie in der am 4. November 1950 in Rom unterzeichneten Europäischen Konvention zum Schutze der Menschenrechte und Grundfreiheiten gewährleistet sind und wie sie sich aus den gemeinsamen Verfassungsüberlieferungen der Mitgliedsstaaten als allgemeine Grundsätze des Gemeinschaftsrechts ergeben.“[19] Der Europäische Gerichtshof hat sich seinerseits dieser Verpflichtung entsprechend verhalten, so daß man sagen kann, daß die Grundrechte zu den zu wahrenden allgemeinen Rechtsgrundsätzen des Europäischen Gerichtshofes zählen. In der Präambel zur „Konvention zum Schutze der Menschenrechte und Grundfreiheiten" des Europarates von 1950 wird zu dieser Konvention gesagt, sie knüpfe an „ein gemeinsames Erbe an geistigen Gütern" an. Nach den Greueln der Herrschaft des Nationalsozialismus und des Zweiten Weltkrieges war dieses gemeinsame Erbe besonders lebendig. Um so mehr muß heute die besorgte Frage gestellt werden, ob dieses gemeinsame Erbe an geistigen Gütern im Rechtsbewußtsein und in der Rechtssetzung im Raum der Europäischen Union und darüber hinaus in ganz Europa noch gewahrt wird.

Konnte noch die Allgemeine Erklärung der Menschenrechte durch die Vereinten Nationen in ihrer Präambel ausdrücklich festhalten, daß die Akte der Barbarei des Naziregimes „das Gewissen der Menschheit tief verletzt haben", so konnten 30 Jahre später bereits zahlreiche demokratische Staaten Europas durch ihre Parlamente Vorgänge legalisieren, die nicht anders denn als Akte der Barbarei zu bezeichnen sind. Ich meine hier die europaweite tiefe Wunde der gesetzlichen Zulassung der Abtreibung und, in ihrer unausweichlichen logischen Folge, die mehr und mehr herandrängende Legalisierung der Euthanasie. Es muß uns mit tiefer Sorge erfüllen, wenn die gesetzliche Zulassung der Abtreibung als Fortschritt der Menschlichkeit gepriesen wird. Es muß uns mit großer Sorge erfüllen, wenn das Europaparlament mit Mehrheit eine (zwar die Mitgliedsstaaten rechtlich nicht bindende) Empfehlung abgibt, gleichgeschlechtliche Partnerschaften mit gleichen Rechten auszustatten wie die Ehe. Man sage nicht, die Äußerung dieser Sorgen sei der Ausdruck einer Fixierung der Kirche auf bestimmte Fragen. Es geht hier vielmehr um die Grundlagen des Rechtsstaates, um die unbedingte Achtung der Würde der Person und um das Wohl der Familie, der Keimzelle der Gesellschaft. Es geht um die Überordnung der Ethik über die Meinung der Mehrheit, um die Herrschaft des Rechtes gegenüber der Willkür, um die Anerkennung der unbedingten sittlichen Grundsätze, die nicht zur Disposition stehen dürfen, soll die Gesellschaft ihre eigenen Grundlagen nicht zerstören.

In seinem beachtlichen Aufsatz „Europa – verpflichtendes Erbe für die Christen“ sagt Kardinal Joseph Ratzinger: „Ich halte es für antidemokratisch, law and order zu Schimpfworten zu machen. Jede Diktatur beginnt mit der Verketzerung des Rechts.“ Und weiter: „Demokratie ist nie bloß Herrschaft von Mehrheiten; und der Mechanismus des Herstellens von Mehrheiten muß unter Maßgabe der gemeinsamen Herrschaft des ‚Nomos‘ stehen, dessen, was von innen her recht ist, d. h. unter der Geltung von Werten, die für die Mehrheit bindende Vorgabe sind.“[20] Um es auf ein kurzes, prägnantes Wort zu bringen: „Ohne den Gedanken des Unbedingten ist Europa nur noch ein geographischer Begriff; im übrigen ein Name für den Ursprungsort der Abschaffung des Menschen.“[21] Blicken wir auf diese Entwicklungen in Europa, so können wir nur mit Sorge die Frage stellen, ob die Aushöhlung der unverletzlichen Menschenrechte durch Abtreibung und Euthanasie und die Infragestellung der Grundwerte der Familie nicht die Zukunft Europas zutiefst gefährden. Wir können freilich vor der Tatsache nicht die Augen verschließen, daß die hier genannten Gefährdungen auch in Österreich existieren. In Anbetracht dieser Gegebenheit hilft das bloße Beklagen nicht. Es stellt sich vielmehr die Frage an uns alle, ob wir die Defizite Europas in Sachen Menschenwürde und Menschenrechte und in Belangen der sozialen Grundwerte einfach hinnehmen oder sie als Aufforderung betrachten wollen, uns in diesem unserem gemeinsamen Europa mit aller Kraft für eine Entwicklung zum Guten hin einzusetzen. Europa ist nicht nur eine Möglichkeit für Österreich, es ist auch ein Auftrag, ja eine Verpflichtung. Als Christen sollten wir uns ihr nicht entziehen.

Theodor Heuss hat 1950 formuliert: „Von drei Hügeln ging Europa aus: von der Akropolis, dem Kapitol und Golgotha.“[22] Europa ist nicht zu denken ohne das geistige Erbe Griechenlands und Roms, ohne den griechischen Sinn für Weisheit und Maß, ohne den römischen Sinn für das Recht. Doch es ist das Christentum, dem Europa seine Gestalt verdankt. „Europa ist Europa geworden durch den christlichen Glauben, der das Erbe Israels in sich trägt, aber zugleich das Beste des griechischen und des römischen Geistes in sich aufgenommen hat. Später sind die germanischen und die slawischen Völker in den Raum dieses Glaubens eingetreten. Sie haben ihm neue Gestalten und Formen gegeben, aber zugleich haben sie von ihm erst ihre Geschichte und ihre Identität empfangen. Jedes europäische Volk darf und muß von sich bekennen, daß der Glaube unsere Heimat geschaffen hat, und daß wir uns selbst verlieren würden, wenn wir den Glauben wegwerfen.“[23]

Europa steht heute an einer Wende. Manche meinen, wir verlassen das Zeitalter Christi und treten in ein neues Weltzeitalter. Die New-Age-Bewegung meint, es werde im Zeichen des Wassermanns stehen. Das Europa, dem wir entstammen, hat nicht eine Theorie, nicht eine Lehre zum Mittelpunkt, sondern die Gestalt Jesu Christi. Der Humanismus Europas ist aus dem Glauben an die Menschwerdung Gottes geboren. Wenn Gott Mensch geworden ist, dann empfängt der Mensch eine ganz neue Würde. Die Achtung vor den Menschenrechten eines jeden einzelnen ist die Frucht des Glaubens an die Menschwerdung Gottes. Ein Europa ohne Jesus Christus, der wahrer Gott und wahrer Mensch ist, ohne den Glauben an sein Kreuzesleiden für alle Menschen und seine Auferstehung als unsere Hoffnung, ist ein Europa, das in Gefahr ist, seine Menschlichkeit zu verlieren. Das Bekenntnis zu Christus ist das Bekenntnis zu einer

Kultur der Nächstenliebe, wie sie auf europäischem Boden gewachsen ist als Frucht des Glaubens an den, der sich mit seinen geringsten Brüdern, den Armen, Gefangenen und Leidenden, identifiziert hat.

Europa wieder eine Seele geben[24]

Der Weg des Christentums nach Europa beginnt mit einem Traum, den Paulus in Troas in Kleinasien hatte. Ein Makedonier, also ein Europäer, erschien ihm im Traum, rief und bat: „Komm herüber und hilf uns!" (Apg 16, 9). Paulus entschied sich für die Überfahrt, und so gelangte das Evangelium von Asien nach Europa. Vor einiger Zeit hat Jacques Delors, der Präsident der Europäischen Kommission, zu Vertretern europäischer Kirchen folgendes gesagt: „Wenn es uns nicht gelingt, Europa in den nächsten zehn Jahren eine Seele, eine Spiritualität, eine Bedeutung zu verschaffen, haben wir das Spiel verloren. Glauben Sie mir und meiner Erfahrung. Mit juristischem Geschick oder wirtschaftlichem Know-how allein ist Europa zum Scheitern verurteilt. Ohne langen Atem lassen sich die Möglichkeiten der Europäischen Union nicht verwirklichen." Dürfen wir als Christen in diesem ersten Wort nicht so etwas wie einen Hilferuf Europas hören? Was Europa heute fehlt, sind nicht die wirtschaftlichen Möglichkeiten, sondern die Kraft des Glaubens an Jesus Christus und damit an die Würde jedes Menschen. Europa ist für uns nicht nur eine Chance, ein Angebot, sondern ein Auftrag, ein Anruf, ein Hilferuf, mit leidenschaftlicher Geduld daran mitzuwirken, daß Europa seine Seele wiedergewinnt.

In einem Dankschreiben an sein Gastland Brasilien im Februar 1942 begründet der große Europäer Stefan Zweig seinen Freitod mit der Unfähigkeit, noch einmal völlig neu zu beginnen, „nachdem die Welt meiner eigenen Sprache für mich untergegangen ist und auch als geistige Heimat Europa sich selber vernichtet ... Ich grüße alle meine Freunde! Mögen sie die Morgenröte noch sehen nach der langen Nacht! Ich, allzu Ungeduldiger, gehe ihnen voraus." 40 Millionen Menschen haben in Europa das Ende der langen Nacht nicht erlebt. Können wir – Überlebende und Nachgeborene – heute davon ausgehen, daß das Morgenrot, dessen wir ansichtig werden durften, den Beginn einer besseren, einer friedlicheren, einer menschlicheren Epoche für das materielle und geistige Trümmerfeld Europa angekündigt hat? Und wenn es so wäre: Müssen wir nicht befürchten, daß in der kalten Jahreszeit des exzessiven Individualismus, in die wir unversehens geraten sind, der unfertige Bau der europäischen Einigung wieder zerfallen könnte wie der Turmbau zu Babel – weil den Bauleuten die Verständigungssprache einer gemeinsamen Werte- und Prioritätenordnung mehr und mehr abhanden kommt? Wer weiß noch, „was die Welt im Innersten zusammenhält", wer verfügt über das Heilmittel gegen den Verlust des Gemeinsinns, gegen die Erosion der Solidarität und gegen die gemeinschaftszerstörende Zwangsvorstellung vom „Leben als letzter Gelegenheit"? Wer vermag der Europäischen Union die Seele wiederzugeben, die von den Katholiken Konrad Adenauer, Alcide De Gasperi und Robert Schuman an der Wiege der Europäischen Union vorausgesetzt wurde und deren Fehlen nun von den Katholiken Jacques Delors und Jacques Santer beklagt wird?

Über das Vorhandensein eines europäischen – wahrscheinlich abendländischen, möglicherweise weltweiten – Sinndefizits und über die Notwendigkeit seiner Behebung besteht weithin Konsens. Auch darüber besteht kaum ein Zweifel, daß – bei aller Brisanz der Sachfragen – das schlimmste Defizit in der Union nicht an materiellen, sondern an geistigen Werten besteht. Schon in der Anfangszeit der Union, die an materiellen Werten unvergleichlich ärmer war als unsere Epoche, hat Robert Schuman immer wieder darauf hingewiesen, „daß die europäische Einheit schließlich nicht von den Institutionen, sondern von der geistigen Einstellung der Menschen bewirkt werden wird". Auf die Frage, wer nun dazu berufen sein soll, um das Wachsen und Erstarken dieser geistigen Dimension besorgt zu sein oder dazu beizutragen, gibt das EU-Vertragswerk von den Römischen Verträgen bis hin zu den Verträgen von Maastricht keine Auskunft. In der Gründerzeit wurde das nicht als Mangel empfunden, weil die Herstellung eines dauerhaften Friedens in Westeuropa und die damit untrennbar verbundene wirtschaftliche Einigung von den Architekten der Union nur als Fundamentierungsarbeit betrachtet wurde, gleichsam als erster Schritt für die Errichtung eines umfassenden Gebäudes. Mittlerweile ist dieser Schritt getan, die unschätzbare deutsch-französische Einigung ist vollzogen, der gemeinsame Markt existiert. Für den Hausbau auf dem gelegten Grund, dessen Vollendung in den einzelnen Mitgliedsländern unterschiedlich ersehnt oder befürchtet wird, erweist sich das EU-Vertragswerk in viele Richtungen als revisions- und ergänzungsbedürftig.

In diesem Zusammenhang sind die Bemühungen der christlichen Kirchen zu sehen, die zum Ziel haben, die Kirchen im Recht der EU gemäß ihrer Eigenart als religiöse Körperschaften zu behandeln und ihre Selbstbestimmung ausdrücklich anzuerkennen. Einstimmigen Beschlüssen der Kommission der Bischofskonferenzen der Europäischen Gemeinschaft (COMECE) und der Europäischen ökumenischen Kommission für Kirche und Gesellschaft (EECCS) folgend, haben am 5. September 1996 Österreich und Italien und am 16. Oktober 1996 Deutschland den Vorschlag eingebracht, das Vertragswerk der Europäischen Union durch einen sogenannten „Kirchenartikel" zu ergänzen, welcher die

Verpflichtung der Europäischen Gemeinschaft festschreiben soll, die den Kirchen und anderen Religionsgemeinschaften eigene Rechtsstellung in den Mitgliedstaaten und die Besonderheit ihrer inneren Strukturen zu respektieren. Die beiden Initiativen sind in den „Dubliner Vertragsentwurf" übernommen und nach intensiven Debatten schließlich Teil der Amsterdamer Verträge geworden. „Die Existenz eines Kirchenartikels" im EU-Vertragswerk wird dazu beitragen, „das Nachdenken über die Rolle der Kirchen in Europa voranzubringen. Im bisherigen Vertrag kamen die politischen Parteien vor, die Wohlfahrtsverbände und die Sozialpartner, aber nicht die Kirchen. Gleichzeitig möchten immer mehr Verbände und Institutionen als europäische Akteure anerkannt werden; die Kirchen können hier nicht abseits stehen."[25]

Trotz der Aufnahme des „Kirchenartikels" in die Amsterdamer Verträge – Möglichkeiten, Aufgaben und Verantwortung der Kirchen, näherhin der katholischen Kirche, im Rahmen der Aufarbeitung des Sinndefizits der Union sind nicht aus dem weltanschaulich neutralen Vertragswerk abzuleiten, sondern aus dem spezifischen Auftrag der Kirche und aus der zweitausendjährigen unauflöslichen gemeinsamen Liebes- und Leidensgeschichte Europas und des Christentums. Je tiefer „unten" mit der Sinnfindungsarbeit begonnen wird, je mehr an den Wurzeln die „moralische Krankheit" behandelt und kuriert werden soll, an der nach Etzioni heute das ganze Abendland leidet[26], desto mehr müssen jene Gemeinschaften und Institutionen aktiv werden, die aufgrund tausendjähriger Tradition – wie in Österreich – an jener Basis, bei jenen Wurzeln beheimatet und akkreditiert sind. Unser Land mit seinen acht Millionen Einwohnern, beinahe sechs Millionen Katholiken und über einer Million allsonntäglicher Meßbesucher befindet sich unionsweit in einer speziellen Situation, die weder mit der in den nordischen Mitgliedsländern noch mit

Belgien oder den Niederlanden verglichen werden kann, selbst wenn die allgemeine Schwächeperiode des Christentums auch an unserem Land keineswegs vorübergegangen ist. Überall aber und insbesondere für alle Kirchen und Religionsgemeinschaften muß gelten, daß das Maß an Mitverantwortung für die materielle und vor allem geistige Pflege der gesellschaftlichen Strukturen, zu denen im Bereich der Mitgliedsländer auch die Unionsstruktur zählt, von dem Maß der Verankerung dieser Kirchen und Religionsgemeinschaften in Tradition und Kultur, in den Herzen und Köpfen der Bürger ihrer Länder abhängt. Bei aller Unterschiedlichkeit der staatskirchenrechtlichen Systeme innerhalb der Union wären die Mitgliedsländer insgesamt gut beraten, würden sie den Kirchen und Religionsgemeinschaften nach dem Maß ihrer Verankerung in der Bevölkerung Gehör schenken und Unterstützung leisten, anstatt unter den Schlagwörtern des Gleichheitsgrundsatzes und der multikulturellen Gesellschaft staatstragende Institutionen zu vernachlässigen.

Der Status der katholischen Kirche in Österreich ist unionsweit vorbildlich geregelt; es fehlt aber nicht an Versuchen, diese Position zu untergraben. Die starke Verankerung der katholischen Kirche und die europaweit modellhafte staatskirchenrechtliche Regelung in unserem Land verpflichten uns zu besonders intensiver Mitarbeit auf dem Bauplatz Europa, wie auch der Heilige Vater anläßlich der Überreichung des Beglaubigungsschreibens durch den Botschafter Österreichs im Vatikan, Dr. Gustav Ortner, zum Ausdruck gebracht hat: „Der Mensch ist nicht nur der Weg der Kirche. Er ist auch der Weg Österreichs in einem vereinten Europa." Zwar seien Staat und Kirche zwei verschiedene Größen, „doch sitzen sie heute nicht selten im selben Boot". Während der kriegerischen Auseinandersetzungen im ehemaligen Jugoslawien in der unmittelbaren Vergangenheit haben wir mittätige Zeugen sein dürfen, wie die harmonische Zusammenarbeit zwischen staatlichen und kirchlichen Organisationen sowie der Bevölkerung zu europaweit beachteten Ergebnissen geführt haben.

Anläßlich einer Fachtagung der Österreichischen Bischofskonferenz zur gesellschaftlichen Verantwortung der Kirche im September 1996 in Gösing bei Mariazell hat Johann Baptist Metz darauf hingewiesen, daß die Wurzeln der viel bejammerten Kirchenkrise unserer Tage in der Menschenkrise (der „moralischen Erkrankung" nach Etzioni) und die Wurzeln der Menschenkrise in der Gotteskrise liegen, die „zur Signatur der geistigen Situation unserer Zeit" geworden ist.[27] In der Tat muß einer Überwindung der Glaubensschwäche unser erstes Bemühen gewidmet sein, wie auch die Gottesliebe unser oberstes Gebot ist. In Erfüllung des zweiten, gleich wichtigen Gebotes der Menschenliebe aber trifft uns auch die Verpflichtung zur Sorge um die Gestaltung und Erhaltung menschenwürdiger Lebensbedingungen, die den Menschen erst in die Lage versetzen, in Frieden und Freiheit Gottes Wort zu hören und danach zu leben. Auch der stärkste Glaube, der diese Verantwortung unerfüllt ließe, würde vor dem Gericht Gottes nicht Bestand haben.

Unsere Möglichkeiten zur Erfüllung dieses Programmes bestehen – in Österreich wie auch in der Union – zum einen in der Beratung und nötigenfalls Kritik jeglicher Rechtsfortbildung. Durch das in Österreich gehandhabte, der Union völlig fremde Gesetzesbegutachtungsverfahren ist der Kirche hierzulande im Regelfall jede Möglichkeit zur Erfüllung dieser Aufgabe eingeräumt. Das österreichische Gesetzesbegutachtungsverfahren ist eine „vertrauensbildende Maßnahme" ersten Ranges. Unübersichtlich und verworren ist demgegenüber die Situation innerhalb der Union. Der Mechanismus der Normsetzung ist unterschiedlich, vielfältig und aus ganz verschiedenen Quellen gespeist. Der neue Berufsstand der

„Lobbyisten" im Umfeld der Zentralbehörden der Union entspringt der verständlichen Reaktion der betroffenen Interessensgruppen auf den Wirrwarr im Vorfeld der Normsetzung, trägt aber entscheidend zur Verfestigung einer ablehnenden Haltung großer Bevölkerungskreise gegenüber den Brüsseler Zentralbehörden bei. Die gegenwärtig diskutierte Strukturreform der Union muß gerade das Normsetzungsverfahren transparenter und bürgernäher gestalten, soll nicht der Verdacht eines „Ausverkaufes der Legislative an Interessensgruppen"[28] entstehen und eine gefährliche Vertrauenskrise in der politischen Kultur die Folge sein.

Die Bischofskonferenzen der Unionsländer sind in Brüssel durch die Kommission der Bischofskonferenzen der Europäischen Gemeinschaft (COMECE) vertreten. Das evangelisch-anglikanische europäische Netzwerk wird am Sitz der Union durch die Europäische ökumenische Kommission für Kirche und Gesellschaft (EECCS) repräsentiert. Die COMECE verfügt über eine Expertenkommission, die zu den Normsetzungsvorhaben der Kommission und des Europaparlamentes, soweit und sobald sie publiziert werden, Stellungnahmen abgibt. Diese Stellungnahmen werden, soweit es sich um Schlüsselfragen handelt, mit den Vertretern der EECCS zum Zweck gemeinschaftlicher Willensbildung beraten; auf diesem Wege wurde auch das Vorgehen zur Frage des Kirchenartikels interkonfessionell akkordiert. Darüber hinaus verfügt die Österreichische Bischofskonferenz ebenso wie andere Kirchen in Brüssel über ein eigenes Informationsbüro, welches österreichische Interessenten in einschlägigen Anliegen berät und den oft verwirrenden Weg zu den zuständigen Instanzen zeigt, ohne allerdings bei solchen Instanzen in Sachfragen zu intervenieren.

Zum andern gehört es zur gesellschaftspolitischen Aufgabe der Kirche – in Österreich wie in der Union –, auch politische Angelegenheiten einer sittlichen Beurteilung zu unterstellen, wenn „die Grundrechte der menschlichen Person oder das Heil der Seelen es verlangen“ (KKK 2246). Für den internationalen Bereich, insbesondere für den Bereich der Union, verbleiben als Richtschnur für das Wirken der Kirche die Aussagen der katholischen Sozial- und Gesellschaftslehre, die für den Weiterbau an unserem nunmehr gemeinsamen Bauplatz Europa zuverlässige Orientierung bieten. Drei Pfeiler sind es vor allem, die diese Lehre tragen: das Personalitätsprinzip, das Gemeinwohlprinzip und die Erkenntnis der dem Geschöpf aufgegebenen Schöpfungsgehilfenschaft.

Alle Länder der Europäischen Union besitzen heute demokratische Verfassungen, deren Kennzeichen die großen Entscheidungsspielräume sind, die dem einzelnen Staatsbürger überlassen bleiben. Die stürmische Entwicklung von Wirtschaft und Technik hat die moralische Problemlösungsfähigkeit der Bürger und ihrer Regierungen überflügelt und vor nahezu unlösbare Aufgaben gestellt. Fehlt in dieser Orientierungslosigkeit ein richtungweisendes, metaphysisch begründetes Normen- und Wertegeflecht, so entartet die Gemeinschaft entweder zum Schlachtfeld widerstreitender Gruppen- und Einzelegoismen oder zum Friedhof einer Diktatur mit Zwangsnormen für alle Lebensbereiche.

Eine Grundversuchung unserer Welt, in der wirtschaftliche Macht und technische Machbarkeit zum Faszinosum geworden sind, ist die Überordnung wirtschaftlicher Gesetzlichkeiten und Erfordernisse über die Würde der Person. Nur der Glaube an die Gotteskindschaft des Menschen vermag seine Persönlichkeit herauszuheben aus allem wirtschaftlichen und technischen Kalkül der Welt. Ohne bedingungslose Bejahung des Personalitätsprinzips muß der Kampf um Menschenwürde und Menschenrechte langfristig verlorengehen, wie eindrückliche Beispiele vom Lebensschutz bis zur Gentechnik unter Beweis stellen.

Aus der Gotteskindschaft folgt zwingend die Anerkennung des Nächsten als Bruder und Schwester und damit die Reihung der Bedürfnisse dieser Brüder und Schwestern – entsprechend dem Gemeinwohlprinzip – vor und über Einzelinteressen. Die vorrangige Befriedigung der Gemeinschaftsbedürfnisse – vom Kampf gegen die wirtschaftlichen „Strukturen der Sünde" über den Generationenkonflikt und die Wanderungsprobleme bis hin zur Ökologie – ist für den Fortbestand einer menschenwürdigen Welt entscheidend. Alle diesseitsorientierten Systeme – vom liberalistischen Kapitalismus bis zum kollektivistischen Sozialismus – haben sich als unfähig erwiesen, die dafür nötigen Verzichtsmöglichkeiten im Einzelmenschen zu mobilisieren. Menschenliebe kann ohne Gott und Sein Wort weder durch Argumente herbeigeredet noch durch Vorschriften herbeigezwungen werden.

Neben Personalitätsprinzip und Gemeinwohlprinzip ist die Erkenntnis von der Schöpfungsgehilfenschaft des Menschen die dritte Lebensregel für unsere Zeit und der dritte Anker gegen die Sturmflut einer außer Kontrolle geratenen Wirtschaft und Technik. Nur der Mensch, der begriffen hat, daß ihm das Talent Silbergeld (Mt 25, 14–30) gemäß seinen Fähigkeiten anvertraut, nicht aber geschenkt worden ist, weiß sich berufen, durch aktives Tun, durch leidenschaftliche Bemühung das Schöpfungswerk Gottes in der Welt fortzusetzen. Das Reich Gottes auf Erden wächst nach Maßgabe der Bemühung jedes Einzelnen; ängstlicher Stillstand und unvermehrte Rückgabe des Anvertrauten können den faulen Knecht nicht retten. Der Schöpfungsgehilfe Gottes ist auch erlöster Mensch; Gott hat Seinen Sohn nicht in die Welt gesandt, damit er die Welt richtet, sondern damit die Welt durch ihn gerettet wird (Joh 3, 17). Nicht den Erfolg seiner Bemühung, wohl aber den unbedingten und ungeschmälerten Einsatz seiner Person hat der Schöpfungsgehilfe zu verantworten[29]. „Wie alle Glieder, obgleich es viele sind, einen einzigen Leib bilden“ (1 Kor 12, 12), kann ein solcher Einsatz nur innerhalb der Gemeinschaft und nur unter vorrangiger Wahrung der Gemeinschaftsinteressen Frucht bringen; Personalitätsprinzip, Gemeinwohlprinzip und Schöpfungsgehilfenschaft erweisen sich als einheitliche christliche Handlungsmaximen für den Dienst am Gottesreich und für das persönliche Heil des Menschen. Wer die Wahrheit tut, kommt zum Licht. Wer freilich auch in letzter Stunde nicht zum Weinberg des Herrn aufgebrochen ist (vgl. Mt 20, 1–16), wird – nach menschlicher Voraussicht – die Frucht der Erlösung nicht für sich in Anspruch nehmen können.

Setzt man diese Maximen auf die derzeit aktuellen Entscheidungssituationen der Union um, so ergeben sich für die erwähnten kirchlichen Repräsentanzen in Brüssel und Straßburg folgende Arbeitsschwerpunkte, die in diesem Rahmen ohne Anspruch auf Vollständigkeit aufgezählt, nicht aber im einzelnen erörtert werden können:

Die historisch begründete, teilweise aber auch dem trendgemäßen „Shareholders'-Value-Denken“ entsprechende ökonomische Engführung der Union soll durch stärkere gesamteuropäische Betonung des sozialstaatlichen Elementes relativiert werden. In ihrem Engagement für ein soziales Europa haben die Kirchen viele Verbündete. So haben die Kirchen mit Zustimmung von Arbeitgeberverbänden bis hin zu den britischen Gewerkschaften einen Vorschlag erarbeitet, das sogenannte Sozialprotokoll im Anhang des Maastrichter Vertrages in den verbindlichen Teil des Gemeinschaftsrechts zu übernehmen. Dieser Vorschlag hat nach Zustimmung der Grundsatzabteilung der für Sozialpolitik zuständigen Generaldirektion Eingang in die konkreten Empfehlungen der Kommission zur Regierungskonferenz gefunden. Darüber hinaus müssen innerhalb der Union über Lippenbekenntnisse hinausreichende Maßnahmen ergriffen werden, um der unerträglichen Langzeitarbeitslosigkeit, aber auch der Verarmung, um nicht zu sagen Verelendung ganzer Bevölkerungsteile entgegenzuwirken. Bereits jetzt hat das zunehmende Unvermögen der staatlichen Wohlfahrtspflege in einigen Mitgliedsländern zu einer immer stärkeren Belastung solcher Aufgaben für die kirchlichen Wohlfahrtsverbände, insbesondere für die Caritas geführt – Organisationen, die in vielen Fällen weder den Apparat noch die finanziellen Mittel, aber auch nicht den Auftrag haben, um die allerorten durch Sparpakete eingeschnürte staatliche Wohlfahrtspflege breitflächig zu substituieren.

Es gibt keine Freiheit ohne Gerechtigkeit, und es gibt keine Gerechtigkeit ohne Solidarität. Jacques Santer hat in seiner Ansprache vor Vertretern der COMECE und anderer katholischer Organisationen im November 1996 in Brüssel ein Wort des französischen Theologen Lammenais aus dem 19. Jahrhundert zitiert, das in wörtlicher Übersetzung lautet: „Im Verhältnis zwischen dem Reichen und dem Armen ist es die Freiheit, welche unterdrückt, und das Gesetz, welches befreit.“ (Entre le riche et le pauvre, c'est la liberté qui opprime et la loi qui libère.) 20 Millionen Arbeitslose innerhalb der Union bei immer stärker werdenden Unterschieden zwischen Arm und Reich werden die demokratischen Strukturen innerhalb der Union beeinträchtigen, früher oder später. Weder „Shareholders'-Value“ noch der Homo oeconomicus werden das „Ende der Geschichte“ sein. Kommunitaristen und Humanisten haben sich der Frage breitflächig angenommen; die Kirche als Anwalt der Armen kann hier nicht schweigen.

Zur Frage der Einführung der Währungsunion hat die Kirche der Sache nach nur zu sagen, daß weder die Beschäftigungspolitik noch der Kampf gegen Armut und Ausgrenzung dem Euro geopfert werden dürfen. Vom Grundsatz her muß angemerkt werden: Je intransparenter eine Transaktion, desto höher die Mißbrauchsgefahr. Weder darf das Streben nach Einhaltung der Konvergenzkriterien als Vorwand für Sozialabbau dienen, noch dürfen anläßlich der Währungsumstellung versteckte Preis- oder Kostenerhöhungen in das Wirtschaftsgeschehen eingeschleust werden. Die Erreichung des Stabilitätszieles selbst ist im übrigen eine Verpflichtung gegenüber den Folgegenerationen, deren Lebensspielraum durch inflationäre Entwicklungen beeinträchtigt wird.

Eine Bemerkung noch zu Österreich: Das private Sparvermögen der Bürger unseres Landes beträgt mehr als 1,5 Billionen Schilling, aufgeteilt auf viele kleine und kleinste Konten. Angesichts der steigenden Zweifel an der Erfüllbarkeit staatlicher Pensionszusagen ist das Vertrauen in das eigene Sparbuch und in die Stabilität der darin verbrieften Währung für viele, vor allem einkommensschwache und vermögenslose Mitbürger, Hoffnung und Trost. Alle Liebe und Aufmerksamkeit wird darauf verwendet werden müssen, diesen wirtschaftlich unerfahrenen Menschen die Angst vor einer umstellungsbedingten Geldwertverdünnung zu nehmen – allem verwirrenden Politgezänk zum Trotz. Die Verpflichtung der Regierenden zur geduldigen, wahrhaftigen und sachgerechten Information der Bürger ist groß. Wer soll sich in einer Gemeinschaft wohlfühlen, wenn er befürchten muß, daß durch fremdbestimmte Transaktionen sein Sparbuch – die geradezu mythische Grundlage seiner Existenz – beeinträchtigt werden könnte? Die Einführung des Euro wird unionsweit eine erhöhte Zusammenarbeit der Teilnehmerländer im Haushaltsbereich und damit eine Förderung des europapolitischen Zusammenwachsens der Union insgesamt mit sich bringen (Mt 6, 21: „Wo dein Schatz ist, da ist auch dein Herz."). Gleiches gilt für die Unionsbürgerschaft und für die bevorstehende gänzliche Freizügigkeit der Unionsbürger. Alle diese identifikationsfördernden Faktoren sollten nicht schon im Vorfeld des Euro durch vermeidbare Härten im Sozialbereich und mangelnde großflächige Aufklärung zur Geldwertfrage zunichte gemacht werden. „Freude und Hoffnung, Trauer und Angst der Menschen von heute, besonders der Armen und Bedrängten aller Art, sind auch Freude und Hoffnung, Trauer und Angst der Jünger Christi."[30]

EU-Erweiterung als Bereicherung

Jenes Europa, das wir stets vor Augen haben, das das Ziel aller unserer Bemühungen darstellt, überschreitet die Grenzen der heutigen Union. Als Schutzpatrone Europas verehren wir nicht nur den hl. Benedikt, sondern auch die Heiligen Cyrill und Method. 1985 hat Johannes Paul II. in seiner Enzyklika „Slavorum apostoli" geschrieben, daß kein ernsthafter Versuch, die Einheit Europas auf heutige Weise herzustellen, von den Wurzeln absehen könne, die die beiden Slawenapostel gelegt hätten. Gerade die Verschiedenheit der östlichen und der westlichen christlichen Traditionen könne die Kultur Europas nur bereichern und Grundlage für die ersehnte geistige Erneuerung werden. Dieses Europa meinen wir, wenn wir von Europa sprechen; dieses ganze Europa ist der Gegenstand unserer Bemühung. Daraus ergibt sich zunächst unser Anliegen, beim Vollzug des Schengener Abkommens hohe Sensibilität aufzuwenden, um vermeidbare Flüchtlingstragödien von vornherein hintanzuhalten und vor allem das Los der Grenzbewohner zu erleichtern. Der mögliche Vorwurf, daß der Eiserne Vorhang unseligen Angedenkens nach sieben Jahren relativer Freizügigkeit nun von uns wieder errichtet wird, sollte nicht an uns haften können. Aus südlichen österreichischen Diözesen erreichen uns Befürchtungen, es könnte nach dem Vollzug von Schengen das Los der Grenzbewohner schwieriger werden als vor dem Ende der kommunistischen Ära. Das wäre für die Freizügigkeit innerhalb der Union ein hoher Preis.

Uneingeschränkte Unterstützung verdienen daher die Bemühungen zur Erweiterung der Europäischen Union, das heißt zum baldigen Vollzug der dem Grundsatz nach bereits beschlossenen Aufnahme von Estland, Lettland, Litauen, Polen, Tschechien, Slowenien, Ungarn, Rumänien, Bulgarien und der Slowakei. Wir verkennen nicht, daß es zur Aufnahme dieser Länder einer entsprechenden Anpassung der Unionsstrukturen bedarf, um die seit langem mühsam gerungen wird.

Weiters notwendig sind eine schrittweise Heranführung der Volkswirtschaften der Beitrittswerber an das Niveau der Union und schließlich der Aufbau einer demokratisch rechtsstaatlichen Ordnung mit Respektierung der Menschenrechte und insbesondere der Rechte der Minderheiten. Die Erfüllung dieser Aufgaben ist schwierig und wird jahrzehntelang dauern, sie darf aber unter keinen Umständen verzögert oder gar aufgegeben werden. Im Juni 1996 hat der Papst in Berlin vor dem Brandenburger Tor gesagt: „Europa braucht die Luft zum Atmen, Europa braucht offene Türen und Fenster, die Türöffner sind die Christen." Die Rolle dieses Papstes im europäischen Einigungs- und Umwandlungsprozeß wird erst in der Zukunft richtig eingeschätzt und gewürdigt werden.

Europa mit seiner Freiheit der Person, mit seinen Menschenrechten, mit seinem individuellen Unternehmertum, mit seiner moralischen Ordnung und mit seiner Kultur kann nicht in einem Teil des Kontinents mit Festungsmauern rundherum verwirklicht werden. Zwei totalitäre Regime, die einen „neuen Menschen" schaffen wollten, sind in den Jahren 1945 und 1989 gescheitert. Der Mensch bleibt, wie Gott ihn geschaffen hat. Die Suche nach der Einheit für ganz Europa ist moralische und christliche Verpflichtung. Die Kirche wird niemand über die Mühen, Anstrengungen und Kosten des Erweiterungsprozesses im Unklaren lassen dürfen, wird aber gleichzeitig eine Motivationsquelle dafür sein, daß diese Mühen akzeptiert und in Kauf genommen werden. Zur Frage der Finanzierung der Osterweiterung zitiere ich Efthymios Christodoulou, Mitglied des Europaparlamentes sowie der Kommission Wirtschaft, Finanz und Industriepolitik: „Die EU-Bürger haben einen weltweit einzigartigen Lebensstandard erreicht, der aus dem Wirtschaftswachstum innerhalb der EU nicht mehr finanziert werden kann. Steigende Verschuldung und Vorgriffe auf die Ressourcen künftiger Generationen sind die Folge. Die Kosten einer demokratischen Administration sind sehr teuer und belasten zusätzlich das Bruttonationalprodukt. Eine einheitliche Heranführung der Volkswirtschaften der Beitrittskandidaten an dieses Niveau bis in die ersten Jahre des dritten Jahrtausends ist ausgeschlossen, ein ‚Europa der zwei Kategorien' aber würde entweder zweitklassige Mitglieder oder einen Sklavenmarkt generieren und kann daher ebenfalls nicht in Betracht gezogen werden."

In einem Vortrag vor der Herbst-Vollversammlung der COMECE am 21. und 22. November 1996 in Brüssel hat dieser Referent ein Beitrittsszenario in Etappen vorgeschlagen, währenddessen die Volkswirtschaften der Kandidatenländer nach individuellen Kohäsionsplänen an das Unionsniveau innerhalb eines mittelfristigen Zeitraumes herangeführt werden sollen. Eine solche Finanzierung oder Vorfinanzierung des Beitrittes (ähnlich unserem „Marshall-Plan") wird allerdings nur durch Umschichtungen innerhalb des Haushaltes der Union bewirkt werden können, da Einnahmeerhöhungen nicht zu erwarten sind und Beitragserhöhungen wohl nicht in Frage kommen. Hier die richtigen Prioritäten zu setzen wird zu den schwersten und schmerzlichsten Aufgaben der nächsten Zukunft gehören.

Ich fasse zusammen und komme damit noch einmal auf ein bereits vorgetragenes Hauptanliegen zurück: „Wir streben bewußt nicht nach Macht, denn nach Paulus bleibt es ewig wahr: Wenn ich schwach bin, dann bin ich stark“ (Hans Urs von Balthasar). Auch innerhalb der demokratisch-säkularistischen Unionsstruktur beansprucht die katholische Kirche als älteste und am weitesten verbreitete Religionsgemeinschaft keine Macht, um den belebenden Wiedereinzug des Geistigen in die entspiritualisierte Lebenswelt der Europäischen Union zu bewirken. Für die Erfüllung dieser Aufgabe benötigt die Kirche aber Gehör, institutionalisiertes Gehör, das rechtzeitige Information nicht von Zufälligkeiten abhängig macht und eine Gesprächskultur zu schaffen vermag, die allemal – in der Legislative wie in der Exekutive – die Voraussetzung und den Nährboden für Verständnis, Wertschätzung und Zusammenarbeit bildet.

3.
Kirche und Politik

Christenpflicht zur Mitwirkung im öffentlichen Leben

Diesseitswerte liefern zuwenig Motivation[31]

„Gott, der in früheren Zeiten weniger lebendig war, als man geglaubt hat, ist heute weniger tot, als manche annehmen." Dieses Wort von Jean Delumeau macht Hoffnung. Aber es signalisiert gleichzeitig, daß der Mensch von heute neue Probleme der Gotteserkenntnis zu bewältigen hat. Der emanzipierte Mensch und Staatsbürger unserer Tage, der seit Descartes seinen Intellekt mehr und mehr zum Maß aller Dinge gemacht hat, steht heute – „Zeichen der Zeit" – vor einem dreifachen Dilemma: vor dem Dilemma des Erkennens, vor dem Dilemma des Entscheidens und vor dem Dilemma des Handelns – im privaten und im öffentlichen Bereich.

Die Naturwissenschaften, seit der Aufklärung eine Quelle der Loslösungstendenzen von Gott, sind im Begriff, Bereiche zu erschließen, in denen die Annahme einer „uneingeschränkten Erklärbarkeit der Welt" und somit eines bedingungslosen Primates des menschlichen Intellekts fragwürdig wird: Dilemma des Erkennens.

Der Versuch, unter Berufung auf die Souveränität und Mündigkeit des Menschen alle überkommenen Autoritätsstrukturen zu durchbrechen und die Entscheidung sämtlicher Lebensfragen dem Einzelmenschen aufzubürden, hat – angesichts der zunehmenden Unübersichtlichkeit und Vernetzung aller Lebensbereiche – dazu geführt, daß der orientierungslos gewordene Mensch mehr und mehr in Skeptizismus, Subjektivismus und Bindungsangst verfällt und den Versuch unternimmt, den ihm abgeforderten Entscheidungen durch eine zögerliche, indifferente und provisorische Lebensführung zu entkommen: Dilemma des Entscheidens.

Die sozialen Spannungen und die ökologischen Grenzen, die allerorten sichtbar werden, haben erwiesen, daß nur ein Handeln nach gemeinsamen Spielregeln die Menschen davor bewahren kann, durch permanente Auseinandersetzungen zwischen Gruppen- und Einzelegoismen die Errungenschaften unserer Zivilisation nach und nach zu zerstören. Jener Katalog moralischer Sollensnormen, dessen allgemeine Akzeptanz und Beachtung – jenseits des Rahmens zwangsgesetzlicher Regelungen – für ein demokratisch verfaßtes Zusammenleben in Freiheit und Würde unentbehrlich ist, verliert mehr und mehr seine verbindliche Kraft: Dilemma des Handelns.

Das Miterleben und Miterleiden der gegenwärtigen politischen Realität in unserem Land bestätigt diesen Befund. Der Schwund gemeinschaftlicher Erkenntnis-, Entscheidungs- und Handlungsparameter – anders ausgedrückt: der Abbau einer allgemein akzeptierten und verwendeten Verständigungssprache im gesellschaftspolitischen Bereich – hat dazu geführt, daß sich zwischen Regierenden und Regierten ein Abgrund des Mißtrauens aufgetan hat und daß die gemeinschaftliche Willensbildung vorwiegend nicht mehr durch gemeinschaftliche Spielregeln bestimmt, sondern zunehmend durch Gruppen- und Einzelinteressen beeinträchtigt wird, die ohne Rücksicht auf ein übergeordnetes Gemeinwohl vertreten und verfochten werden. Für die öffentliche Entscheidungsfindung ergibt sich daraus, daß Empfehlungen politischer Autoritäten von der Gemeinschaft immer weniger akzeptiert werden und daß eine gemeinschaftliche Willenseinigung oberhalb des „kleinsten gemeinsamen Nenners“ im Regelfall nicht mehr zustandezubringen ist, wie nicht zuletzt die Diskussionen um diverse Sparpakete der Regierung eindrucksvoll bewiesen haben.

Diese von Autoritätsverlust und Sprachlosigkeit gekennzeichnete gesellschaftliche Situation ist besonders gefährlich, weil die drängenden gesellschaftlichen Probleme unserer Zeit in einer demokratisch strukturierten Gemeinschaft zum größten Teil nicht durch gesetzliche Regelung, sondern durch freiwilliges Zusammenwirken „aller billig und gerecht Denkenden" innerhalb der Gemeinschaft gelöst werden müssen und weil inhaltlich befriedigende und sittlich vertretbare Lösungen auf der Ebene des „kleinsten gemeinsamen Nenners" nicht erzielt werden können.

Im Gegenteil: Unsere Welt, näherhin unsere demokratische Gesellschaftsordnung, wird nur dann überleben können, wenn für ihre brennenden gesellschaftlichen Probleme nicht nur provisorische und dilatorische, sondern dauerhafte und von einem Höchstmaß an sittlicher Verantwortung getragene Lösungen gefunden und rasch verwirklicht werden können. Weder die durch Überalterung, Kinderfeindlichkeit, Abtreibung und Familienzerfall verursachten Generationsprobleme, noch die Probleme der neuen Armut, der Langzeitarbeitslosigkeit, der Migration, der Umverteilung des Sozialproduktes, des angemessenen Gebrauches der Sozialleistungen und einer umweltgerechten Lebensgestaltung können weiterhin auf die lange Bank geschoben werden, wenn nicht der gesellschaftliche Konsens insgesamt in Frage gestellt und aufs Spiel gesetzt werden soll.

Da die Regierenden eine gesellschaftliche Konsenskrise nicht riskieren können, werden sie den – naheliegenden – Versuch unternehmen, die durch freie Übereinkunft der Staatsbürger nicht lösbaren Problemkreise zwangsgesetzlich einer Lösung zuzuführen; sie werden dadurch die den Regierten zur Verfügung stehende „staatsfreie Sphäre" mehr und mehr einschränken und schließlich die demokratische Ordnung insgesamt in Gefahr bringen. Noch gefährlicher, weil weniger spektakulär als zwangsgesetzliche Eingriffe, sind die Appelle der Regierenden an den kalkulatorischen Verstand der Regierten durch die Inaussichtstellung von Belohnung für gemeinschaftsgerechtes Verhalten im Wege entsprechender

Gestaltung von Steuern und Subventionen. Wie unsichtbare Hände regeln die Steuern die Abläufe innerhalb der Systemgesellschaft. Auf solche Weise werden zunehmend Gewissensentscheidungen durch kalkulatorische Entscheidungen ersetzt, die Autonomie der Regierten wird – fast wie durch Zwangsgesetze – untergraben, ihre Entmündigung schreitet voran. Wenn nichts mehr zu verteilen und umzuverteilen ist und wenn die Steuerschraube nicht mehr greift, wird der Staat unregierbar.

Die Erfahrungen unseres Jahrhunderts haben aufgewiesen, daß diesseitig verankerte Werte und Prioritäten nicht hinreichen, bei der Mehrheit der Menschen – und um diese, nicht um eine Minderheit oder Elite geht es hier – jenes Maß an Verzichtsbereitschaft zu mobilisieren, das erforderlich ist, um die eingangs genannten Problemkreise in freier Übereinstimmung einer Lösung näherzubringen. Die Fähigkeit zum „Teilen" im sozial-gesellschaftlichen Bereich setzt den Verzicht auf eigene Gewinnmaximierung voraus. Die Pflege der Familie von den Ungeborenen bis zu den Greisen erfordert den Verzicht auf bindungslos-hedonistische private Lebensgestaltung. Die zurückhaltende und sorgsame Inanspruchnahme des öffentlichen Sozialnetzes kann unter bestimmten Voraussetzungen den Verzicht auf die Ausnützung aller formalgesetzlichen Möglichkeiten verlangen.

Die pflegliche Behandlung der Umwelt und der schrittweise Abbau der Strukturen der Sünde in der Dritten und Vierten Welt erfordern einschneidende Verzichte in allen Bereichen privater Lebensführung. Wer den Sinn des Lebens mit maximalem Lustgewinn definiert („Das Leben als letzte Gelegenheit"), wer Konsequenzen – und zwar Konsequenzen mit Ewigkeitswert – aus seiner Lebensführung für die Zeit nach dem irdischen Tode weder erwartet noch befürchtet, wer also insgesamt davon ausgeht, daß der irdische Tod das Leben folgenlos und endgültig beendet, dem fehlt für die im sozial-gesellschaftlichen Zusammenleben unentbehrliche Leistungs- und Verzichtsbereitschaft die erforderliche Motivation.

Religion für Demokratie unerläßlich

Es soll nun nicht der Eindruck entstehen, Religion, und im Speziellen die christliche Religion, reduziere sich auf bloße Motivation zu gesellschaftlich verantwortlichem Handeln. Es ist zwar eine beliebte und teilweise durchaus auch berechtigte Argumentationsfigur, die Bedeutung der Religion für die Gesellschaft besonders von ihrer gesellschaftsstabilisierenden und handlungsmotivierenden Funktion her zu bestimmen. Dies ist aber zweifellos zu wenig. Religionen müssen aus ihrem Selbstanspruch heraus verstanden werden. Da es mir im folgenden besonders um die christliche Religion und, noch einmal stärker eingegrenzt, um die katholische Kirche geht, will ich deren Selbstverständnis kurz skizzieren.

Entscheidend sind drei Grundeinsichten: die Überzeugung von der transzendenten Bestimmung des Menschen, die Überzeugung von der relativen Autonomie der weltlichen Wirklichkeiten und das Wissen um die geschichtliche und gegenwärtige Wirksamkeit der Macht des Bösen.

Die erste Grundeinsicht formuliert das Konzil, wenn es vom Menschen sagt, er sei „auf Erden das einzige Geschöpf, das Gott um seiner selbst willen gewollt hat". Die menschliche Person hat eine ewige, über dieses Leben hinausreichende Zielbestimmung und eine in sich selbst gründende, in allen politischen und gesetzlichen Handlungen stets vorauszusetzende und zu achtende Würde. Die katholische Soziallehre bezeichnet dies als das „Personalitätsprinzip", wenn sie lehrt: „Grund, Träger und Ziel aller gesellschaftlichen Institutionen ist die menschliche Person und muß es sein."[32] Eine erste und grundlegende Konsequenz aus dieser Überzeugung ist es, daß die menschliche Person nie völlig im Staat aufgehen darf. Die menschliche Person transzendiert alle staatlichen und gesellschaftlichen Strukturen. Das Christentum ist überzeugt davon, daß der Mensch Bürger zweier Welten ist, der irdischen Gesellschaft und der künftigen himmlischen Gemeinschaft, und daß die irdische Gesellschaft keinen Totalanspruch auf das Ganze des Menschen erheben darf. Darin liegt zweifellos ein Konfliktstoff, der sich bereits in der Antike gezeigt hat, als die Christen ihre Identität nicht einfach aus der Zugehörigkeit zum irdischen (Kaiser-)Reich bezogen, sondern aus ihrer Zugehörigkeit zum Kyrios Christos. In den neuzeitlichen totalitären Systemen wurde immer wieder versucht, den Menschen ganz in die Rasse, die Klasse, die Nation einzubinden und ihm seine Gottbezogenheit streitig zu machen. Das Christentum hält die Gesellschaft offen, es verhindert, daß sie sich über ihm schließt und zum totalitären, immanenten System wird. Natürlich geht es aber nicht an, weltliche Strukturen unter Hinweis auf ausgleichende Gerechtigkeit im Jenseits jeglicher Kritik und Weiterentwicklung zu entheben.[33]

Die für die Demokratie notwendige „staatsfreie Zone", das heißt jener Bereich, der nicht durch staatliche Zwangsgesetze, sondern durch die freie und vorausgesetzte Übereinkunft aller „recht und billig Denkenden" gebildet wird, ist meines Erachtens eine Auswirkung jener jüdisch-christlichen Entdeckung, daß der Mensch den Staat transzendiert. Religion hat daher die für das Wohl der Demokratie unerläßliche Funktion, jene staatstranszendierende Offenheit des Menschen zu ermöglichen und zu bezeugen, die die Person mehr sein läßt als nur einen Zweck für das Ganze des Gemeinwesens. Einfacher gesagt: Damit Demokratie gelingen kann, bedarf es des Raumes der geistigen Freiheit, in der der Mensch sich zuerst als ein um seiner selbst willen von Gott gewolltes und auf ein absolutes Ziel ausgerichtetes Geschöpf erfährt. Da aber der Mensch ein gemeinschaftliches Wesen ist, ist es unerläßlich für das Gelingen einer freien Gesellschaft, daß Religion auch gemeinschaftlich gelebt und verwirklicht wird. Religion bedarf daher auch der gemeinschaftlichen, ja der gesellschaftlichen Verfassung. Sie kann und darf nicht den Staat ersetzen, der Staat darf sie aber auch nicht einfach zu einem ihm untergeordneten Teilbereich machen wollen. Das Christentum bedeutet (wenn auch geschichtlich nicht immer so klar gesehen) den Abschied von der Theokratie. Das Wort Jesu „Gebt dem Kaiser, was des Kaisers, und Gott, was Gottes ist" (Mt 22, 21) ist der Schlußstrich unter den theokratischen Anspruch der Religion, hat aber Europa auch davor bewahrt, daß sich irdische Machthaber wie anderswo mit der Glorie der Gottgleichheit (Kaiser = Gott) schmücken konnten.

Damit ist Religion freilich nicht zur Privatsache reduziert, sie ist nicht nur Sache der Sakristei. In unserem Land steht meines Erachtens eine Debatte über die gesellschaftliche Rolle der Kirche und der Religionsgemeinschaften an. Dabei geht es nicht primär um deren staatskirchenrechtliche Stellung, sondern grundlegender um die Frage, ob Demokratie auf Dauer gelingen kann ohne den transzendenzoffenen Freiraum der Religion.

Man hat oft von der Entzauberung der Welt durch die jüdisch-christliche Offenbarung gesprochen. Die Welt ist „weltlicher" geworden, als sie ihrer diffusen Göttlichkeit entkleidet und als geschöpfliche Wirklichkeit offenbar wurde. Daraus folgt als zweite Grundeinsicht jene Lehre, die das Zweite Vatikanum stark betont hat: die relative Autonomie der weltlichen Wirklichkeiten. Mit der Entdeckung der Transzendenz des Menschen ist untrennbar verbunden jene andere Entdeckung, daß die Welt nicht Gott ist, daß sie als Geschaffene ihre eigenen Gesetze hat, daß sie dem Menschen anvertraut und seiner Verantwortung übergeben ist. Das bedeutet aber auch, daß keine irdische Wirklichkeit, weder Wirtschaft noch Wissenschaft, weder Staat noch Politik, das Reich Gottes selbst sein kann. Der schreckliche Satz von Ernst Bloch „Ubi Lenin, ibi Jerusalem" ist christlich undenkbar. Der Staat ist nicht das himmlische Jerusalem und die Politik nicht die Religion. Es ist deshalb auch von ihr nicht das Heil zu erwarten, wohl aber ein relatives Gelingen von Gerechtigkeit und Gemeinwohl. Das Subsidiaritätsprinzip ist eine konkrete Verwirklichung der Überzeugung von der relativen Autonomie der weltlichen Wirklichkeiten. Die Kirche muß deshalb gegen jeden politischen Messianismus, gegen alle Formen des Milleniarismus wachsam sein, ob sie nun in der Kirche oder in der Gesellschaft propagiert werden.

Die dritte Grundeinsicht kommt aus dem Wissen um die Realität des Bösen. Sie ist eine Voraussetzung für das Vermeiden von falschen Utopien im Politischen wie im Religiösen. Das himmlische Jerusalem ist in keiner politischen Wirklichkeit, aber auch nicht in der irdischen Kirche bereits realisiert. Das Böse, als Neigung und als Tat, nötigt zur nüchternen Einschätzung der Möglichkeiten des Politischen und zur Unerläßlichkeit des Kampfes um das Gute, im einzelnen wie in der Gesellschaft. Politik wird immer der Versuch sein, Schlimmstes zu vermeiden und relatives Gelingen zu fördern. Zu erwarten, daß politische Systeme oder Aktionen das Böse völlig eliminieren, ist eine gefährliche Utopie. Politik hat es mit dem Komparativ, nicht mit dem Superlativ zu tun. Wir leben nicht in der besten der Welten, und die Demokratie wird nie die beste der Gesellschaften verwirklichen, wohl aber um eine möglichst umfassende Gerechtigkeit bemüht sein. Eine nüchterne Einschätzung der Politik, die sie nicht überfrachtet mit eschatologischen Erwartungen, mit der Hoffnung, politisch das Reich Gottes auf Erden zu verwirklichen, ist die Voraussetzung dafür, daß Politik im Rahmen ihrer relativen Möglichkeiten gelingt.

Christentum als Heil-Mittel

Ich gehe also davon aus, daß zwischen christlichem Gottes- und Weltbild und Demokratie ein positives Entsprechungsverhältnis besteht und daß damit für den Weiterbestand unserer demokratisch-gesellschaftlichen Ordnung die Frage zu stellen ist, welche Motivationsquellen uns hierzulande inskünftig zur Verfügung stehen werden, um die Sicherung des Fortbestandes einer demokratischen Ordnung zu erreichen. Wenn wir zunächst unser Problem weltweit stellen, so kann nicht geleugnet werden, daß alle Weltreligionen solche Motivationsquellen beinhalten. Wir müssen freilich anmerken, daß eine Religion nur dann für die Mehrzahl der Bevölkerung eines Landes als Motivationsquelle zu wirken vermag, wenn sie in den Herzen der Menschen durch viele Generationen gehütet wurde, wenn sie das Wachsen des gesellschaftlichen Systems, welches sie nun mittragen soll, jahrhundertelang geprägt oder mitgeprägt hat.

Auch in einer „multikulturellen Gesellschaft" der näheren Zukunft wird in Europa und speziell in Österreich das Christentum nicht substituierbar sein, weder durch andere Weltreligionen, die hier nach und nach Fuß zu fassen beginnen, noch durch Sekten oder Heilslehren sonstiger Art. Die nachaufklärerische Gesellschaft lebte und lebt bis heute von einem christlich-alteuropäischen Fundus an Ideen und Haltungen, der – verblaßt und verschüttet – unersetzlich weiter wirkt. In Europa und speziell in unserem Lande erweist sich somit das Christentum als Heil-Mittel gegen die durch Sinnleere, Werteverlust und Gemeinschaftsverdrossenheit verursachte gesellschaftliche Konsenskrise. Jesus Christus ist der Weg, die Wahrheit und das Leben, nicht nur in der Religionsübung im engeren Sinn, sondern auch im gesamten demokratisch-gesellschaftlichen Bereich. Die Freiheit und ihre gesellschaftliche Ausgestaltung verdankt Europa entscheidend dem, von dem Paulus sagt: „Zur Freiheit hat euch Christus befreit" (Gal 5, 1).

Wenn das Christentum und mit ihm die Kirche eine für die demokratische Gesellschaft hierzulande unentbehrliche Funktion zu erfüllen haben, und wenn weiters – wovon auszugehen ist – die demokratische Gesellschaftsstruktur die von der Kirche gewünschte, weil der Entfaltung des Menschen unter Sicherung seiner Grundrechte adäquate Regierungsform ist, dann steht es nicht im Belieben der Kirche, ihre Funktion im demokratisch-gesellschaftlichen Umfeld, das heißt im politischen Leben, zu erfüllen oder sich aus diesem politischen Leben zurückzuziehen; die Kirche ist vielmehr zur aktiven Mitwirkung im politischen Leben insoweit verpflichtet, als dies zur Pflege und Erhaltung der von ihr gewünschten gesellschaftlich-demokratischen Grundstruktur und der dieser zugrundeliegenden Werte- und Prioritätensysteme erforderlich ist.

Diese Mitwirkungspflicht im politischen Leben trifft jeden einzelnen Christen im Rahmen seines Auftrages, in Wort und Tat für seinen Glauben Zeugnis abzulegen und für die Einhaltung christlicher Prioritäten sowie den Schutz christlicher Werte jederzeit und in jeder möglichen Weise einzutreten. Heinrich Schneider hat schon 1977 darauf verwiesen, „daß jede Art Stellungnahme zu gesellschaftlichen Sachverhalten (auch zum Beispiel eine, die dem Geist der Resignation entspringt oder sich unwillig distanzieren will) einen politischen Akt darstellt. Gegenüber Ansprüchen der Politik gilt der Satz

‚Keine Antwort ist auch eine Antwort' ebenso wie in anderen Beziehungen". Der unvergeßliche Otto Mauer hat in seiner Ansprache vor dem Österreichischen Katholikentag 1952 auf dem Wiener Heldenplatz die Kirche davor gewarnt, in eine „Katakombenromantik" zu verfallen und duldend und seufzend die Welt dem zu überlassen, den Paulus „den Gott dieser Welt" nennt. Daraus ergibt sich der Auftrag an die Christen, „sich von gesellschaftlichen Nöten und Aufgaben in Anspruch nehmen zu lassen. Sie befinden sich mitten in der Politik", und werden für alle politischen Sachverhalte und Entwicklungen Rechenschaft abzulegen haben, auch darüber, in welchen politischen Gruppierungen sie sich engagieren. Die politischen Gruppierungen ihrerseits wären gut beraten, wenn sie ihr Bestreben, es jedermann recht zu tun, hintansetzen wollten zugunsten eindeutiger Erklärungen und Fakten, die den Christen die Standortbestimmung erleichtern, wo sie ihre politische Heimat finden können und wo nicht.

Die Mitwirkungspflicht im politischen Leben trifft aber auch die Kirche als Organisation, insbesondere die in Seelsorge und Verkündigung tätigen Geistlichen, die berufen sind, die ihnen anvertrauten Gläubigen bei der Erfüllung ihrer Zeugnis- und Wertewahrungspflicht zu leiten, zu beraten, zu belehren und, soweit nötig, zu kritisieren. Unbekümmert um den der Demokratie immanenten Rhythmus von Wahl, Wahlwerbung, Wiederwahl und Neuwahl, unbeeinflußt von Parteiprogrammen und Populismen, können sie, jenseits von kurzfristigen Nützlichkeitserwägungen, jenen unverzichtbaren Grundkonsens über Grundwerte, von dem eingangs die Rede war, hüten, pflegen, bewahren und vertiefen. Sie können und sollen – allein verpflichtet dem Auftrag Jesu Christi – jenes feste Gefüge von gemeinschafts- und demokratieerhaltenden ethischen und moralischen Grundhandlungsweisen einfordern, welches keine Abstriche zuläßt – auch nicht im politischen Bereich. Daß dieses Gefüge nur durch geduldigen und liebenden Beistand bei der Einübung des Gewissens und nicht im Verordnungsweg darstellbar ist, ergibt sich aus der Liebesbotschaft Christi, ebenso auch, daß überall dort, wo nichts Unverzichtbares geopfert wird, Toleranz anstelle von moralischem Blockdenken angesagt ist. „In necessariis unitas, in dubii libertas, in omnibus caritas" – Im Notwendigen Einheit, im Zweifel Freiheit und über allem die Liebe.

Durch die Inanspruchnahme ihrer Wegleitungskompetenz und durch die Ausübung einer „begleitenden Kontrolle" im politischen Leben soll ein Rückzug in Unfreiheit und Unmündigkeit weder angestrebt noch bewirkt werden. Die Freiheitsräume in unserem demokratischen Staatswesen und die Mündigkeit seiner Bürger sind gefestigter Besitz unserer Gesellschaft, den die katholische Kirche begrüßt, respektiert und pflegt. Nur dieses Umfeld ermöglicht eine wahrhaft freie Antwort des Menschen auf jenes Erlösungsanbot, das Jesus Christus verkündet und am Kreuz mit seinem Leben besiegelt hat. Dieses Umfeld ist aber – wie jeder Freiheitsraum – nachhaltig bedroht und gefährdet, wenn es nicht gelingt, das Erkenntnis- und Entscheidungsdilemma des Menschen unserer Tage, vor allem aber sein Handlungsdilemma dadurch abzubauen, daß ihm entsprechende Kriterien angeboten und in Erinnerung gerufen werden.

Die exakte Definition der Themenbereiche – frei von Berührungsangst und Machtstreben –, auf welche sich die Aussage- und Zeugnispflicht der Kirche als Organisation ebenso wie der einzelnen Christen in Angelegenheiten der Politik bezieht, und die richtige Wahl der Mittel, die bei der Erfüllung dieser Pflicht, unter kritischer Nutzung neuzeitlicher Kommunikationstechnik, anzuwenden sind, stellen vordringliche Aufgaben dar. Deren Lösung wird mit darüber entscheiden, ob die demokratisch-gesellschaftliche Grundstruktur christlicher Prägung in unserem Lande erhalten bleibt. Angesichts der außerordentlichen Leistungen, die seit dem Ende des Zweiten Weltkrieges vollbracht wurden, aber auch angesichts der Schlagwortinflation über die „multikulturelle Gesellschaft“ soll abschließend der Bericht über die Studientagung des Österreichischen Katholikentages 1952 angeführt werden, jene Mariazeller Tagung, die im Ergebnis die Befreiung der Kirche aus dem Protektorat einer Partei, niemals aber den Abschied der Kirche von jeglicher politischer Einflußnahme gefordert hat. Auch heute, fast ein halbes Jahrhundert danach und trotz aller tiefgreifenden Veränderungen im privaten, politischen und gesellschaftlichen Bereich, bleibt die Aussage gültig, daß unser Land über alle konfessionellen Begriffe hinaus eine wahrhaft katholische Schöpfung ist, als solche seit über tausend Jahren besteht und – wenn Österreich seine Wurzeln nicht verleugnet und die Lehren aus seiner Geschichte nicht vergißt – noch lange Zeit als christliches Gemeinwesen weiterbestehen wird.

4.

Kirche und Sozialverantwortung

Wirtschaft braucht moralische Ordnung

Kapitalismus, Kommunismus: Wer hat gesiegt?[34]

Das Jahr 1989 hat eine Wende gebracht, deren Tragweite wir in unserer schnellebigen Zeit allzu leicht übersehen. Fast ohne Blutvergießen ist der Kommunismus zusammengebrochen, der seit 150 Jahren zuerst als Ideologie, dann aber auch als durch die Revolution an die Macht gekommenes Regierungssystem, Wirtschaftssystem, Sozialsystem geherrscht hat. 50 Jahre haben wir in einem Antagonismus zwischen diktatorischem Kommunismus und freiem Westen gelebt. Ungeheure wirtschaftliche, militärische und weltanschauliche Kräfte wurden in dieser Auseinandersetzung mobilisiert. Galt der Kommunismus vielen als die Verkörperung des Bösen, als ein „in sich perverses System" (Pius XI.), so war für andere der Marxismus mit dem Glorienschein großer Hoffnungen umgeben. In wie vielen Ländern der Dritten Welt war der Marxismus für die intellektuelle Elite ein Hoffnungsträger! Riesige Erwartungen verbanden sich für gewisse Kreise mit der Durchsetzung des Marxismus, denken wir etwa an Nicaragua. Umgekehrt bewegte viele das Pathos und die Leidenschaft des Kampfes für die Freiheit und gegen den totalitären Kommunismus. Eines war beiden Seiten gemeinsam: Es ging nicht nur um Macht, sondern auch um den Sieg von Ideen und damit von Hoffnungen. Es war nicht nur ein Wirtschaftskampf, ein Machtkampf, sondern vor allem ein Geisteskampf.

Der Kommunismus ist untergegangen, doch statt des Sieges der Freiheit und der stark christlich geprägten Weltanschauung des Antikommunismus ging, so sieht es auf den ersten Blick aus, vor allem der Markt als Sieger aus dem langen Kampf der beiden Blöcke hervor. Er beherrscht inzwischen triumphal weithin das ganze Feld. Die schwer erlittene und im Archipel Gulag unter größten Opfern erkämpfte Freiheit reduziert sich, so scheint es vielen, auf die Freiheit der Kapitalwirtschaft. Der Untergang der Ideologien dieses Jahrhunderts hat ein geistiges Vakuum hinterlassen. Ohne Hoffnung kann niemand leben, nicht der einzelne, aber auch nicht die Gemeinschaft. Ohne Hoffnung wird auf lange Sicht auch die Wirtschaft nicht florieren. Sollte die Zweidrittel-Gesellschaft Wirklichkeit werden, in der auf Dauer ein Drittel der Bevölkerung ohne Erwerbsarbeit ist, dann wird sie so viele Hoffnungslose hervorbringen, daß neue Ideologien, neue täuschende und verführende Hoffnungsmacher wie der Kommunismus wieder Chancen bekommen.

Zwölf Jahre vor dem „Kommunistischen Manifest" von Karl Marx im Jahre 1848 beklagte der kürzlich vom Papst in Paris selig gesprochene Frederic Ozanam den wachsenden Graben in der Gesellschaft zwischen Schwachen und Starken. 1836 schrieb der junge Universitätsprofessor und sozial engagierte Gründer der Vinzenzgesellschaften: „Die Frage, die heute die Menschen spaltet, ist nicht mehr die der politischen Formen, sondern die soziale Frage, das heißt die Frage, wer den Sieg davontragen wird, der Geist des Egoismus oder der Geist des Opfers, ob in Zukunft die Gesellschaft eine einzige große Ausbeutung zugunsten der Stärkeren oder ein Dienst aller am Gemeinwohl und vor allem am Schutz der Schwächeren sein wird." Der Frühkapitalismus konnte sich damals ungehindert entfalten. Erst in langen sozialen Kämpfen hat sich die für uns heute selbstverständliche Form einer sozialen Marktwirtschaft entwickelt. Weitgehend verdanken wir ihr unseren sozialen Frieden und den hohen Wohlstand für eine möglichst große Zahl von Mitbürgern.

Stehen wir heute erneut vor einer Situation, die mit der Gründerzeit des 19. Jahrhunderts vergleichbar ist, mit den bekannten Folgen der Entstehung des Kommunismus und der Nationalismen? Der Kommunismus scheint überwunden, aber der Frage, ob neue große soziale Spannungen nicht wieder zu ähnlichen Ideologien führen können, müssen wir uns heute stellen. Dazu ist eine wichtige Vorbemerkung erforderlich. In der Katholischen Soziallehre wurde lange Zeit ein gewisses Schema gepflegt: hier der Kommunismus, dort der Kapitalismus; hier der kollektivistische, dirigistische Kommunismus, dort der liberalistische und egoistische Kapitalismus. Die soziale Marktwirtschaft wurde demgegenüber als dritter Weg dargestellt, der beide Exzesse vermeidet. Zu Recht wurde gefragt, ob dieses Schema nicht zu einfach sei.

Mit dem Zusammenbruch des Kommunismus hat nicht so sehr eine Ideologie über die andere, der Kapitalismus über den Kommunismus gesiegt, sondern vielmehr die wirtschaftliche „Normalität" gegenüber einer zwangswirtschaftlichen Ideologie. Der Marxismus hat es geschafft, die ganz normalen Funktionen der Wirtschaft zu „dämonisieren": Markt, freie Wirtschaft, Unternehmertum, Gewinn und Erfolg – all das wurde mit ideologischem Verdacht belegt, mit dem Schlagwort „Kapitalismus" negativ besetzt. Das war propagandistisch ein hervorragender Erfolg. In Wirklichkeit handelt es sich hier um die ganz normalen Grundvollzüge des wirtschaftlichen Lebens einer Gesellschaft. Auch von seiten der Kirche besteht eine gewisse Gefahr, diese Grundvollzüge mit dem Verdacht des Unsozialen oder Unmoralischen zu bedenken. Ohne Freiheit des Marktes, ohne eine gewisse Gewinnorientierung und ein Erfolgsinteresse kann keine Wirtschaft im Kleinen und Großen gedeihen. Hier hat, wie ich im folgenden zeigen werde, auch in der kirchlichen Soziallehre eine Entwicklung hin zu einer positiveren Bewertung der wirtschaftlichen Grundgegebenheiten stattgefunden.

Nicht der Markt ist böse, nicht die freie Wirtschaft mit ihrem Spiel von Angebot und Nachfrage, böse kann nur der

Mißbrauch sein, der mit der menschlichen Freiheit getrieben wird. Um diese urmenschlichen Fehler wissen wir seit eh und je. Der alttestamentliche Prophet Amos hat sie bereits in aller Deutlichkeit ausgesprochen: „Hört dieses Wort, die ihr die Schwachen verfolgt und die Armen im Land unterdrückt. Ihr sagt: Wann ist das Neumondfest vorbei? Wir wollen Getreide verkaufen. Und wann ist der Sabbat vorbei? Wir wollen den Kornspeicher öffnen, das Maß kleiner und den Preis größer machen und die Gewichte fälschen. Wir wollen mit Geld die Hilflosen kaufen, für ein Paar Sandalen die Armen. Sogar den Abfall des Getreides machen wir zu Geld" (Am 8, 4–6).

Nicht Handel und Markt sind das Übel, sondern menschliche Habgier und Ungerechtigkeit. Da wir Menschen schwach sind, zum Bösen und zur Sünde neigen, ist es unsinnig, zu glauben, die berühmte „unsichtbare Hand" werde von selbst den Markt so steuern, daß für möglichst viele ein möglichst großer Gewinn herauskommt. Zu glauben, eine möglichst umfassende Deregulierung werde ein optimales Wirtschaften ermöglichen, ist schlichtweg eine Illusion. Denn hier wird, ähnlich wie im Kommunismus, übersehen, daß die Wirtschaft, bei aller Macht der anonymen Kräfte, doch von Menschen gemacht und geprägt wird und daß sie nur funktionieren kann, wenn sie für Menschen gemacht wird.

Das Fundament jeder gesunden Wirtschaft wie jeder Gesellschaft überhaupt ist daher eine tragfähige moralische Ordnung. Papst Johannes Paul II. hat in seiner 1991 veröffentlichten dritten Sozialenzyklika „Centesimus Annus" folgende Diagnose formuliert: „Für den moralischen und wirtschaftlichen Wiederaufbau in den Ländern, die den Kommunismus aufgegeben haben, bedarf es einer großen Anstrengung. Über lange Zeit wurden die elementarsten Wirtschaftsbeziehungen verzerrt. Grundlegende Tugenden des Wirtschaftslebens wie Zuverlässigkeit, Aufrichtigkeit, Fleiß wurden entwürdigt. Es braucht einen geduldigen materiellen und moralischen Wiederaufbau. Gleichzeitig fordern die von jahrelangen Entbehrungen zermürbten Völker von ihren Regierungen greifbare und schnelle Erfolge, was den Wohlstand betrifft, und eine angemessene Befriedigung ihrer berechtigten Ansprüche" (Centesimus Annus 27).

Bei uns (im „freien Westen") stellt sich die Frage gewissermaßen spiegelverkehrt: Es geht darum, die „grundlegenden Tugenden des Wirtschaftslebens", die in unserem Land den Wiederaufbau ermöglicht haben, zu erhalten und zu pflegen. So sehr wir uns im folgenden auch Fragen der globalen Entwicklung zu stellen haben, so ist doch nie aus den Augen zu verlieren, daß die Voraussetzung für alles Gelingen und Gedeihen die persönlichen und gemeinschaftlichen sittlichen Maßstäbe sind. Eine gute Gesellschaft, eine gute Wirtschaft setzt zuerst – man geniert sich fast, etwas so Einfaches auszusprechen – anständige Menschen voraus.

Im Katechismus der Katholischen Kirche steht unter dem siebten Gebot („Du sollst nicht stehlen") folgender lapidarer Hinweis: „Versprechen und Verträge müssen gewissenhaft gehalten werden, soweit die eingegangene Verpflichtung sittlich gerecht ist. Das wirtschaftliche und gesellschaftliche Leben hängt zu einem großen Teil davon ab, daß man sich an die Verträge zwischen physischen oder moralischen Personen hält: an Verkauf- oder Kaufverträge, Miet- oder Arbeitsverträge. Jeder Vertrag ist guten Glaubens abzuschließen und auszuführen" (KKK 2410).

Auch in der globalisiertesten Wirtschaft wird es im Konkreten immer darauf ankommen, daß Menschen einander vertrauen können, daß das Wort gilt, die Zusage hält, das Vertrauen sich bewährt. Alle rechtlichen Absicherungen, die notwendig sind, weil wir als schwache und zum Bösen neigende Menschen nicht absolut zuverlässig und vertrauenswürdig sind, dienen nur der Sicherung des Grundvertrauens in die moralische Zuverlässigkeit der handelnden Personen. Um so schlimmer ist es, wenn in der zeitgenössischen wirtschaftlichen und gesellschaftlichen Entwicklung durch ein Übermaß an Konkurrenz und Überlebenskampf die Vertrauensbasis der Gesellschaft und der Wirtschaft ausgehöhlt wird. Genau dies aber droht in zunehmendem Maß zu geschehen.

Globalisierung und Deregulierung – Segen und Fluch

Mit dem Niedergang des Kommunismus scheint sich weltweit die „reine Marktwirtschaft" mehr und mehr durchzusetzen. Auf die Frage, ob der Kommunismus nun durch den Kapitalismus als dem siegreichen Gesellschaftssystem abgelöst werde, antwortete Papst Johannes Paul II. in Centesimus Annus: „Die Antwort ist natürlich kompliziert. Wird mit ‚Kapitalismus' ein Wirtschaftssystem bezeichnet, das die grundlegende und positive Rolle des Unternehmens, des Marktes, des Privateigentums und der daraus folgenden Verantwortung für die Produktionsmittel, der freien Kreativität des Menschen im Bereich der Wirtschaft anerkennt, ist die Antwort sicher positiv. Vielleicht wäre es passender von ‚Unternehmenswirtschaft' oder ‚Marktwirtschaft' oder einfach ‚freier Wirtschaft' zu sprechen. Wird aber unter ‚Kapitalismus' ein System verstanden, in dem die wirtschaftliche Freiheit nicht in eine feste Rechtsordnung eingebunden ist, die sie in den Dienst der vollen menschlichen Freiheit stellt und sie als eine besondere Dimension dieser Freiheit mit ihrem ethischen und religiösen Mittelpunkt ansieht, dann ist die Antwort ebenso entschieden negativ" (Centesimus Annus 42).

Genau diese letzte Vorstellung ist aber bei den Vertretern

der reinen Marktwirtschaft vorherrschend. Die Grundannahme lautet: Durch Deregulierung der Märkte und Privatisierung, durch ein Minimum an Staat und ein Maximum an Freiheit gelangt man automatisch (wenigstens langfristig) zu optimalem Wohlstand für alle. Worauf Lord Keynes geantwortet haben soll: Langfristig funktioniert es vielleicht, „but in the long run we are all dead". Begünstigt wird diese Theorie durch den langen Kampf gegen den Kommunismus, in dem alles, was nach staatlichem Dirigismus aussieht, diskreditiert wurde. Selbst das Wort „sozial" bekam einen negativen Beigeschmack. Vor allem aber ist es sozial-darwinistisches Gedankengut, das hier erneut einen starken Auftrieb erhalten hat. Im Kampf ums Dasein siegt allzu oft der Stärkere. Die Folge davon ist der globale Wettbewerb aller gegen alle, der weitgehend ohne Regulative durch eine supranationale Politik funktioniert. Die „Gruppe von Lissabon" sagt daher in ihrem Bericht von 1995: „Die Überzeugung, daß unsere Gesellschaften vollständig in einem gnadenlosen Wirtschaftskrieg eingebunden sind, hat sich – parallel zum Ende des Kalten Krieges – immer mehr durchgesetzt."

Eine schon deutlich sichtbare Folge dieser Entwicklung ist die „Spreizung" der Schere von Einkommen und Vermögen zwischen den armen Ländern und den reichen beziehungsweise Schwellenländern aber auch zwischen einzelnen Schichten in diesen Ländern. Ganze Teile der Weltbevölkerung werden einfach abgekoppelt oder ausgegrenzt von der wirtschaftlichen Entwicklung. So sanken nach dem UNDP-Bericht über menschliche Entwicklung 1997 in den vergangenen 15 bis 20 Jahren in mehr als 100 Entwicklungs- und Reformländern die Einkommen von über einer Milliarde Menschen unter das Niveau, das sie vor 10, 20 und 30 Jahren hatten. Doch nicht nur die Ausgrenzung ganzer Länder und Regionen, sondern auch die Verarmung innerhalb Europas und der westlichen Welt ist ein nicht mehr zu übersehendes Phänomen. Nach EUROSTAT gab es 1992 vierundvierzig Millionen Arme in der EU und acht Millionen Obdachlose in den USA. Nach den Mitteilungen unserer Caritas haben im vergangenen Jahr die Konsultationen bei den Caritasstellen in Wien um 20 Prozent zugenommen. Es ließen sich die Beispiele leicht vermehren. Überall ist zu hören von einer Verschärfung des Arbeitsklimas, von neuen Spannungen in der sozialen Atmosphäre. Ratlosigkeit herrscht gegenüber der Arbeitslosigkeit.

Nun wäre es gewiß falsch, in dieser Entwicklung nur die negativen Seiten zu sehen. Es wäre ungerecht, die guten Nachrichten einfach unter den Tisch fallen zu lassen. „Denn schließlich war der Zusammenbruch des Kommunismus auch der weltweite Erfolg der Demokratie", befand ein kritischer Kenner der Verhältnisse. „Der Triumph der Marktwirtschaft, der wirtschaftlichen Unabhängigkeit, des Handels bedeutete auch neuen Wohlstand für Millionen von Menschen. Niemals zuvor war die Weltwirtschaft so großzügig, so wohltuend für eine so große Zahl von Menschen. Der Rückzug der Bürokratien, der Kadersprachen und des Dirigismus war auch ein hervorragender Aufschwung der individuellen Initiative und der Kreativität, selbst im Amerika des Ronald Reagan, selbst im England von Margaret Thatcher. Die konservative Revolution hat bei weitem nicht nur Schlechtes bewirkt. Der befreite Individualismus, die allgemeine Mobilität, die Dynamik der Unternehmenschefs, die Sorge um die Wettbewerbsfähigkeit, nichts davon kann für unsere Epoche als negativ bewertet werden. Wenn der Westen hunderte von Millionen Menschen im Osten und im Süden fasziniert, wenn das wiedererwachte Amerika für so viele Völker eine Hoffnung verkörpert, dann kann man darin nicht einfach eine Massenhalluzination sehen, oder, weil der Begriff gerade in aller Munde ist, ein reines Medienphänomen. Die Ungarn, Polen oder Albaner, die nach Chicago schauen, oder Lech Walesa, der Margaret Thatcher um Rat fragt, sind keine dummen Menschen. Weil wir fast unmerklich davon profitiert haben, sehen wir schließlich nicht mehr, was wir in zehn Jahren hinzugewonnen haben."[35]

Diesem siegreichen Modell gegenüber scheint die bei uns so hoch entwickelte soziale Marktwirtschaft als alternatives Modell zu verblassen. Sie wirkt wie eine etwas altmodische, verstaubte Form neben dem forschen, junge Kräfte bevorzugenden neuen Modell. Der Druck zur Deregulierung, zu weniger Staat, zu mehr Privatisierung scheint unwiderstehlich stark zu sein. Erweist sich das deutsch-österreichische Modell der sozialen Marktwirtschaft im darwinistischen „Kampf ums Dasein" gegenüber dem neuen Kapitalismus als weniger überlebensfähig? Viele meinen, daß dieser Kampf sowieso verloren sei, daß mit einer Quasinaturnotwendigkeit die weltweite Globalisierung und Deregulierung ihren Siegeszug fortsetzen wird. Manche meinen, die Rede vom Sozialen in der Wirtschaft gehöre zur nutzlosen Rhetorik, der sich die Kirche befleißigt, der aber keinerlei praktische Relevanz zukommt. Diese Sicht ist sicher zu resignativ. Auch wenn es wirtschaftliche Gesetzmäßigkeit, globale Tendenzen und Entwicklungsströme gibt, die von diversen Faktoren wie Bevölkerungsentwicklung, klimatischen Verhältnissen, Lage der Ressourcen, kulturellen und ethnischen Entwicklungen etc. geprägt sind, darf doch nicht übersehen werden, daß auch geistige Ursachen in den Prozeß der Entwicklung eingreifen. Der Marxismus ist zuerst in den Köpfen als Philosophie und Weltanschauung entstanden, ehe er zum geschichtsmächtigen politischen und wirtschaftlichen System wurde. Die Theorien der reinen Marktwirtschaft wurden zuerst an Lehrstühlen der großen Universitäten gedacht und gelehrt, ehe sie zur bestimmenden Orientierung im praktischen Wirtschaftsgeschehen wurden. Die soziale Marktwirtschaft, der Deutschland und Österreich ihren Wohlstand und den sozialen Frieden verdanken, wurde von stark christlich geprägten Wirtschaftstheoretikern entwickelt. Wir dürfen den Einfluß der Ideen auf das Geschehen nicht unterschätzen. Ideen sind nicht „Epiphänomene" der materiellen Vorgänge, sie prägen diese vielmehr und geben ihnen Gestalt.

Es wird daher immer viel davon abhängen, was in den großen Zentren der Wirtschaftstheorie gelehrt und der nächsten Generation weitergegeben wird. Dabei spielen, bewußt oder unbewußt, weltanschauliche Voraussetzungen stets eine nicht zu unterschätzende Rolle. Über die philosophisch-weltanschaulichen Grundlagen des Marxismus ist in den 50er und 60er Jahren bei uns viel geschrieben und gesprochen worden. Es wurde uns bewußt, daß hinter dem marxistischen Wirtschaftsverständnis ein ganz bestimmtes, nämlich ein materialistisches Menschenbild und Weltverständnis stand. Hingegen wird derzeit meines Erachtens viel zu wenig darüber nachgedacht, welches Menschen- und Weltbild hinter der derzeit herrschenden Theorie der reinen Marktwirtschaft steht. Es fehlt mir die fachliche Kompetenz, um auf diese Fragen eine qualifizierte Antwort zu geben. Hingegen kann ich versuchen, ein wenig über das Menschen- und Weltbild zu sprechen, das hinter der Sicht der sozialen Marktwirtschaft steht, wie sie von der Katholischen Soziallehre vertreten wird.

Ehe ich mich dieser Frage zuwende, sei noch eine Vorbemerkung gestattet. Solange man an der Universität oder einer Wirtschaftshochschule studiert, mag man den Eindruck haben, die verschiedenen Wirtschaftssysteme seien, was ihre geistigen Grundlagen betrifft, einfach als verschiedene mögliche Optionen zu betrachten. Im theoretischen Diskussionsfeld mag das auch zutreffen. In der Praxis zeigt sich jedoch, daß

Wirtschaftstheorie, Menschenbild, Gesellschaftsverständnis und Weltanschauung untereinander stark verbunden sind. Noch einmal hilft hier die Erinnerung an den Kommunismus, der alle diese Bereiche in eine einheitliche Sicht und eine totalitär-einheitliche Praxis umzusetzen versucht hat – stets mit dem Anspruch strenger Wissenschaftlichkeit („wissenschaftlicher dialektischer Materialismus"). Die konkrete Praxis und schließlich der Untergang des Kommunismus haben deutlich gemacht, daß man nicht ungestraft an der tatsächlichen Wirklichkeit und der Gesellschaft vorbei wirtschaftliche Modelle entwickeln und verwirklichen kann.

Der Marxismus ist als Wirtschaftstheorie untergegangen, weil er falsch war. Die Wahrheitsfrage ist gewiß im Bereich des Wirtschaftlich-Politisch-Praktischen nicht einfach zu beantworten. Sie kann aber auch nicht einfach ausgeklammert werden. Die Wahrheit einer Wirtschaftstheorie erweist sich an der Wirklichkeit, an ihrer Haltbarkeit (auch über kurzfristige Erfolge hinaus), also an ihrem nachhaltigen Erfolg. Erfolg wiederum kann nicht einseitig nur wirtschaftlicher Erfolg sein. Ebenso zählt der „menschliche Erfolg", das heißt die nachhaltig positive Auswirkung auf die Gesellschaft, auf das Gemeinwohl. Und hier hat wohl die Kritik an der Theorie der reinen Marktwirtschaft und an der aus ihr folgenden Praxis anzusetzen.

Vorrang hat die menschliche Person

Die grundlegendste Überzeugung der Katholischen Soziallehre hat das Zweite Vatikanische Konzil wie folgt formuliert: „Grund, Träger und Ziel aller gesellschaftlichen Institutionen ist die menschliche Person und muß es sein."[36] Diese Überzeugung vom Vorrang der menschlichen Person ist einerseits theologisch begründet im Glauben an die Geschöpflichkeit des Menschen, seine Gottebenbildlichkeit und Gottunmittelbarkeit. Anderseits ist diese Überzeugung durchaus bestens rational begründet. Wir stehen mitten in einer Entwicklung, in der der Mensch selbst der große Verlierer zu sein droht. Der Mensch wird zum Anthropomorphismus. Er wird als entbehrlich aus dem wirtschaftlichen Fortschritt wegrationalisiert. Doch fragen sich immer mehr Menschen, wie eine Gesellschaft funktionieren soll, in der die Abschaffung von Arbeitsplätzen als Erfolgsmeldung für die Börse gilt, in der Hiobsbotschaften vom Arbeitsmarkt als Siegesmeldungen an der Wall Street gelten. Die Katholische Soziallehre formuliert daher auch als oberstes Prinzip das „Personalitätsprinzip", eben die Überzeugung, daß die menschliche Person Grund, Träger und Ziel aller gesellschaftlichen Institutionen sein muß.

Deshalb muß die oberste Frage lauten: Wie weit dienen Entwicklungen dem Menschen und seiner Entfaltung, wie weit dienen sie der menschlichen Gemeinschaft, dem Gemeinwohl? Das Ziel der Wirtschaft kann vernünftigerweise nicht in ihr selber liegen. Sie bedarf, um gedeihen zu können, der Ausrichtung auf die Humanisierung des menschlichen Lebens.

So lesen wir im Katechismus der Katholischen Kirche: „Die Entfaltung des Wirtschaftslebens und die Steigerung der Produktion haben den Bedürfnissen der Menschen zu dienen. Das wirtschaftliche Leben ist nicht allein dazu da, die Produktionsgüter zu vervielfachen und den Gewinn oder die Macht zu steigern; es soll in erster Linie im Dienst der Menschen stehen: des ganzen Menschen und der gesamten menschlichen Gemeinschaft. Die wirtschaftliche Tätigkeit ist – gemäß ihren eigenen Methoden – im Rahmen der sittlichen Ordnung und der sozialen Gerechtigkeit so auszuüben, daß sie dem entspricht, was Gott mit dem Menschen vorhat" (KKK 2426). Die Betonung des Personalitätsprinzips als oberster Maxime hat nichts mit Sozialromantik zu tun. Es hat seine Wahrheit und Vernünftigkeit immer wieder erwiesen. Wo der Mensch zum bloßen Objekt wird, wie etwa in totalitären Systemen oder auch in einer Absolutsetzung des Marktes auf Kosten des Menschen und des Gemeinwohls, wird auf die Dauer die Grundlage des Marktes selbst zerstört: die menschliche Gesellschaft, deren Wohlergehen die Voraussetzung dafür ist, daß auch das Wirtschaftsleben gedeiht. Deshalb ist eine gute Wirtschaftspolitik immer mehr als nur Wirtschaftspolitik.

Vorrang kommt der Förderung der Familie zu. Sie ist der erste Lernort für jene Tugenden, ohne die eine Gesellschaft nicht gedeihen kann: Sinn für Solidarität, für die elementaren menschlichen Tugenden des Zusammenlebens wie Fleiß, Rücksicht, Ausdauer, Fähigkeit zur Kooperation, zur gegenseitigen Geduld, zum Miteinander der Generationen, zur Rücksichtnahme für Schwächere. Die Erfahrung des Schulalltags zeigt uns, daß die Schule hoffnungslos überfordert ist, wenn von ihr erwartet wird, diese Lernprozesse dort nachzuholen, wo sie in der Familie nicht stattgefunden haben. Eine Wirtschaftspolitik, die familienfeindlich ist, untergräbt ihre eigenen Fundamente.

Die Zukunft unserer Wirtschaft hängt entscheidend auch davon ab, ob in Familie, Schule und im gesellschaftlichen Umfeld die selbständige, verantwortungsbewußte unternehmerische Persönlichkeit gefördert wird. Arbeitsplätze werden nicht durch Reden geschaffen, sondern von Menschen, die ganz konkret unternehmerisch tätig sind. Wo Tüchtigkeit, Fleiß, aber auch unternehmerischer Mut von einer „Neidgenossenschaft" und von einem Übermaß an Bürokratie entmutigt werden, wird sich schwerlich ein Geist des Unternehmertums entwickeln können. Nun betont die Katholische Soziallehre seit langem neben der Bedeutung der Familie auch die Wichtigkeit der sogenannten „gesellschaftlichen Zwischenkörper". Im Katechismus der Katholischen Kirche heißt es diesbezüglich: „Um die Beteiligung möglichst vieler am gesellschaftlichen Leben zu fördern, ist die Schaffung von Verbänden, Vereinigungen, Einrichtungen mit wirtschaftlicher, kultureller, unterhaltender, sportlicher, beruflicher und politischer Zielsetzung sowohl im nationalen Raum wie auf Weltebene zu fördern. Diese Sozialisation gründet auch auf der natürlichen Neigung der Menschen, sich zusammenzuschließen, um Ziele zu erreichen, welche die Kräfte der einzelnen übersteigen. Sie bringt die Anlagen der Person, insbesondere ihren Unternehmungsgeist und ihren Sinn für Verantwortung zur Entfaltung und hilft, ihre Rechte zu gewährleisten" (KKK 1882).

Die große Entfaltung dieser „gesellschaftlichen Zwischenkörper" seit der Mitte des 19. Jahrhunderts, besonders auch im Umfeld der Katholischen Kirche, hat viel zur Entschärfung der Auswirkungen des Frühkapitalismus und zur Herausbildung eines kräftigen Mittelstandes beigetragen. Dieser ist nach wie vor in unserem Land der Träger eines Großteils der wirtschaftlichen und gesellschaftlichen Aktivitäten. Es muß uns alle mit größter Sorge erfüllen, wenn durch die gegenwärtige wirtschaftliche Entwicklung der Mittelstand immer mehr in Bedrängnis gerät. Es kann nicht sinnvoll sein, wenn in allen Bereichen (zum Beispiel in der Landwirtschaft, im Bankwesen, in der Industrie etc.) nur die ganz Großen überleben und nur Großfusionen mit ihrem massiven Abbau von Arbeitsplätzen der Weg in die Zukunft sein sollen.

Diese Entwicklung muß uns schon deshalb mit Sorge erfüllen, weil die moderne Demokratie darauf gründet, daß möglichst viele nicht nur am wirtschaftlichen, sondern auch am gesellschaftlichen Leben teilnehmen können. Das letztere ist aber nur möglich durch das erstere. Menschen, die mehr und mehr aus dem wirtschaftlichen Leben ausgegrenzt werden, sind auch dem politisch-öffentlichen Leben entfremdet. Das ist auf die Dauer demokratiegefährdend, soll Demokratie nicht – wie im alten Griechenland – nur Sache einer kleinen Oberschicht werden, der eine Masse von Sklaven dient. Gewiß ist auch ein System wie unser österreichisches, von Verbänden und Kammern geprägtes, stets reformbedürftig. Das Zerschlagen dieses den Mittelstand begünstigenden Systems kann aber nicht im Interesse der Zukunft unseres demokratischen Staatswesens liegen. Der breite und gesunde Mittelstand ist eine der Voraussetzungen für den Bestand der Demokratie. Die Erfahrung unseres Jahrhunderts hat gezeigt, wie sehr das Auseinanderklaffen zwischen den sozialen Schichten totalitären Ideologien und Regimen Tür und Tor öffnet.

Ist nicht ein Zuviel an Staat der mächtigste Hemmschuh für eine gute wirtschaftliche Entwicklung? Deregulierung, weniger Staat und mehr Freiheit gilt vielfach als Rezept. Die Katholische Soziallehre betont heute ausdrücklicher als früher die grundsätzlich positive Bewertung des wirtschaftlichen Wettbewerbs der Betriebe als effizienteste Form der Ressourcen-Verteilung, solange der wirtschaftliche Wettbewerb in einem politischen Ordnungsrahmen verankert ist. In Centesimus Annus sagt der Papst: „Es ist Aufgabe des Staates, für die Verteidigung und den Schutz jener gemeinsamen Güter wie der natürlichen und der menschlichen Umwelt zu sorgen, deren Bewahrung von den Marktmechanismen allein nicht gewährleistet werden kann. Wie der Staat zu Zeiten des alten Kapitalismus die Pflicht hatte, die fundamentalen Rechte der Arbeit zu verteidigen, so haben er und die ganze Gesellschaft angesichts des neuen Kapitalismus nun die Pflicht, die gemeinsamen Güter zu verteidigen, die unter anderem den Rahmen bilden, in dem allein es jedem einzelnen möglich ist, seine persönlichen Ziele auf gerechte Weise zu verwirklichen."

Im folgenden weist der Papst auf die neuen Grenzen des Marktes hin: „Es gibt gemeinsame und qualitative Bedürfnisse, die mit Hilfe seiner Mechanismen nicht befriedigt werden können. Es gibt wesentliche menschliche Bedürfnisse, die sich seiner Logik entziehen, Güter, die auf Grund ihrer Natur nicht verkauft und gekauft werden können und dürfen" (Centesimus Annus 40). Und an anderer Stelle: „Der Staat aber hat die Aufgabe, den rechtlichen Rahmen zu erstellen, innerhalb dessen sich das Wirtschaftsleben entfalten kann. Damit schafft er die Grundvoraussetzung für eine freie Wirtschaft, die in einer gewissen Gleichheit unter den Beteiligten besteht, so daß der eine nicht so übermäßig wird, daß er den anderen zur Sklaverei verurteilt" (Centesimus Annus 15).

Kraftreserven der Hoffnung

Die Nationalstaaten sind heute freilich angesichts der Globalisierung der Wirtschaft überfordert. Das Schwergewicht hat sich von den politischen Akteuren in den Nationalstaaten zu den wirtschaftlichen Akteuren eines globalen und zunehmend schrankenlos mobilen Marktes verlagert. Für die Katholische Kirche, die ihrem innersten Wesen nach Weltkirche ist, multinational, in einer hervorragend organisierten Vernetzung auf allen Ebenen und bis in die äußersten Winkel, stellt das Phänomen der Globalisierung grundsätzlich nicht etwas Negatives dar. Gerade unter dem Pontifikat Johannes Pauls II. ist in der Katholischen Kirche das Bewußtsein ihrer Weltweite, ihrer Globalität stark gewachsen. Nicht wenig hat dazu die Mobilität des Papstes selbst beigetragen. Kooperation zwischen allen Kontinenten, Austausch an Ressourcen, an Know-how, Vernetzung der Information, Ausgleich der Güterverteilung, all das ist der Katholischen Kirche vertraut und macht sie in einer globalisierten Welt heimisch. Um so mehr sieht sie sich verpflichtet, alle Bemühungen zu unterstützen, die die Globalisierung des Weltmarktes durch neue globale soziale und politische Begleit- und Schutzmaßnahmen ergänzt. Schon Pius XII. hat mit großer Entschiedenheit die europäische Integration begrüßt und die Schaffung weltweiter politischer und sozialer Institutionen unterstützt. Konnte es in früherer Zeit genügen, auf das nationale Gemeinwohl hinzuweisen, so gilt es heute, alles zu fördern, was das Bewußtsein des übernationalen und weltweiten Gemeinwohls fördert. Hier gibt es durchaus Ansätze und Anzeichen, die zu Hoffnung Anlaß geben.

Immer deutlicher prägt sich das Bewußtsein einer globalen Zivilgesellschaft aus. Die Rede von der „Menschheitsfamilie" bekommt mehr und mehr eine konkrete Gestalt. Bei aller Krisenanfälligkeit ist doch die Tätigkeit der UNO nicht mehr aus der Weltgemeinschaft wegzudenken. Das Bewußtsein, daß Umweltanliegen Fragen der Menschheit und nicht nur einzelner Regionen sind, ist im Wachsen. In der Frage der Menschenrechte hat sich seit der Allgemeinen Erklärung der Menschenrechte im Jahr 1948 ein weltweiter Konsens verstärkt, auch wenn es nach wie vor zahlreiche Menschenrechtsverletzungen gibt. So ist zu hoffen, daß auch die internationale Verankerung von Sozialrechten Fortschritte machen wird. Denn es ist klar: Die verständliche Sorge österreichischer Arbeitnehmer, niedrigere Arbeits- und Sozialkosten könnten zu Standortverlagerungen ins Ausland führen, wären sofort hinfällig, wenn die Arbeitskräfte auch in diesen Ländern besser entlohnt und sozial besser abgesichert wären. Im Bereich der europäischen Integration gibt es deutliche Ansätze zu einer gemeinsamen Sozialpolitik. Selbst die großen Wirtschaftsmächte der Welt (G 7) befassen sich mit der sozialen Frage. Schließlich ist nicht zu übersehen, daß es auch im Bereich der großen multinationalen Unternehmen ein wachsendes Bemühen um ethische Standards, um soziale Selbstverpflichtung und um Einsatz für humanitäre Ziele gibt.

So sehr darauf gehofft werden darf, daß vernünftige ethische und soziale Regulative die Auswüchse der gegenwärtigen Globalisierung beschneiden werden, so bleibt doch eine ganz große Frage, der gegenüber wir wohl alle ratlos sind: Jeder, der nüchtern auf den heutigen Lebensstil blickt, der sich auf Grund der technologischen Entwicklung der letzten 100 Jahre herausgebildet hat, muß sich ernsthaft fragen, wie lange diese Lebensweise möglich sein wird und auf wessen Kosten sie geht. Die immer drängender werdende Frage der Nachhaltigkeit unseres Wirtschaftens und Handelns muß uns beunruhigen. Wie weit ist unser gegenwärtiger Lebensstil vor den Armen der Welt, aber auch vor den zukünftigen Generationen legitimierbar, deren Lebenschancen er nachhaltig verletzt?

Ich glaube, daß nur ein neues intensives Bewußtsein von der Endlichkeit, der Begrenztheit des Menschen und der Welt und ihrer Ressourcen hier einen langfristigen und nachhaltigen Wandel bringen kann. Es geht erneut um das Bewußtsein, daß wir, wie das Kirchenlied sagt, „nur Gast auf Erden sind", daß wir auf eine ewige Heimat zugehen und daß wir einmal vor Gott Rechenschaft über unser Leben zu geben haben. Ohne diesen Transzendenzbezug wird es schwer sein, jenes Potential an Verzicht, an Solidarität und an Opferbereitschaft zu erschließen, das unerläßlich sein wird, wenn unsere Gesellschaft und die einzelnen und Gruppen in ihr ihre Ansprüche mäßigen, ihre Möglichkeiten beschränken müssen.

Umgekehrt erweist sich heute ein neu erwachender Glaube als eine Hoffnung, die ungeahnte Kräfte mobilisieren kann.

Mit größtem Erstaunen hat die Weltöffentlichkeit registriert, wie Papst Johannes Paul II. 1997, trotz seines Alters und seiner körperlichen Gebrechlichkeit weit über eine Million junger Menschen in Paris zu versammeln vermochte, die in ihm einen Hoffnungsträger sehen, der ihnen nicht nach dem Mund redet, sondern ihnen einen Weg des Lebens und der Hoffnung zeigt. Wer die Bilder von Paris gesehen hat, wird für die nächste Generation, der wir sicher kein leichtes Erbe hinterlassen, dennoch Hoffnung haben. Ich habe schon erwähnt, daß eine Gesellschaft und damit auch die Wirtschaft nicht ohne Hoffnung leben kann. Was mich hoffen läßt, unbeschadet all der Schwierigkeiten und Probleme, die ich angesprochen habe, ist die Gewißheit, daß es heute und auch in Zukunft gewaltige, ja ich wage zu sagen: unerschöpfliche Kraftreserven der Hoffnung gibt.

5.
Kirche und Bildung

Bündnis von Glaube und Aufklärung

Gott ist kein Faktor von Nützlichkeit[37]

Religion wird heute in hohem Maße funktionalisiert. Das heißt: Insoweit Religion Nützliches, weil pragmatisch Umsetzbares in Staat und Gesellschaft einbringt, wird sie nicht nur toleriert, sondern durchaus gerne gesehen, sei es als sozialer und politisch stabilisierender Faktor, sei es als Wertelieferant für Staat und Gesellschaft, sei es als Sinnvergewisserung und Hilfe in den Grenzsituationen menschlicher Existenz innerhalb der individuellen Biographie.

Auch das Thema „Bildung und Religion" birgt eine solche mögliche Versuchung: Selbstverständlich ist Religion, historisch gesehen, in Europa Bildungsfaktor Nummer eins, und selbstverständlich will die Kirche auch weiterhin im Bildungsbereich ihren Beitrag leisten. Aber trotzdem möchte ich nicht dieses Thema behandeln, ohne darauf hinzuweisen, daß über alle soziologisch-phänomenologische Beschreibung von Religion hinaus sie nie in all dem aufgeht, was sie an Nützlichem für den einzelnen sowie für Staat und Gesellschaft leistet. Gott ist kein Nutzfaktor, ihn zu verehren ist ein Höchstwert in sich! Dies nur als – mir freilich wichtige – Vorbemerkung. Und damit komme ich auf das Verhältnis von Bildung und Religion im allgemeinen zu sprechen.

Ein *wissenschaftshistorischer Grundansatz* zur Aufhellung des Verhältnisses zwischen Bildung und Religion wäre es zunächst, an das Hervortreten der Wissenschaft der Pädagogik aus der Theologie zu erinnern. Wie kaum die Geschichte irgendeiner Wissenschaft geschrieben werden kann, ohne zum Teil wegweisende Spuren einer erklecklichen Anzahl von Theologen anzutreffen, so wäre wohl auch jede Geschichte der Pädagogik ohne diese Mitdenker bedrohlich ausgedünnt. Darüber hinaus sind es gerade im Bereich der österreichischen Schulgeschichte berühmte kirchliche Namen, deren

Träger federführend mitgestaltet haben. Ich erinnere nur an den Fürsterzbischof von Passau, Leopold Graf Firmian, und an Abt Johann Ignaz von Felbiger, deren beider Namen untrennbar mit der maria-theresianischen Schulreform verbunden bleiben.

Aber auch die Etymologie des Wortes „Bildung", für das es in anderen Sprachen kein Äquivalent gibt, eröffnet uns einen deutlichen *begriffsgeschichtlichen Bezug* zur biblischen Tradition von der Gottebenbildlichkeit des Menschen. Und doch: Trotz aller Korrelation kam und kommt es immer wieder zu Irritationen zwischen Bildung und Religion. Auf Seite der Bildung schwingen angeblich Aufklärung, Entmythologisierung, Wissenschaft und Vernünftigkeit mit, auf Seite der Religion hingegen Emotionalität, Mythos und Minderbewertung des Wissens gegenüber dem Glauben. Gegenpole, denen sich gerade das jüdisch-christliche Erbe nicht zuordnen läßt, weil ihm selbst genau diese Spannung immanent ist. Der ideologie- und mythenkritische Gehalt der christlichen Botschaft, der heute neu zu artikulieren ist, läßt diese vermeintlich eindeutige Zuordnung veraltet erscheinen. Vielmehr sind heute in einem radikal aufklärerischen Sinn von Seiten der Religion sehr grundsätzliche Fragen an geradezu mythisch überhöhte Teilbereiche der heutigen Wirklichkeit zu stellen. Manch fraglos angenommene Selbstverständlichkeit könnte so zu neuer Fragwürdigkeit kommen, so etwa die Dominanz der Wirtschaft gegenüber dem Menschen, in dessen Dienst sie nach dem Lippenbekenntnis aller eigentlich steht; auch die Stellung der Wissenschaft, die vielfach geradezu den Charakter einer Ersatzreligion angenommen hat; schließlich der positivistische Vorrang des Wäg-, Meß- und Greifbaren gegenüber all dem, was nicht diese Merkmale aufweist. Und so ist auch der Bereich Bildung selbst grundsätzlicher Kritik ausgesetzt, wenn er in einer Art Mythisierung Bildung als das

Kriterium schlechthin für gelungenes Menschsein verabsolutiert wird.

Kein geringerer als Paulus, selber hochgebildet und um philosophisch-theologische Grundsatzfragen ringend, schreibt im ersten Brief an die Korinther knapp und prägnant seinen klaren Vorbehalt gegenüber der Weisheit der Welt nieder, die von Gott als Torheit entlarvt wurde. „Das Törichte in der Welt hat Gott erwählt, um die Weisen zuschande zu machen“ (1 Kor 1, 27). Genau in diesem Sinn formuliert Kardinal Joseph Ratzinger sehr treffend: „Christlicher Glaube steht auf Bildung offen, hat aber ein Stück Weges mit der Aufklärung gemeinsam.“ Dieses kritische Potential zeigt sich sehr deutlich, wenn man die berühmte Monographie F. Schleiermachers „Reden über die Religion an die Gebildeten unter ihren Verächtern“ mit der kühnen Verfremdung vergleicht, die Winfried Böhm 1991 mit „Rede über die Bildung an die Religiösen unter ihren Verächtern“ überschreibt. Ich versuche, das nur Angerissene mit zwei Fragen zu verdeutlichen:

Braucht die Bildung Religion? Ja, sie braucht sie wegen der vielfältigen kultureinführenden, persönlichkeitsbildenden und gemeinwohlorientierten Beiträge, die von der Religion her einfließen. In diesem Sinn nennt August Wilhelm von Schlegel Religion eine „Mitbürgerin im Reich der Bildung“. Bildung braucht aber grundsätzliche Offenheit für Religion vor allem um dessentwillen, was der Mensch seiner tiefsten Erfahrung nach ist: ein Wesen, das in der Frage nach seinem Verhältnis zu sich selbst, zur Welt und zu Gott sein eigenes Geheimnis zu ergründen sucht. Einen Teil dieser Suchbewegung zu vernachlässigen, hieße eine der Wurzeln des Menschseins abzuhacken. Und auch der weltanschaulich neutrale Staat ist gut beraten, in seinem Bildungssystem als Sicherung des Freiraumes seiner Bürger den Bereich der Religion nicht auszuklammern, sondern hereinzunehmen.

Braucht – umgekehrt – die Religion Bildung? Ja, denn christlicher Glaube ist in seinem tiefsten Wesen ein umfassender Akt personalen Vertrauens, zugleich aber inhaltlich definiert und dadurch auf Wahrheit bezogen, womit die Vernunft in Anspruch genommen ist. Ein Glaube, der sich nicht Rechenschaft gibt „über die Hoffnung, die uns erfüllt" (vgl. 1 Petr 3, 15), wäre unbiblisch und unmenschlich! Zugleich ist christlicher Glaube wesentlich auf Weltgestaltung ausgerichtet, die ihrerseits immer mehr auch auf Bildung in einem sehr umfassenden Sinn als unabdingbare Voraussetzung für Effizienz und Effektivität angewiesen ist.

So kann also das Verhältnis zwischen Bildung und Religion grundsätzlich wohl am besten als dialogisch umschrieben werden.

Zusammenarbeit von Staat und Kirche

Die Zusammenarbeit von Staat und Kirche im Bildungsbereich läßt sich zunächst einmal damit belegen, daß ich seitens der Kirche auf die Arbeit der konfessionellen Privatschulen hinweise, auf die Beiträge des Religionsunterrichts im Bereich Schule, auf die Impulse, die die Kirchen im Bereich der Erwachsenenbildung setzen u. a. m. Ich hoffe, daß all jene, die in diesen Feldern Großartiges leisten, es mir nachsehen, wenn ich auf Details verzichte. Statt dessen möchte ich allen von Herzen danken und versichern, daß ich weiß, daß nur durch deren aller Engagement und Kompetenz die Leistungen der Kirche auf dem Bildungssektor so sind, wie sie sind. Ich hoffe, Sie lesen trotz allen Verzichts auf Selbtsbeweihräucherung doch den Stolz aus dem hier Gesagten heraus.

Nun aber ein Wort zu den Partnern der Kirchen in dieser gelungenen Kooperation: dem Bund und den Ländern. Uns verbindet vor allem eines: das gemeinsame pädagogische Anliegen, das ich als Liebe und Wertschätzung für die uns anvertrauten Kinder und Jugendlichen vor allem anderen nennen möchte. Ohne Bereitstellung erheblicher Mittel könnten die Kirchen vieles auf dem Gebiet der Bildung nicht leisten. Ich denke dabei selbstverständlich an die geleisteten finanziellen Beiträge im Bereich des Religionsunterrichts und des Konfessionellen Privatschulwesens, durch die die Gewährleistung des Elternrechts nach Artikel zwei des ersten Zusatzprotokolls zur Europäischen Menschenrechtskonvention sichergestellt wird. Noch mehr aber denke ich an etwas anderes. Selbst auf die Gefahr hin, daß Ökonomen diese Priorität nicht mitvollziehen, möchte ich in erster Linie für das Klima des gegenseitigen Vertrauens, des offenen Wortes, ja fast möchte ich sagen, des freundschaftlichen Umgangs meinen Dank sagen. Ich weiß, daß die schulische Administration der Anliegen einer immer größer werdenden Anzahl von Kirchen und Religionsgemeinschaften nicht leicht ist. Ich weiß, daß die Zeiten des Sparpakets noch eine zusätzliche Erschwernis darstellen. Trotzdem erlaube ich mir – und ich denke, ich darf dies im Namen auch der anderen Kirchen tun – , für die gute und konstruktive Zusammenarbeit zu danken. Ich danke aber auch für die kritischen Nachfragen an uns, die uns letztlich helfen, unser Tun pädagogisch und auf die Ziele der österreichischen Schule bezogen zu reflektieren. Es zeigt sich immer wieder, daß manche dieser kritischen Fragen durchaus auch solche nach unserer eigenen Identität sind. So besehen ist der Bereich Schule und Bildung auch für die Kirche ein wesentlicher Lernort, an dem sich ein Leitwort der Katholischen Soziallehre bewahrheiten und bewähren muß: „Der Mensch ist der Weg der Kirche.“[38]

Ich möchte aber auch versuchen, die Beiträge der Kirche auf dem Bildungssektor anzureißen. Wir bringen uns nicht nur mit Dankbarkeit, sondern auch mit großem Selbstbewußtsein in das Bildungsgeschehen ein. Ich verweise auf den klar definierten Beitrag der Kirchen in unserer grundsätzlich wertunsicher gewordenen Welt, den wir nicht mehr als einsame Monopolisten, aber als bewährte und durchaus stimmstarke Partner erbringen. Wir stehen für Werte, die der weltanschaulich neutrale Staat sich nicht selbst schaffen kann, auf deren Existenz er aber in der Zukunft immer stärker angewiesen sein wird. Aber selbstverständlich stehen wir auch für kritische Impulse, die dazu beitragen, daß Pädagogik und Schule, wie es ihrem tiefsten Wesen entspricht, nicht zu Reproduktionsanstalten der heutigen Gesellschaft degenerieren, sondern durchaus auch offengelegte Gegenakzente zu allzu zeitgeistigen Trends setzen.

Drei solche Gegenakzente, Gegensteuerungen seien genannt: Auf die Frage, von der wir nicht loskommen („Was ist eigentlich der Mensch?") ist die klare christliche Antwort: Jeder von uns hat seine unverwechselbare und unverfügbare Würde aufgrund seiner Gottebenbildlichkeit und dies vor allen anderen näheren Bestimmungen wie: gebildet – ungebildet; begabt – unbegabt; gesund – krank; verhaltensoriginell – verhaltensauffällig oder verhaltensunauffällig; mit Auszeichnungen abgeschlossene Bildungswege hinter sich habend oder gerade noch durchgerutscht. Indem die Kirche, so der zweite Kontrapunkt, mit ihrem „weiteren Horizont" – und das soll nicht überheblich anmuten – die Hoffnung auf eine diese Welt übersteigende Zukunft wachhält, in der alles Bruchstückhafte, alles Angefangene und noch nicht Abgeschlossene zu einer geschenkten Vollendung kommt, relativiert sie manchen quälenden Leistungsdruck in der pädagogischen Landschaft – für Schüler wie für Lehrer. Sie vermittelt der Bildung als Menschwerdung des Menschen, so besehen, einen weit längeren Atem, als es mit dem in aller Munde geführten Wort vom „lebenslangen Lernen“ gemeint sein kann. Und schließlich erhebt die Kirche gegenüber einer Engführung von Bildung durch pragmatische Ausrichtung auf den konkreten gesellschaftlichen, vor allem ausschließlich wirtschaftlichen Bedarf ihre warnende Stimme. Auch bezüglich der ebenfalls vielzitierten Schlüsselqualifikationen, auf deren Erwerb derzeit alle Bildung hinausläuft, gilt: Solange diese Kompetenzen nicht in einem grundlegenden Respekt gegenüber dem Mitmenschen und einer wertemäßig abgesicherten Verantwortlichkeit gegenüber den Lebensfragen unserer Gesellschaft verwurzelt sind, besteht die Gefahr, daß die Menschen nur geschickter, nicht aber wirklich menschlicher werden.

Das Weißbuch der Europäischen Union zum Thema „Lehren und Lernen“, das sich schon im Vorwort sehr offen als Umsetzung des Weißbuchs „Wachstum, Wettbewerbsfähigkeit, Beschäftigung“ deklariert, ist sicher unter diesem Aspekt ein auch mit kritischen Augen zu lesendes Papier. Hier einen Ausgleich zu finden zwischen gesellschaftlich zu Recht bestehenden Wünschen und jenen Faktoren, die man als wünschenswerte Kontrasozialisation der Jugend bezeichnen könnte, dafür wird hoffentlich noch viel Mühe aufgewendet werden. Es könnte heute etwa folgendes bedeuten: mehr Distanz zu Konsumzwang, Konformität und Selbstverständlichkeit unserer Lebenswelt, ein bißchen mehr Widerstand gegenüber der Anmaßung, alles organisieren und in den Griff bekommen zu können, ein bißchen mehr Wissen, daß man die wirklich entscheidenden Dinge im Leben immer noch und sicher auch in Zukunft geschenkt bekommt, ein bißchen mehr Solidarität anstelle der Angst, dauernd zu kurz zu kommen. Ich habe mich in meinen Überlegungen von dem Motto einer Enquete über die Privatschulen beeinflussen lassen, das da lautete „magis“ – mehr. Wenn es stimmt, wie ein Kulturhistoriker einmal vermerkt hat, daß die Aufklärung die letzte gemeineuropäische Bildungsbewegung war, wäre es doch reizvoll und aufregend zugleich, gemeinsam daran zu arbeiten, daß die nächste europäische Bildungsbewegung eine ist, die das Humanum in unserer Gesellschaft sichert und fördert. Und genau das ist das Gemeinsame von Bildung und Religion.

Bildung in Europa: Mitbauen am gemeinsamen Haus[39]

Ich möchte aber auch noch ausdrücklich daran erinnern, daß es gut gebildeter und ausgebildeter Bürger bedarf, um das „gemeinsame Haus Europa" weiterzubauen. In jener so wichtigen Zeit vor der Jahrtausendwende, die sicher einmal sehr viele Historiker beschäftigen wird, geht es darum, einen verantwortungsbewußten Beitrag zu einer glückenden Zukunft zu leisten. Das alte Bild von einem „Haus" hat meines Wissens erstmals der letzte Ministerpräsident der UdSSR, Michail Gorbatschow, für Europa angesprochen, das er als das „gemeinsame Haus" bezeichnete. Es liegt mir nicht nur deshalb nahe, weil es ein gut biblisches Bild ist, sondern auch, weil die Kirche sich selbst immer wieder unter diesem Bild betrachtet hat. Den einen wird jetzt vielleicht das alte Kirchenlied „Ein Haus voll Glorie schauet . . ." einfallen, manch anderen Papst Johannes XXIII., der das, was sein Aggiornamento ausmachte, als ein Öffnen von Türen und Fenstern bildhaft umschrieb. Da nun schon fast 2000 Jahre an unserem Haus Kirche gebaut wird, wollen wir unsere Erfahrungen beim Hausbau nicht verschweigen.

Ich möchte in einer ersten Annäherung versuchen, dieses Haus Europa ganz einfach zu beschreiben. Es ist ein Haus, dessen Entstehung an kein festes Datum, an keine Errichtungsurkunde gebunden ist; ein Haus, das seinen Namen einem wahrscheinlich schon in vorgriechische Zeit zurückgehenden Mythos von der Liebe eines Gottes zu einer Frau verdankt. Daß dieser Mythos seine Weitergabe in die Schulbücher des Mittelalters übrigens dem Bischof und Kirchenlehrer Isidor von Sevilla verdankt, sei nur nebenbei erwähnt. Es ist ein Haus, an dem seitdem viele Menschen gebaut haben, mit vielen Schnörkseln, Giebeln, Türmchen, Zierat und Blumenschmuck, die wahrscheinlich die Unverwechselbarkeit des Hauses ausmachen. Es ist ein Haus mit Charme, mit Esprit, vor allem aber mit Seele. Wenn die Menschen, die in ihm wohnten, auch immer einen sehr rationalen Zugang zur Welt wählten und sich von Anfang an auf das Wirtschaften verstanden, war es doch nie in erster Linie ein Handelshaus oder ein Kaufhaus. Tennessee Williams war es in seinem Stück „Die Katze auf dem heißen Blechdach" vorbehalten, eine erste Vorahnung der zukünftigen Dominanz des Wirtschaftlichen zu formulieren: „Ich sage dir, dieses Europa ist nichts anderes als eine einzige große Auktion. Das ist alles, was man darüber sagen kann, nichts als ein großer Inventurverkauf . . ."

So stehen wir heute mitten in diesem Haus Europa, sind Zeugen eines gewaltigen Um- und Zusammenbaues, merken aber zugleich, daß die Bewohner immer stärker auf den Bereich der Wirtschaft und die Befriedigung materieller Bedürfnisse, auf Anbieter und Nachfrager reduziert werden. Wir merken, daß die Lebensregeln, die in diesem Haus Geltung haben, stark von wirtschaftlichen Denkstrukturen bestimmt sind. Wir alle können vernehmen, daß die entscheidenden Fragen an die Bewohner nicht mehr lauten: „Wer bist du? Was sind deine Hoffnungen, was ist dein Glaube? Worin siehst du dein Ziel, wie findest du Sinn? Wo erlebst du, beschenkt zu werden? Was davon gibst du weiter?" Statt dessen kommen aus allen Ecken die Fragen: „Was kannst du?

Was leistest du? Wie erfolgreich bist du? Wie setzt du dich durch?“

Mit diesen Beobachtungen sollen keineswegs Leistung, Erfolg und wirtschaftliche Tüchtigkeit in Verruf gebracht werden – ganz im Gegenteil! Aber der Wirtschaft soll in diesem Haus jener Platz zugewiesen werden, der ihr als einem Teilbereich menschlichen Lebens und Agierens zukommt. Der Mensch ist auch homo oeconomicus – und er ist es mit viel Kreativität, Leidenschaft und Freude – , aber nicht nur ein wirtschaftlich denkender und handelnder Mensch. Er ist einmal – und man hört die Beschwörung stark heraus – homo sapiens sapiens, er ist homo philosophicus und auch homo ludens – ein Wesen also, das über Wissen verfügt, das nachdenkt und das im Spiel seiner selbst inne werden kann. Vor allem aber ist er auch homo religiosus, der über die sichtbare Welt hinaus hofft, hinaus liebt und sich radikal in die Verantwortung nehmen läßt. All das zusammen macht den Menschen und ganz besonders den europäischen Menschen aus. So ist ihm auch ein Haus zu wünschen, das ein Haus des Lebens, nicht nur des Wirtschaftslebens ist, ein Haus des Wachstums, aber nicht nur des Wirtschaftswachstums. So darf in diesem Haus „Europa“ auch „Entwicklung nicht ausschließlich ökonomisch, sondern im gesamtmenschlichen Sinn verstanden werden.“[40]

Die tragenden Fundamente dieses Hauses wurden gelegt, als noch keine Rede von einer Montanunion war, von einer EWG oder EU. Die Kirche hat die fundamentalen Werte Europas, aufbauend auf griechischem und römischem Denken, als gemeinsames und Gemeinschaft stiftendes kostbares Erbe in die Gesellschaft getragen. Hier ist zunächst einmal das Wissen um die unveräußerliche Würde eines jeden einzelnen Menschen zu nennen, die ihm von keiner weltlichen Instanz zuerkannt werden muß, aber auch nicht aberkannt werden kann. Dann ist da das Wissen, daß die menschliche Person alle staatlichen und gesellschaftlichen Strukturen transzendiert und daher letztlich von keiner dieser beiden Größen vereinnahmt werden darf. Schließlich ist es die neue Art von Freiheit des Menschen – auch gegenüber Gesellschaft und Staat – als Folge einer letzten Orientierung an Gott und letztlich das Wissen um die Verantwortung für den Nächsten als Nährboden für solidarisches Denken und Handeln.

Alle diese in jeder Weise grundlegenden Überzeugungen hatten für Europa Prägekraft. Abgesehen von diesem historischen Befund zeigt sich grundsätzlich, daß weder der einzelne freiheitliche Staat noch die freiheitlich verfaßte Europäische Union jene Wertebasis selbst schaffen können, die Voraussetzung für ihre Entstehung wie für ihren Bestand ist. Beide sind vielmehr auf Motivationsquellen, auf Wert- und Sinnbiotope, wie sie für Europa die jüdisch-christliche Tradition darstellt, angewiesen, um den Fortbestand demokratischer Ordnung zu sichern. Ausschließlich diesseitig verankerte Werte und Prioritäten reichen in vielen Fällen ganz einfach nicht aus. Das zeigt sich sehr deutlich beim derzeit schwach ausgeprägten gesellschaftlichen Verzichtpotential in der überwiegenden Mehrheit der Bevölkerung: Jeder erkennt Arbeitslosigkeit als Bedrohung für die ganze Gesellschaft; Arbeit zu teilen ist daher zu einem unwidersprochenen Schlagwort geworden. Daß damit aber auch ein annähernd gleichmäßiger Verzicht auf Lohn verbunden sein muß, dafür gibt es wenig Verständnis. Ähnlich verhält es sich mit dem vieldiskutierten Umweltschutz, der in aller Munde ist. Die erforderlichen einschneidenden Verzichte auch in der privaten Lebensführung werden selten wahrgenommen, sondern eher „der Wirtschaft“, „dem Staat“ und allen anderen Überlebensfreudigen zugemutet.

So besehen steht eines fest: Das für die politische Einigung Europas notwendige gemeinsame ideelle und spirituelle Fundament muß nicht erst erfunden und geschaffen werden, im Gegenteil, die Völker Europas haben es bereits mit ihrer christlich geprägten geistigen Kultur, mit ihrer politisch-sittlichen Zivilisation sozusagen als einen „Schatz auf Vorrat", als eine Ressource zum Leben, das mehr sein möchte als ein bloßes Über-Leben. Papst Paul VI. bemerkte schon vor mehr als 20 Jahren (in seiner Botschaft an den Europarat 1977): „Selbst in jenen Menschen, die nicht unseren Glauben teilen, selbst dort, wo der Glaube verschüttet oder ausgelöscht ist, sind die menschlichen Spuren des Evangeliums weiterhin anzutreffen und stellen nunmehr ein gemeinsames Erbe dar, das wir im Interesse der Entfaltung des einzelnen Menschen fruchtbar machen sollen."

Schließlich wollen wir auch noch einen Blick auf Fenster und Türen des Hauses riskieren. Jeder weiß, wie unterschiedlich ein Haus sich durch geöffnete oder geschlossene Fenster und Türen nach außen präsentieren kann und wie unterschiedlich es sich auch lebt in Häusern mit geöffneten oder geschlossenen Fenstern und Türen. Ich frage mich: Wer ist eingeladen, in diesem Haus Wohnung zu nehmen und zu bleiben? Ich denke hier nun in erster Linie nicht an mögliche Zuwanderer, sondern an unsere eigenen sogenannten Modernisierungsverlierer, deren Stimme kaum vernommen wird – weder in Österreich noch in der EU. Es sind die sogenannten Überflüssigen in unserer Gesellschaft: die Arbeitslosen, vor allem jene 22 Prozent der Jugendlichen in Europa, die nach Abschluß ihrer Ausbildung zuerst einmal in das Loch der Arbeitslosigkeit fallen; es sind Behinderte, Alte, Kranke und Sterbende, die gesellschaftlich ausgegrenzt werden. Soziologen sprechen sehr kritisch von ihrer „Entsorgung". Und es sind ungeborene Kinder, aber auch zunehmend solche Kinder, die lieblos, gedankenlos und sprachlos „großgezogen" werden und im schlechtesten Fall hilflos Mißhandlungen ausgesetzt sind. Als Kriterium für die Zugehörigkeit zu dieser Gruppe der Überflüssigen, die mit leeren Händen dastehen, kristallisiert sich immer deutlicher der Mangel an Arbeitskraft, Kaufkraft, Erlebniskraft und Gesundheit heraus.

So erleben wir in Europa derzeit ein völlig neues Bild von Armut: Es geht nicht nur um Mangel an verfügbarem Kapital, es geht um soziale Ausgrenzung, um Mangel an Teilhabe und an sozialer Wertschätzung. Eines steht fest: Jeder von uns kann schon morgen zur Gruppe dieser Überflüssigen, weil Armen gehören. Hier geht es um den Frieden in diesem Haus, der letztlich dauerhafte Gerechtigkeit voraussetzt, die sich nicht nur als Leistungsgerechtigkeit versteht. Schon in einem alttestamentlichen Psalmvers finden wir diese Erfahrung wunderschön ausgedrückt: „Es begegnen einander Huld und Treue; Gerechtigkeit und Friede küssen sich" (Ps 85, 11). Daß zu den geöffneten Fenstern auch ein dauerndes Ausschauhalten nach den Menschen im Osten Europas gehört, versteht sich. Und wenn ich Menschen sage, dann meine ich auch Menschen und nicht Hoffnungsmärkte. Wenn wir als „katholische", das heißt räumlich und zeitlich universale Kirche von Europa sprechen, meinen wir immer dieses ganze Europa als Gegenstand unserer Bemühungen aber auch unserer Träume. Wenn wir von geöffneten Türen und Fenstern sprechen, dann gehört dazu natürlich auch die grundsätzliche Offenheit, wie sie einer pluralistischen und multikulturellen Gesellschaft entspricht. Je mehr eine Gesellschaft multikulturell ist, um so mehr muß jedes Individuum in diesem Ganzen nicht nur seine kulturellen, sondern auch seine religiösen Wurzeln kennen und verstehen, um Identität zu finden. Nur so kann dem anderen Toleranz und Achtung entgegengebracht werden.

Dazu gehört aber auch ein Staat, der sich, wenn auch selbst weltanschaulich neutral, doch nicht als indifferent gegenüber jenen Werten versteht, denen er sich verdankt und die ihn tragen. Dazu gehört auch ein Staat, der sich seiner eigenen Geschichte nicht entledigt wie eines abgetragenen Kleides. Denn ein geschichtsloser Staat wäre auch ein gesichtsloser Staat. Und er wäre nicht gut beraten, all die verläßlichen und bewährten Institutionen zu vergessen, die ihm gute und vertraute Weggefährten waren. Gerade wenn in Zusammenhang mit dieser vielzitierten weltanschaulichen Neutralität des Staates immer wieder der Gleichheitsgrundsatz ins Gespräch gebracht wird, muß im Hinblick auf die konkrete geschichtliche Verbundenheit zwischen Europa und dem Christentum auch darauf verwiesen werden, daß er zwei grundsätzliche Aspekte hat: Gleiches ist gleich, Ungleiches aber ungleich zu behandeln. Johannes Paul II. hat 1996 in Berlin vor dem Brandenburger Tor gesagt: „Europa braucht die Luft zum Atmen, Europa braucht offene Türen und Fenster, die Türöffner sind die Christen!"

Ich möchte meine Überlegungen mit dem Wunsch abrunden, daß sich vor allem junge Menschen nie von dem lähmenden Gefühl überwältigen lassen, daß der und die einzelne – ganz besonders in diesem großen neuen Europa – nichts verändern können. Solidarischer Widerstand gegen Mechanismen, die den Menschen klein und ohnmächtig machen; konsequente und kompetente Anfragen auch einzelner an die Berechtigung sogenannter Sachzwänge, mutige Entwürfe eines Europa, das mehr sein muß als ein funktionierender Wirtschaftsblock, vertrauensvolles Handeln im Blick auf denjenigen, der da sagt „Seht, ich mache alles neu" (Offb 21, 5) – jeder kleine Beitrag in diese Richtung hat Zeichencharakter, hinterläßt Spuren, prägt ein neues Bewußtsein und kann so letztlich auch die Realität selbst verändern. Vergessen wir nicht die schöne chinesische Weisheit: „Der Mann, der den ganzen Berg abtrug, war derselbe, der anfing, die kleinen Steine wegzutragen."

6.
Kirche und Kunst

Das Wahre, das Gute, das Schöne und die Schuld

Orientierung am „Zielparagraphen"[41]

Unser gesamtes österreichisches Schul- und Erziehungswesen und damit auch die Hinorientierung unserer Jugend auf Kunst steht unter dem Vorzeichen des sogenannten „Zielparagraphen" im Schulorganisationsgesetz. Er lautet: „Die österreichische Schule hat die Aufgabe, an der Entwicklung der Anlagen der Jugend nach den sittlichen, religiösen und sozialen Werten sowie nach den Werten des Wahren, Guten und Schönen durch einen ihrer Entwicklungsstufe und ihrem Bildungsweg entsprechenden Unterricht mitzuwirken. Sie hat die Jugend mit dem für das Leben und den künftigen Beruf erforderlichen Wissen und Können auszustatten und zum selbsttätigen Bildungserwerb zu erziehen" (SchOrgG § 2, 1).

Die kritische Hinterfragung der überlieferten, traditionellen Gewißheiten bezüglich des Wahren, Guten und Schönen ist geradezu die Signatur der Moderne. Die „maîtres du supçon" (André Glucksman), Marx, Nietzsche und Freud sowie ihre vielen Schüler haben gerade diese Gewißheiten radikal in Frage gestellt und hinter ihnen anderes, Verborgenes, Uneingestandenes zu entlarven begonnen. Nicht um die hehren Werte des Wahren, Guten und Schönen gehe es, sondern um handfeste Macht- und Wirtschaftsinteressen der herrschenden Klasse, um verdrängte Triebe sexueller Natur, die die Psychoanalyse unter dem dünnen Firnis gesellschaftlicher, ethischer und ästhetischer Konvention bloßlegt. Die Kritik der Moderne findet ihren künstlerischen Ausdruck in der Avantgarde: Die neue Kunst soll eine neue Freiheit eröffnen. Dazu müssen die „Tabus" durchbrochen, die Fesseln der Konvention abgeworfen, alle etablierten Ordnungen abgebaut werden. Mir geht es hier nicht um eine historische oder inhaltliche Auseinandersetzung mit Idee und Geschichte der Avantgarde. Ich gehe von einer Beobachtung der Gegenwart aus:

vom evidenten Ende der Avantgarde. Ich behaupte, sie sei längst „klassizistisch erstarrt" zur „Automatisierung abstrakten, kopflastigen Experimentierens."[42] Das Pathos der Avantgarde ist hohl geworden, es gibt keine ungebrochenen Tabus mehr, alles ist möglich und daher ist nichts mehr von Bedeutung. Die „Wilden" der 68er-Avantgarde sind zu hochdotierten Staatskünstlern geworden. Der Skandal bleibt aus, stattdessen gibt es Applaus auf den Staatsbühnen.

Man könnte sich damit abfinden und es als typisch österreichische Gabe preisen, auch noch die bittersten Kritiker als Staatssymbole zu zelebrieren – eine Gabe, um die uns unsere Nachbarn verdutzt beneiden. Doch ist die Lage zu ernst, als daß wir uns mit solchem Eigenlob begnügen könnten. Wenn meine Informationen stimmen, so dürfte Österreich das westliche Land mit der höchsten staatlichen, öffentlichen Kunstförderung sein, hier nur mehr vergleichbar mit den früheren kommunistischen Staatsmonopolen. Kunst in Österreich ist weitgehend Staatskunst, was Robert Menasse zur etwas sarkastischen, aber sehr realistischen Bemerkung veranlaßt hat, ein österreichischer Schriftsteller oder Maler kenne „in der Regel schon seinen zuständigen Minister, noch bevor er einen Verleger oder Sammler kennengelernt hat."[43] Ich will nicht bezweifeln, daß die öffentliche Kunstförderung in unserem Land unsere Steuermittel nach sachlichen Kriterien verteilt. Ich kann jedoch nicht umhin, die besorgte Frage zu stellen, ob diese Kriterien genügend objektiv, tatsächlich am „Zielparagraphen" orientiert, oder aber ideologisch deformiert sind. Wenn andere „Ideologien" als die zur Zeit mehrheitlich herrschenden eines Tages den Vergabeschlüssel in der Hand halten, werden dann die Kriterien der Kunstförderung nur einfach die Farbe wechseln?

Deshalb ist die Frage nach objektiven Kriterien keine müßige akademische Spielerei, sie hat etwas zu tun mit der uns allen aufgetragenen Verantwortung für das Gelingen und den Bestand der demokratischen Rechtsordnung in unserem Lande. Wir alle wissen, wie instabil die politische Lage unseres Landes geworden ist. Wir sehen an Italien, wie in kürzester Zeit die politische Landschaft sich grundlegend verändert hat. Wir haben aber noch nicht wirklich registriert, daß wir uns diesem Zustand ebenfalls mit schnellen Schritten nähern. Es muß sich jedem Wachen in unserem Land daher die Frage stellen, wie es um die Fundamente unseres Gemeinwesens bestellt ist. Was trägt die demokratische Ordnung unseres Landes? Gibt es einen tragfähigen Sockel von Haltungen, Überzeugungen, „Selbstverständlichkeiten“, der tiefer als alle Parteiprogramme liegt? Die Suche nach objektiven Kriterien ist daher eine eminent politische Frage, eine kulturpolitische Notwendigkeit, wenn man unter Politik das kluge und verantwortungsbewußte Bemühen um das Gemeinwohl versteht.

Sieben Kriterien zur kulturpolitischen Unterscheidung

Im folgenden sei der Versuch unternommen, sieben Kriterien zur Erwägung vorzulegen. „Kriterien der Unterscheidung“ nenne ich sie, da sie jeweils Alternativen zu dominanten „Trends“ benennen. Ich setze damit voraus, daß solche „Trends“ nicht einfach Naturnotwendigkeiten sind, sondern von uns allen mitverantwortet werden; daß wir ihnen gegensteuern können, sei es durch persönliches „Andersverhalten“, sei es durch gesellschafts- und kulturpolitische Orientierungen.

1. Statt der kurzweiligen „Erlebnisgesellschaft“ ist der Mut zur „langen Weile“, zur „Muße“ und zur „Konzentration“ gefordert. Kunst und Religion haben gemeinsam, daß sie eines Raumes der Muße, der Zweckfreiheit, aber auch der sinnli-

chen und geistigen Konzentration bedürfen. Das Tempo der „Erlebnisgesellschaft" ist nicht vereinbar mit wirklichem Erleben, das Innehalten, Staunen, Schauen, Wahrnehmen erfordert. Das Tempo der Bildsequenzen eines Videoclips erlaubt kein Schauen. Alles, was die Fähigkeit zur wachen Wahrnehmung, zur genauen Beobachtung, zum verweilenden Schauen fördert, ist höchst förderungswürdig.

2. Kunst kommt von Können. Es gibt Künste, bei denen das Können-Müssen offensichtlich ist. Kein Musiker kommt ohne Können aus, auch wenn die Meisterschaft im Können alleine noch nicht den Künstler ausmacht. Anders verhält es sich in den bildenden Künsten, ein wenig auch in der Literatur. Wer glaubt, unter Umgehen des Könnens, des einfachen handwerklichen Könnens, direkt in die Abstraktion gehen zu dürfen, mag vielleicht auf dem Kunstmarkt Erfolg haben, wird aber nie ein freier, großer Künstler werden. Es mag unpopulär sein, aber ich kann meine Überzeugung nicht verbergen, daß Können, wirkliches umfassendes Können, inklusive der Kenntnis der „klassischen" Ausdrucksformen, eine Voraussetzung für eine Erneuerung der Kunst bedeutet. Die „Installationen" haben sich ebenso totgelaufen wie die „Aktionen". Sie sind zum leeren Ritual geworden. Die Zukunft gehört denen, die sich trauen, zu bekennen, daß Giotto, Michelangelo und Picasso Meister waren, und die bereit sind, demütig und lernbegeistert bei ihnen in die Schule zu gehen. Picasso war als Künstler der Avantgarde souverän und frei, weil er die Sprache der Klassik souverän beherrschte. Kunstförderung, die nicht auch auf Kunst-Können abzielt, die künstlerisches Können nicht bevorzugt fördert, wird mitverantwortlich dafür, daß Künstler nicht zur künstlerischen Freiheit finden, die es ohne Können nicht gibt.

3. Die dritte Alternative formuliere ich in Anlehnung an George Steiners Buch „Von realer Gegenwart". Steiner sieht

unsere Zeit als durch „die Vorherrschaft des Sekundären und Parasitären" bestimmt, der er das primäre, ursprüngliche Erleben von Sinn entgegenstellt. Wir ersticken in Kommentaren, Marginalien und Fußnoten, in „Materialien zu . . .", und kommen nicht mehr zum Primärerlebnis von Dichtung und Musik. Eine vom Journalismus geprägte Kulturwelt ist nicht primär an Qualität, sondern an Aktualität interessiert. Die Aktualität wird immer schnellebiger, „reale Gegenwart" immer seltener. Immer mehr Buchtitel werden pro Jahr produziert, immer schneller verschwinden sie wieder von den Verkaufsregalen. Gleichzeitig nimmt die Zahl der Bücherlesenden ab. In vielen Schulen wird kaum noch ein Werk ganz gelesen. Ich erinnere mich an die „Rahmenrichtlinien für Kunsterziehung" für die Volksschulen Hessens in den frühen 70er Jahren: Die Schüler sollten schon in diesem Alter „kritischen" Umgang mit Kunst lernen. Nach Steiner ist diese „Vorherrschaft des Kritischen gegenüber dem Schöpferischen selbst ein Symptom" für den Verlust von „realer Gegenwart": Man lernt das „Reden über", man erlebt nicht die wirkliche Gegenwart von Sinn, die sich in jedem Kunstwerk eröffnet. Daß solch ursprüngliches Erlebnis von Kunst, solches Erleben des schöpferischen Aktes in der Schule möglich ist, davon bin ich überzeugt, auch wenn es sich um „Sternstunden" handelt. Diese bleiben in Erinnerung und prägen für immer.[44]

4. Nicht selten werden, gerade in unserem Land, schokkieren und erschüttern verwechselt. Man glaubt, Kunst müsse, um wahrgenommen zu werden, „skandalisieren", und solche „Skandale" werden nicht selten geradezu inszeniert, man plant sie ins Erfolgsbudget ein. Mit Kunst hat das wenig zu tun. Der russische Filmregisseur Andrej Tarkowskij sagt im Blick auf Buñuels Filme, daß die Stärke der Kunst in ihrer „emotionalen Überzeugungskraft", in ihrer „einmaligen Lebendigkeit" besteht. Weder Belehren und Moralisieren, noch

Schockieren und Skandalisieren machen die eigene, eigentliche Wirkung von Kunst aus, sondern „eine tiefe und reinigende Erschütterung"[45], jene Katharsis, in der die Griechen die heilsame Wirkung der Tragödie sahen. Kunst hat daher viel mit der Kultur der Gefühle zu tun. Aus Angst vor und Abwehr gegen „bürgerliche Emotionen" besteht eine falsche Scheu, oft mit Ironisierung gepaart, „tiefe und reinigende" Gefühle auszudrücken, darzustellen und zuzulassen. Es geht nicht um Ästhetizismus, sondern um die Wirkung des Schönen, das nicht schockiert, wohl aber erschüttert. Schönheit ist nicht einfach ästhetischer Genuß. Auf den Ästhetizismus der bürgerlichen Kunstreligion reagiert die Avantgarde mit Antiästhetik, mit dem Zerschlagen des Ästhetischen; sie schokkiert mit dem Häßlichen. Darin liegt wohl ein tiefes Mißverstehen des Schönen. Simone Weil sagt dagegen, daß „wahre Schönheit in die Umkehr ruft"[46]; oder Rilke, beim Anblick des apollonischen Torsos: „Da ist keine Stelle, die dich nicht sieht. Du mußt dein Leben ändern!" Und noch entschiedener Tarkowskij: „Das Ziel der Kunst besteht darin, den Menschen auf seinen Tod vorzubereiten, ihn in seinem Innersten betroffen zu machen."[47] Wer Tarkowskijs Filme, von „Ivans Kindheit" bis „Opfer", kennt (und liebt), versteht, was hier mit der Erschütterung durch das Schöne gemeint ist.

5. Simone Weil sagt einmal, unsere Zeit habe Wahrheit gegen Aufrichtigkeit vertauscht.[48] Es ist eine paradoxe Situation: Unsere Zeit ist von einer tiefen Skepsis gegen jeden „Wahrheitsanspruch" gekennzeichnet, gleichzeitig aber von einem vor nichts Halt machenden Wahrhaftigkeitsanspruch. In diesem Streben nach unbedingter Wahrhaftigkeit, nach schonungsloser Freilegung alles Verborgenen, alles sich hinter Vorwänden Versteckenden liegt etwas Positives. Es ist eine der Wurzeln der modernen Kunst, die sich gegen das Pathetische, Dekorative, Verschleiernde und Beschönigende in der Kunst

der Gründerzeit artikuliert hat. Doch gilt es auch hier zu unterscheiden: Nicht jedes Entlarven, Enthüllen, Bloßstellen ist schon Wahrhaftigkeit. Jener Photograph (noch dazu ein Mönch!), der seine eigene Großmutter wenige Sekunden vor ihrem Tod photographiert hat, mit erschreckten, weit aufgerissenen Augen, hat zwar einen Preis für dieses „mutige" Photo erhalten, er hat aber nach meinem Empfinden schamlos gehandelt, weil er die Sphäre der Scheu und Ehrfurcht vor dem Sterben eines Menschen verletzt hat, die auch zur Wahrheit dieses Menschen gehört. Ich glaube, die Darstellungen der Todesangst in Goyas Bild von der Erschießung der Aufständischen oder in Lovis Corinths Bild der Kreuzigung Jesu sind schonungslos wahrhaftig, ohne sensationsgierig und schamlos zu sein. Diese Unterscheidung zwischen Wahrhaftigkeit und Sensationslust erweist sich heute als höchst notwendig. Demokratie erfordert eine Kultur der Wahrhaftigkeit; ehrfurchtslose Sensationssucht und rücksichtsloses Enthüllen zerstören diese.

6. Mit dem „Schönen" und „Wahren" unterliegt auch das „Gute" dem generellen Verdacht: Zuviel Mißbrauch hat es mit „Tugend" und „Anstand" gegeben, zu oft wurden entgegen ihrem Sinn „law and order" als totalitäre Parolen verwendet. Als Schüler wurden wir mit Aufsatzthemen wie „Das Ehrgefühl des Major Tellheim in Lessings ‚Minna von Barnhelm'" geplagt, und der Eindruck blieb, hier werde Verlogenes und Hohles als hehre Tugend angepriesen. Die eigene Erfahrung der 68er-Generation hat aber in mir die Überzeugung gestärkt, daß unsere Gesellschaft, unser Land und seine Demokratie von den „guten Leuten" lebt, von der selbstverständlichen Achtung vor dem, was „recht und billig" ist, und daß Kunst auch etwas mit dem Staunen und der Ehrfurcht vor dem Guten zu tun hat. – Nadjeschda Mandelstam, die Frau des großen jüdisch-russischen Dichters Osip Mandel-

stam, schreibt in ihren erschütternden Memoiren „Das Jahrhundert der Wölfe": „Früher gab es einmal gute Leute, und selbst die Schlechten bemühten sich gut zu erscheinen, weil es sich so gehörte. Darauf sind Heuchelei und Falsch zurückzuführen – die großen Sünden der Vergangenheit, die der kritische Realismus des ausgehenden neunzehnten Jahrhunderts anprangerte. Diese Enthüllungen hatten ein unerwartetes Ergebnis: die Gutmütigen sind verschwunden. Denn Güte ist nicht nur eine angeborene Eigenschaft, man muß sie auch entwickeln, und man entwickelt sie, wenn sie gefragt ist."[49]

7. Die letzte der Unterscheidungen ist die schwierigste und die gewichtigste. Ehe wir sie zu formulieren suchen, darf ich den bisherigen Gang der Überlegungen rückblickend zusammenfassen. Meine Ausgangsthese lautete: Damit in einer Demokratie das Tragende, die Fundamente nicht den jeweiligen Mehrheitsverhältnissen zur Disposition stehen, muß es einen tragfähigen Konsens über die „Grundwerte" geben, über das „Wahre, Gute und Schöne". Es wurde der Versuch unternommen, Kriterien der Unterscheidung zwischen Tragfähigem und Bestandlosem zu formulieren und damit Orientierungspunkte für die Kulturpolitik zu setzen.

Drei Kriterien betrafen eher das Formale am Kunstverständnis: 1. Nicht die Hektik der „Erlebnisgesellschaft", sondern die Weile und Muße des konzentrierten Schauens sind zu fördern. 2. Das schlichte künstlerische Können ist förderungswürdige Voraussetzung für künstlerische Freiheit. 3. Statt der Flut des Sekundären, die unsere heutige Kulturlandschaft bestimmt, gilt es, zum Primärerlebnis des Schöpferischen hinzustreben. Drei weitere Kriterien weisen auf inhaltliche Bestimmungen: 4. Nicht um Sensation und Schock, sondern um die Erschütterung, die tiefen Emotionen geht es in der Kunst. Schönheit erschüttert und verwandelt. 5. Nicht ums Entlarven und Enthüllen, wohl aber um unbedingte Wahrhaftigkeit geht es in der Kunst; Wahrheit befreit, doch bedarf sie des Schutzes der Ehrfurcht und Achtung. 6. Der Achtung und des Staunens wert sind auch das Gute, die Güte, die Geradheit.

Alle drei – Schönheit, Wahrheit und Güte – sollten ohne Verlegenheit und ohne Ironie genannt werden können. Sie erwecken beim „einfachen Menschen" spontane Zustimmung und Freude, ja Begeisterung. Der genügend selbstkritische Zeitgenosse wird die innere Freiheit haben, in diese Zustimmung einzustimmen. Paul Ricœur sprach von der „zweiten Naivität", die nach der Aufklärung notwendig sei. Es ist kein Zeichen von Schwäche, sondern von menschlicher Größe, von Schönem bis zu Tränen erschüttert zu sein.

Licht im Dunkel des Lebens

Doch nun zum siebten und letzten Kriterium. Kunst hat es nicht nur mit dem Guten, Wahren und Schönen zu tun; sie wendet sich mit Vorliebe dem Scheiternden, Versagenden, den dunklen Seiten des Daseins, den Wirrnissen der menschlichen Seele, den Verstrickungen der zwischenmenschlichen Beziehungen zu. Das Böse, die Schuld, die menschlichen Katastrophen sind Fragen, die die Künstler umtreiben. Der zeitgenössischen Kunst wird oft der Vorwurf gemacht, sie bleibe nur im Negativen verhaftet, sie sei hoffnungslos und gebe keine Hoffnung, sie zeige die Abgründe und weise keine Wege heraus. Ich sehe das Problem nicht darin, daß Kunst die dunklen Seiten des Lebens zum Ausdruck bringt, sondern darin, daß in dieses Dunkel so wenig das Licht des Verzeihens, des Erbarmens und der Gnade fällt. Peter Turrini läßt in seinem Stück „Tod und Teufel" den Priester Christian Bley ausrufen: „Es gibt keine Sünde, es gibt keine Vergebung mehr ... Die Sünde muß wieder benannt, die Vergebung muß wieder erfleht werden."

An die leere Stelle von Sünde und Vergebung sind Unschuldswahn und permanente Anklage getreten. In unserer Gesellschaft wird unentwegt beschuldigt und ebenso wird jede Schuld bestritten. Peter Turrini hat in seiner Rede zum Bruckner-Fest 1994 von der „Verdachtsgesellschaft" gesprochen. „Jeder ist verdächtig", und je schneller sich das Karussel von Verdächtigungen und Anklagen dreht, desto hektischer wird das Bemühen um den eigenen „Persilschein". Kunst verträgt nicht den moralischen Zeigefinger, sie ist nicht „moralische Anstalt", wohl aber geht es um „Schuld und Sühne". Schuld erkennen, Schuld anerkennen ist freilich nur möglich, wo sich ein Raum der Gnade, der Vergebung öffnet. In einer „gnadenlosen" Gesellschaft kann auch Schuld nicht anerkannt und angenommen werden. Reue gibt es nur, wo Verzeihen möglich ist.

In der Mitte des christlichen Glaubens steht das Drama von Schuld und Sühne. Christus ist nicht der Ankläger, sondern der Erlöser. Weil er nicht verurteilt, kann er sagen: „Deine Sünden sind dir vergeben". Jesu Wort „Ich bin gekommen zu suchen, was verloren ist" findet in der Kunst ein tiefes Echo. Gertrud von le Fort sagt: „Die Muse verurteilt niemand, sie begleitet lediglich den Schuldigen in die Konsequenzen seiner Tat. Nicht auf der moralischen Verurteilung, sondern auf der seelischen Erschütterung liegt der Schwerpunkt jeder dichterischen Gestaltung ... Denn wie nichts so verräterisch die weithin reichende schreckliche Entchristlichung und tiefe Unerlöstheit der Gegenwart bezeugt wie ihre unselige Neigung zu moralischen Verdammungen, ebenso unerschütterlich bleibt echte Poesie, die große Liebende der Schuldigen und Verlorenen."

7.
Kirche und Massenkommunikation

Ethos der digitalisierten Gesellschaft

Das Internet fördert Unverbindlichkeit[50]

Ein bedeutender österreichischer Kulturphilosoph hat einmal den sehr österreichischen Satz geprägt: „Überhaupt hat der Fortschritt das an sich, daß er viel größer ausschaut, als er wirklich ist." Der Name des Philosophen ist Johann Nestroy. Ein anderer österreichischer Philosoph, Ludwig Wittgenstein, hat diesen Satz als Motto an den Anfang seiner „Philosophischen Untersuchungen" gestellt.[51] Wieder einmal ist von einem gewaltigen Fortschritt die Rede, von einer neuen kopernikanischen Wende, vom Ende der Gutenberg-Galaxie, von der digitalen Revolution. Was sich hier abzeichnet und schon Wirklichkeit zu werden beginnt, eben die digitalisierte Gesellschaft, ist tatsächlich in vieler Hinsicht etwas so Neues, daß große Worte nicht unangebracht scheinen. Und doch ist zuerst Nüchternheit angebracht. Die philosophische Tradition unterscheidet seit Aristoteles zwei Arten von Veränderung: die Wesensveränderung und die akzidentelle Veränderung. Diese Unterscheidung setzt voraus, daß es so etwas wie „das Wesen des Menschen" gibt, und sie geht von der Annahme aus, daß dieses Wesen, bei allem Wandel, dem der Mensch unterworfen ist, zumindest „im Wesentlichen" konstant und identisch bleibt, daß ein Mensch der Antike und ein Mensch im digitalen Zeitalter, bei allen riesigen Unterschieden, dies unverwechselbar gemeinsam haben, daß sie *Menschen* sind.

Damit ist zugleich gesagt, daß die Veränderungen, die gesellschaftliche Umbrüche mit sich bringen, wie auch die lebensgeschichtlichen Veränderungen im Persönlichen „akzidenteller" Art, Wandlung *am* Menschen, *in* der menschlichen Gesellschaft sind, die zum Besseren, aber auch zum Schlechteren führen können – meist beides in einer nie ganz säuberlich zu sondernden Mischung. Damit ist ferner gesagt, daß *Fortschritt* eine sehr *relative* Kategorie ist, daß es ihn gibt, zweifellos, aber daß es ihn nur in relativer Weise gibt, nicht als absoluten, kontinuierlichen, sondern als teilweisen, der immer auch von teilweisen Rückschritten begleitet ist. Unverändert bleiben die großen Grundkonstanten des menschlichen Lebens, genauer: ihre Umstände ändern sich, nicht ihr „Ereignis". Immer noch – und es wird so bleiben, solange es Menschen gibt – werden Menschen geboren, von einer Mutter, in deren „Lebensraum" allein ein neues Menschenleben entstehen und wachsen kann. Immer noch sterben Menschen, ohne Ausnahme und ohne Unterschied, ob wir in der Steinzeit oder im Cyberspace-Zeitalter leben. Und immer noch verlieben sich Menschen, ob sie ihre Liebesbriefe in Keilschrift auf Tontäfelchen schreiben oder einander per E-mail senden. Und immer noch beten Menschen in Not und in Dankbarkeit, beten um Hilfe oder aus Freude, ob es die Menschen der „Venus von Willendorf" oder die Beter im Stephansdom sind, die eine Kerze anzünden. (Eine Anmerkung in eigener Sache: Sie können auch den Stephansdom im Internet besuchen, unter der Adresse http://www.stephansdom.at/.)

Ich muß mich fast entschuldigen, solche Selbstverständlichkeiten zu erwähnen. Ich fühle mich aber dazu gedrängt, weil ich die Rhethorik von „neuen Zeitaltern" für reichlich übertrieben halte. Seit Beginn der Neuzeit, seit der Renaissance, die sich hochmütig als „neues Zeitalter" bezeichnete und die Jahrhunderte vor ihr verächtlich als „media tempestas", als „medium aevum", als „finsteres Mittelalter" abqualifizierte und damit die zahlreichen Unmenschlichkeiten, die seither geschahen, unter dem Mäntelchen des Fortschritts kaschierte, ist es üblich geworden, von immer neueren Zeitaltern, moderneren und modernsten Epochen zu sprechen, von Revolutionen und epochalen Wenden. Diese ganze Rhetorik hat etwas Verlogenes an sich, denn offensichtlich hat sich nicht geändert, daß das menschliche Leben – Fortschritt hin,

Fortschritt her – relativ kurz und oft sehr mühevoll ist, daß es uns Neuzeitlern nicht viel besser gelingt als den Menschen des Mittleren oder des Alten Zeitalters, miteinander auszukommen, ohne Krieg zu führen. Ja, die Frage ist berechtigt, ob es denn bei allem Fortschritt den Menschen heute besser gelingt, miteinander zu kommunizieren, sich selber und einer den anderen zu verstehen und zu ertragen. Oder, um es in der einfachsten, der biblischen Sprache zu sagen, den Nächsten zu lieben wie sich selbst.

Diese grundlegende Bemerkung scheint mir notwendig, damit die Proportionen des zur Frage stehenden Themas deutlich werden: In der „Informationsgesellschaft" wandelt sich vieles, aber nicht alles, und vieles, was sich wandelt, ist ein Fortschritt, aber nur ein relativer. Und das Maß des wirklichen Fortschritts ist, wie weit menschliches Leben und Zusammenleben gelingt. Edgar Morin sagt: „Das Drama des 20. Jahrhunderts ist das Zusammentreffen der alten Barbaren mit den neuen Medien, die die Zivilisation geschaffen hat."[52] Die Kommunikationsmöglichkeiten nehmen explosiv zu, doch werden sie von Menschen benützt (von *uns*), die in ihrer Kommunikationsfähigkeit kaum weiter entwickelt sind als Menschen früherer Generationen. Die Diskrepanz zwischen der Ausweitung der Möglichkeiten der Kommunikation und dem Mangel an Fähigkeiten zur Kommunikation ist das Drama, von dem Edgar Morin spricht.

Damit bin ich bei meiner nicht besonders originellen, im Grunde auf dem *common sense,* dem gesunden Menschenverstand beruhenden These. Ein wirklicher Kenner und User der neuen Medien hat mir eine einfache Beobachtung mitgeteilt: Die Kommunikation in den neuen Medien gelingt dort am besten, wo kommunikationsfähige Menschen miteinander im Austausch sind. Anders gesagt: wenn gute Freunde miteinander per E-mail verkehren, wird es eine gute Kommunikation sein, nicht weil sie per E-mail korrespondieren, sondern weil sie gute Freunde sind. Wenn man sich „normale" Internet-„Gespräche" ansieht, dann sind sie sprachlich wie inhaltlich um nichts besser als Stammtisch-Gespräche im Wirtshaus, mit dem Unterschied, daß sie anonym bleiben und daher wesentlich unverbindlicher. Den Herren von „Missing Link", einer Wiener „media research group", verdanke ich eine Anzahl von Fallbeispielen aus dem Internet.

Beispiel 1: Eine Kommunikationsplattform für Kinder und Jugendliche zur Schaffung von „Cybercommunities", von virtuellen Freundeskreisen im Datennetz. Die Sprache ist die von heutigen „Kids", an Kommunikation geschieht hier wenig, noch weniger, so scheint es mir, als in der direkten Kommunikation. Die Sprachlosigkeit im direkten Umgang miteinander wird nicht durch die Ausweitung und Globalisierung der Kommunikationsmöglichkeiten behoben, sondern nur durch das Wachsen der Kommunikationsfähigkeit der Personen. Damit schließe ich nicht aus, daß diese Fähigkeiten auch durch die neuen Medien gefördert werden können. In Behindertenschulen konnte ich sehen, welche großartigen Entfaltungsmöglichkeiten der Einsatz von Computern den Behinderten bietet. Experten weisen aber auch darauf hin, daß die extreme Ausweitung der Kommunikationsmöglichkeiten tendenziell eher zu einer Verarmung des Gesichtsfeldes führt. Wer per Mausklick alles ansteuern kann, wird seinen Horizont nicht schon von selbst erweitern. Er wird eher, in seiner selektiven Wahrnehmung bestärkt, vor allem das suchen, was er schon kennt. Kenner weisen daher auch auf die Gefahr hin, daß die Entschränkung der Kommunikationsmöglichkeiten die Affinitätsgruppen verstärkt, die unmittelbaren, konkreten Solidaritäten aber schwächt. Es ist freilich erheblich schwerer, mit seinen Nachbarn in wirklicher Kommunikation zu leben als per Internet mit einer Hobbygruppe weltweit im Informationsaustausch zu stehen.

Vielleicht ist es hier angebracht, auf die Unterscheidung hinzuweisen, die Alain d'Iribarne (Aix-en-Provence) im Blick auf die neuen Medien stark betont: Information ist noch nicht Kommunikation. Die neuen Techniken vergrößern zweifellos enorm die Informationsmöglichkeiten. Erhöhen sie damit auch schon die effektive Kommunikation zwischen den Menschen? Gerade dadurch, daß Bits keine Atome sind, wie der amerikanische Multimedia-Professor Nicolas Negroponte sagt, Kommunikation aber auf Raum und Zeit, auf Geist und Leib angewiesen ist, verarmt die Kommunikation, wenn sie auf Bits reduziert wird, sosehr die Information dadurch gewinnt. Kommunikation setzt nicht nur Raum und Zeit voraus, den gemeinsamen Raum und genügend Zeit, sie setzt nicht nur leibliche Nähe voraus, sondern auch eine gemeinsame geistige Basis, gemeinsame Bezugspunkte, Vertrautheiten, „basic assumptions" und Werte. Das erklärt, warum Kommunikation im Internet am ehesten dort stattfindet, wo Gleichgesinnte, Interessensgruppen miteinander austauschen, warum aber der gruppenübergreifende Kommunikationsertrag sehr dürftig ist. Je spezialisierter, desto effizienter. Die Interaktivität der neuen Medien garantiert nicht aus sich heraus bereits bessere Kommunikation, auch wenn sie ein Mittel dazu sein kann.

Ich nehme ein *2. Beispiel* aus den mir vorliegenden „Fallstudien": Eine Internet-Debatte über „Women, Religion and Internet", die von einer amerikanischen Professorin untersucht wurde. Solche Debatten können endlos sein, jeder kann sich einschalten, jeder kann teilnehmen, es gibt keine Kontrollen, kein „Lehramt", das maßgebend und maßregelnd eingreift, keine Hierarchie des Wissens oder der Autorität. Die Diskussion ist völlig frei, daher aber auch weitgehend willkürlich. Niemand moderiert das Gespräch, so daß Konsense und Dissense festgehalten würden, Resultate eingebracht werden könnten. Ist von diesen Gesprächen wirklicher Erkenntniszuwachs zu erwarten? Ja, kann man hier von Gespräch sprechen?

Ernüchternd die Feststellung der amerikanischen Professorin: „You really don't know if someone is just pulling your leg or not, if they are expressing their true point of view or not. You can never know the sex and gender of anyone because everyone is faceless and without a body on the net." Man weiß also nie, ob man mit einer Wortmeldung nur ‚gepflanzt' wird und welchen Geschlechts der Mitredende ist, der ohne Gesicht und Körper auftritt. Ernüchternd ist auch die Feststellung, daß 75 bis 80 Prozent der Internet-User männlichen Geschlechts sind. Ist die spielerisch-unverbindliche Kommunikationsform „typisch männlich"? Ist das Ganze vielleicht doch ein Gadget der „affluent society", das Mega-Hobby der Luxus-Gesellschaft? Wenn 50 oder gar 500 Fernsehkanäle zur Verfügung stehen, wenn alles jederzeit überall am Daten-Highway abrufbar ist, verliert dann nicht alles an Konsistenz und Bedeutung, wird willkürlich und beliebig austauschbar? Gilt dann die Vision eines Popsängers (Bruce Springsteen): „Fifty-seven chanels and nothin' on" also „57 Kanäle und nichts drin?"

Ich glaube, die „Informationsgesellschaft" ist weder die gewaltige Revolution, die manche in ihr erblicken, noch die Kulturkatastrophe, die andere befürchten. Ich halte zwar Adam Smith' unsichtbar ordnende Hand des Marktes für eine Irrlehre, aber ich habe ein großes Vertrauen in den common sense und darein, daß die Bäume nicht in den Himmel wachsen. Dieses Vertrauen schließt die Erwartung ein, daß die Verantwortlichen in Politik und Wirtschaft, in Wissenschaft und Technik das menschengerechte Maß nicht aus den Augen verlieren. Es schließt vor allem auch die Hoffnung ein, bzw. gründet auf ihr, daß per saldo persönliches verantwortliches Handeln über egoistisch-unverantwortliches Verhalten siegt, oder, um es noch einfacher zu sagen, daß das Gute stärker ist als das Böse, daß der Mißbrauch nicht den Gebrauch übersteigen wird. Diese Überzeugung wurzelt für mich letztlich im Religiösen, im Glauben an die Wirklichkeit der Schöpfung des Menschen durch Gott, seine Führung durch Gottes Vorsehung und darin, daß Gott, wie Augustinus es erbittet, den Menschen vor sich selbst rettet.

Ehrfurcht, Demut und Verantwortung

Die Technologie der neuen Medien ist eine großartige Leistung menschlichen Geistes, menschlicher Erfindungsgabe. Wesentlich ist die Erkenntnis: Wie alle technischen Erfindungen kann sie zum Wohl oder zum Schaden gebraucht werden. Je größer die technischen Möglichkeiten, desto folgenreicher der Mißbrauch. Je größer die Möglichkeiten werden, desto wichtiger wird die Verantwortung. Hans Jonas hat in „Das Prinzip Verantwortung" den „Versuch einer Ethik für die technologische Zivilisation" unternommen.[53] Die große Herausforderung sieht Hans Jonas darin, daß der „entfesselte Prometheus", dem die Wissenschaft nie gekannte Kräfte und die Wirtschaft den rastlosen Antrieb gibt, zu einer Ethik findet, die durch freiwillige Zügel die Macht davor zurückhält, dem Menschen zum Unheil zu werden. Die Verheißungen der Technik sind längst in Bedrohungen umgeschlagen, so lautet die Ausgangsthese von Hans Jonas. Mit der Hochtechnologie haben wir Neuland betreten, für das uns der ethische Kompaß fehlt. Jonas sieht diesen Kompaß in der „vorausgedachten Gefahr", er spricht von einer „Heuristik der Furcht".

Erst die vorausgesehene Verzerrung des Menschen verhilft uns zu dem davor zu bewahrenden Begriff des Menschen. So wie wir nicht um die Heiligkeit des Lebens wüßten, wenn es nicht das Töten gäbe, und das Gebot „Du sollst nicht töten" diese Heiligkeit ins Licht brächte, so hilft auch im Falle der noch gesuchten Ethik der Fernverantwortung, die keine jetzige Übertretung schon im Realen offenbar gemacht hat. Wir brauchen erst die vorausgesehene Verzerrung des Menschen zu dem davor zu bewahrenden Begriff des Menschen, und wir brauchen die Bedrohung des Menschenbildes, um uns im Erschrecken davor eines wahren Menschenbildes zu versichern.

Da es dabei also nicht nur um das Menschenlos, sondern auch um das Menschenbild geht, nicht nur um physisches Überleben, sondern auch um Unversehrtheit des Wesens, so muß die Ehtik, die beides zu hüten hat, über die der Klugheit hinaus eine Ethik der Ehrfurcht sein. Die bisherige Ethik konnte sich auf die sittliche Qualität des augenblicklichen Aktes konzentrieren, hatte doch das Handeln begrenzte Folgen in einem überschaubaren Rahmen. Im Zeichen der modernen Technologie hat es die Ethik mit Handlungen zu tun, die eine beispiellose kausale Reichweite in die Zukunft haben, begleitet von einem Vorwissen, das ebenfalls, wie immer unvollständig, über alles Ehemalige weit hinausgeht. Dazu kommen die schiere Größenordnung der Fernwirkungen und oft auch ihre Unumkehrbarkeit. Die Begründung einer solchen Ethik muß in die Metaphysik reichen, aus der allein sich die Frage stellen läßt, warum überhaupt Menschen in der Welt sein sollen, warum also deren Zukunft in der Welt bedacht und gesichert werden soll, warum es nicht besser sein könnte, den „Störenfried Mensch" sich selbst aus der Natur eliminieren zu lassen.

Das Paradox unserer Lage besteht darin, daß wir die verlorene Ehrfurcht vom Schaudern, das Positive vom vorgestellten Negativen zurückgewinnen müssen: Die Ehrfurcht für das, was der Mensch war und ist, aus dem Zurückschaudern vor dem, was er werden könnte und was uns als diese Möglichkeit aus der vorgedachten Zukunft anstarrt. Die Ehrfurcht allein, indem sie uns ein „Heiliges“, das heißt ein unter keinen Umständen zu Verletzendes enthüllt, wird uns auch davor schützen, ohne Rücksicht auf die Zukunft die Gegenwart zu schänden. Wenn also die neuartige Natur unseres Handelns eine neue Ethik weittragender Verantwortlichkeit verlangt, dann verlangt sie auch eine neue Art von Demut, nicht wie die frühere Demut wegen der Kleinheit, sondern wegen der exzessiven Größe unserer Macht. Angesichts des quasi eschatologischen Potentials unserer technischen Prozesse wird Unwissen über die letzten Folgen selber ein Grund für verantwortliche Zurückhaltung.

Auf einen weiteren Aspekt der neuen Ethik weist Hans Jonas hin: Es ist zu bezweifeln, ob die repräsentativen Regierungen gegenwärtig den neuen Anforderungen gerecht werden können. Denn nur gegenwärtige Interessen machen sich geltend und erzwingen Berücksichtigung seitens der öffentlichen Autoritäten. Die „Zukunft“ ist aber in keinem Gremium vertreten. Das Nichtexistente hat keine Lobby, und die Ungeborenen sind machtlos. Die ihnen geschuldete Rechenschaft ist nicht mehr einlösbar, weil wir – die Schuldigen – dann nicht mehr da sind. Nur die Kategorien des Heiligen, der Ehrfurcht, der Demut und der Verantwortung vor Gott, vor dem es eine Rechenschaftspflicht auch für die zukünftigen Folgen unseres Handelns gibt, vermögen uns zu jener Umsicht und freiwilligen Zügelung unserer Möglichkeiten zu bewegen, ohne die wir uns und die kommenden Generationen aufs Äußerste gefährden. Die Angst, oft ein gar nicht so schlechter Ersatz für Tugend und Weisheit, versagt als Mittel gegenüber entfernten Perspektiven, die wir selbst nicht mehr erleben.

Nur eine neue Ehrfurcht – oder, biblisch gesprochen, eine konsequente Anwendung des Liebesgebotes – kann die starken Motivationen freisetzen, die für eine Ethik in der technologischen Zivilisation notwendig sind.

Die Analysen und Forderungen von Hans Jonas, vor 20 Jahren formuliert, haben an Dringlichkeit zugenommen. Zur atomaren Bedrohung ist durch die Entfesselung der Genetik nun ein neuer, weiter Raum möglicher Bedrohungen hinzugekommen, von der ökologischen Bedrohung ganz zu schweigen. Welche Auswirkungen wird die „digitale Revolution" auf das Menschenbild haben? Wird sie das „Prinzip Verantwortung" stärken? Im Sinne der von Hans Jonas geforderten „Heuristik der Furcht" müssen wir die Befürchtung aussprechen, daß eher das Gegenteil der Fall sein wird. Ich nenne dafür drei Gründe:

1. Die rasante Entwicklung der Kommunikationstechnologie führt zu einem neuen, massiven Schub des „Hochgefühls" der technischen Allmacht des Menschen. Da immer Unglaublicheres im Bereich der „Bits" gelingt, was auch große Bewunderung und Anerkennung verdient, besteht die Gefahr, daß derselbe Optimismus auch auf die generelle Machbarkeit im Bereich der „Atome" (um nochmals Negropontes Unterscheidung zu verwenden) übertragen wird. Bits haben aber, im Unterschied zu Atomen, keine Langzeitfolgen, sie sind nicht umweltschädlich und hinterlassen keine radioaktive Strahlung. Am Ende des zweiten Millenniums nach Christi Geburt scheint daher der technologische Optimismus neue Blüten zu treiben, was nicht zur geforderten Selbstbeschränkung motiviert.

2. Neil Postmans Behauptung „Wir amüsieren uns zu Tode" bekommt durch die Globalisierung der Netze verstärkte Aktualität. Fördern die neuen Medien Verantwortung, die aus Wissen und Weisheit erwächst? Nüchternerweise wird man

sagen müssen: wohl kaum! Die ethische Kompetenz, die die heutige Wissensmacht erfordert, kann nur aus einem erhöhten Maß an Klarsicht kommen, die nicht ohne Ruhe, Muße, Kontemplation möglich ist. Statt dessen überfluten uns 500 TV-Programme, nebst einem virtuell unendlichen Netz. Wir haben die Macht, den Atomkern und den Zellkern zu sprengen, beides mit unabsehbaren Folgen, doch statt besonnen auf die Folgen zu sehen, sehen wir besinnungslos fern. Mittelalterliche Mönche wären menschlich besser präpariert gewesen, mit den ernsten Folgen unserer Macht umzugehen. Die Wiedergewinnung von Stille und Innerlichkeit ist heute höchste ethische Anforderung. Das erfordert freilich die konsequente Betätigung eines bestimmten Druckknopfes, nämlich desjenigen, bei dem auf unseren multimedialen Instrumenten „Off" steht, beziehungsweise die Abstinenz vom „On".

3. Multimediale Kommunikation setzt viele Menschen weltweit miteinander in Verbindung. Doch schafft sie eines nicht, was für Kommunikation zwischen Menschen wesentlich ist: Verbindlichkeit. Die digitale Gesellschaft leidet an massivem Verbindlichkeitsschwund. Der Mensch, mit dem ich unter einem Dach lebe, in einer Lebens- und Schicksalsgemeinschaft, die ich nicht auf Knopfdruck kündigen kann, ist mir verbindlich nahe. Ich bin herausgefordert, die Tugenden der Kommunikation zu lernen und zu üben: Zuhören und Rücksicht nehmen, Hilfsbereitschaft und gegenseitiges Ertragen, den anderen achten und ihn annehmen, die eigene Intoleranz bekämpfen etc. Das alles muß ich im Netz nicht üben, und menschliche Tugenden, die nicht geübt werden, verkümmern. Wie sollen dann erst unverbindlich im Net Surfende jene Verbindlichkeit lernen und praktisch umsetzen, die über das Miteinander der gegenwärtigen Generation hinausgeht? Wird die digitale Gesellschaft den Generationenvertrag noch mehr lockern?

Pädagogik der menschlichen Kommunikation

Die genannten drei Gefahren machen deutlich, daß die neuen Medien ein Plus an ethischer Verantwortung erfordern, das sie aus sich heraus nicht fördern. Angesichts dieser Gefahren ist der Ruf nach Medienpädagogik groß. Zu Recht. Doch darf nicht übersehen werden, daß es nicht zuerst um die Frage der Medienpädagogik geht, sondern darum, die Eigenverantwortung, die menschliche Persönlichkeit zu fördern. Nicht wie man mit Medien umgeht, ist heute die Hauptfrage, sondern ob man etwas zu sagen hat, ob man beziehungs- und bindungsfähig ist. Die Pädagogik der menschlichen Kommunikation ist wichtiger als die der Kommunikationsmittel. Kulturkritiker wie George Steiner weisen darauf hin, daß das größte Defizit in der medialen Gesellschaft der Verlust der primären Kommunikation ist. Kommunikation lernen wir nur sehr beschränkt durch Medien, auch durch interaktive. Nichts ersetzt die primäre Kommunikation, „von Angesicht zu Angesicht". Keine medial vermittelten Eindrücke, die immer sekundär und tertiär bleiben, können den unmittelbaren Kontakt mit der Wirklichkeit des Menschen, der Tiere, der Umwelt, aber auch der Kunst, der menschlichen Tätigkeit ersetzen.

Der bekannte Pariser „Rockerpriester" Guy Gilbert, der seit 25 Jahren als „Streetworker" und Priester unter der Vorstadtjugend wirkt, hat auf dem Europäischen Jugendforum in Altötting von seinen Erfahrungen mit Kommunikationspädagogik berichtet: Die meist schwer beziehungsgestörten jungen Menschen finden Zugang zur Kommunikation durch elementares Erleben von Lebendigem, Kontakt, Umgang mit Tieren; Zootherapie nennt er das, und jeder Erzieher weiß, wie unersetzlich solches Primärerleben ist. Nichts ist spannender als die Wirklichkeit selbst, und kein Cyberspace, keine *virtual reality* kann das ersetzen. Welche pädagogischen Herausforderungen sich hier ergeben, kann ich nicht weiter entfalten. Doch eines scheint mir immer deutlicher: Nur wer gelernt hat, in der primären, persönlichen Kommunikation zu leben und sich verantwortlich zu verhalten, wird auch mit den neuen Medien sinnvoll umgehen können. Nicht „the medium is the message", sondern die, die einander etwas zu sagen haben, werden es auf die Dauer auch multimedial sinnvoll tun können.

8.
Kirche und Medizin

Von der Unverfügbarkeit menschlichen Lebens

Krise der Medizin – Krise des Glaubens[54]

„Mein Sohn, ... schätze den Arzt, weil man ihn braucht; denn auch ihn hat Gott erschaffen. Von Gott hat der Arzt die Weisheit, vom König empfängt er Geschenke ... Durch Mittel beruhigt der Arzt den Schmerz, ebenso bereitet der Salbenmischer die Arznei, damit Gottes Werke nicht aufhören und die Hilfe nicht von der Erde verschwindet. Mein Sohn, bei Krankheit säume nicht, bete zu Gott, denn Er macht gesund. Laß ab vom Bösen, mach deine Hände rechtschaffen, reinige dein Herz von allen Sünden! ... Doch auch dem Arzt gewähre Zutritt! Er soll nicht fernbleiben; denn auch er ist notwendig. Zu gegebener Zeit liegt in seiner Hand der Erfolg; denn auch er betet zu Gott, er möge ihm die Untersuchung gelingen lassen und die Heilung zur Erhaltung des Lebens" (Sir 38, 1–2.7–10.12–14).

Diese Worte des Jesus Ben Sira, eines Weisen aus dem alten Israel, stelle ich an den Anfang meiner reichlich laienhaften Ausführungen. Sie stammen aus einer Welt, in der Gesundheit und Krankheit, Leben und Tod, Patient und Arzt, Mensch und Natur in einem großen Zusammenhang gesehen wurden: die Welt ist Gottes Schöpfung, das Werk seiner Weisheit. Der Mensch kann, wenn sein Herz gerade und sein Leben gut ist, diese Weisheit ergründen, an ihr Anteil erhalten, und so sein Leben gut und gerecht gestalten. Auch der Arzt hat Teil an Gottes Weisheit. Sie gibt ihm Einsicht in die Ursachen der Krankheiten und weist ihm Wege der Heilung, „denn auch er betet zu Gott".

Dieser jüdische Weise, der um etwa 180 vor Christus in Jerusalem gelebt hat, entstammt jener geistigen Welt, in der auch der Grieche Hippokrates sein ärztliches Ideal, seinen „Ethik-Kodex" formuliert hat. „Überlebt Hippokrates?" – so lautet der Titel eines gemeinsamen Referats eines Arztes und eines Theologen (J. Gehring und J. Mattli)[55] auf einem Kongreß zur medizinischen Ethik. Ist die geistige Welt des Ben Sira, des Hippokrates mit ihren religiösen und ethischen Vorgaben, mit ihrem hohen Berufsethos am Aussterben? Ist sie schon Vergangenheit? Wo steht die medizinische Ethik heute? Wie kann ein ärztliches Ethos heute aussehen? Wie wird es morgen auszusehen haben, wenn es die rasanten Veränderungen in unserer Gesellschaft und speziell im ärztlichen Alltag vor neue, komplexe sittliche Herausforderungen stellen?[56] In den folgenden Überlegungen geht es um den Zusammenhang von Medizin und Glauben, sollen doch beider Krisen thematisiert werden. Vorausgesetzt ist dabei, daß beide in Krise sind, daß beider Krisen etwas miteinander zu tun haben, und daß das Wahrnehmen dieser Gemeinsamkeiten in der Krise auch Orientierungshilfe bedeuten kann, die Krise zu bestehen.

Der Begriff „Krise“ meint in der ursprünglichen griechischen Bedeutung eine militärische oder medizinische Entscheidungssituation, bei der es um Leben oder Tod geht. Später bekommt der Begriff die weitere Bedeutung der Epochenwende, verbunden mit der Frage nach dem Wohin der Wende, zu einer Zeit des Fortschritts oder des Verfalls. Drei Momente treten in diesem „epochalen“ Krisenbegriff hervor: Krise hat es einmal mit einer Situation des Scheidewegs zu tun; zum anderen handelt es sich um eine Situation, in der Entscheidendes auf dem Spiel steht, wo es „um Leben und Tod“ geht. Schließlich ist es eine Situation der Ambivalenz, der Unklarheit und Unsicherheit, wo alles darauf ankommt, die Dinge und Entwicklungen richtig unterscheiden und beurteilen zu können.

Unsere Zeit ist in diesem Sinn Krisenzeit. Vielen wird die Ambivalenz, ja die Gefährlichkeit bestimmter Entwicklungen bewußt. In solchen Zeiten ist der Streit, wie weiterzugehen sei, unvermeidbar. Manche fordern ein radikales Umdenken, eine Umkehr und entschiedene Abkehr von dem als bedrohlich erachteten Weg. Andere glauben zuversichtlich an eine vernünftige Selbstregulierung der Krise, wenn man nur beherzt den bisherigen Weg weitergehe. Eines ist gewiß: eine Krise kann man nicht umgehen. Sie zu verleugnen, sich blind und taub zu stellen, die Schwierigkeiten zu verleugnen oder zu verdrängen, aus Angst oder aus Unwillen, hilft weder in individuellen noch in gesellschaftlichen Lebenskrisen. Die folgenden Ausführungen wollen ein bescheidener Beitrag zu dem umfassenden und notwendigen Gespräch in unserer Gesellschaft über die tiefere Krise sein, die sich hinter den vielen aktuellen medizinethischen Fragen abzeichnet. Daß dazu im Sinne des alttestamentlichen Weisen der Arzt und wir alle die Weisheit von oben erbitten sollen, sei vorweg Ausdruck unseres Eingeständnisses, daß Menschenweisheit hier an letzte Grenzen stößt, daß Weisung aus Gottes Weisheit uns nottut.

Wenden wir uns nun konkreten Aspekten der Krise zu, so ist vorweg daran zu erinnern, daß unsere beiden Themenbereiche, Medizin und Glauben, eng mit der gesamtgesellschaftlichen Entwicklung verbunden sind und deren Krise sichtbar machen. Die Medizin hat großen Anteil an der gewaltigen Erfolgsgeschichte des wissenschaftlich-technischen Fortschritts unseres Jahrhunderts. Ihre Krise ist ein Teil der Krise dieses Fortschritts. Doch darf nicht übersehen werden, wenn im folgenden von der Krise dieses Fortschritts die Rede ist, daß er etwas Großes, Staunenswertes ist, das auch aus der Sicht des Glaubens volle Anerkennung verdient. Auch wenn die Grenzen des Fortschritts in Wissenschaft und Technik, in Forschung und Medizin an vielen Stellen sichtbar werden, so darf doch die Dankbarkeit nicht vergessen werden. Was heute medizinisch möglich ist, gehört zu den gewaltigsten Leistungen der Menschheitsgeschichte. Doch stellt sich unerbittlich die Frage: wird dieser überragende Fortschrittsstandard sich noch weiter steigern lassen? Wird er sich überhaupt halten lassen? Auch wenn es technisch möglich sein sollte, noch große neue Fortschritte zu erzielen, werden sie finanzierbar sein? Und selbst wenn sie es sein sollten, werden sie allen gleichermaßen zugänglich sein?

Seit dem Zusammenbruch der Sowjetunion ist im „verbliebenen" Rußland die durchschnittliche Lebenserwartung um mehrere Jahre gesunken, nicht weil es keine medizinische Versorgung gäbe, sondern weil immer weniger Menschen sie sich leisten können. Damit bin ich bei der Frage der Krisenpunkte angelangt, die immer mehr zur großen neuen Herausforderung für die medizinische Ethik werden. Die Auflistung hat exemplarischen Charakter:

1. Das Beispiel aus Rußland zeigt, was schon bald bei uns Wirklichkeit werden kann, vielleicht schon ist: Dem immer größeren medizinischen Können stehen immer höhere Kosten entgegen. Wird deshalb dieses Können in Zukunft selektiv angewendet werden, so daß, entgegen dem hippokratischen Ethos, eine „Zweiklassenmedizin" entsteht? Spitäler werden immer mehr marktwirtschaftliche Betriebe, Patienten werden zur Marktware („Patientengut"). Was würden Hippokrates oder Ben Sira zu Begriffen wie „Gesundheitsmarkt" und „Patientenmarketing" sagen? Die Kosten-Nutzen-Frage wird aber zusehends zu einer der ganz großen Herausforderungen für die medizinische Ethik.

Noch ist es, so hoffe ich, bei uns so, daß jeder Kranke grundsätzlich mit der gleichen medizinischen Obsorge rechnen kann, unbeschadet seiner ökonomischen Situation. Noch geht unser medizinisches Ethos von der gleichen Würde aller Menschen aus und betrachtet den Behandlungsbedürftigen zuerst als Menschen, dessen Leben ein höchst schützenswertes Gut ist.

2. Die grundsätzliche Schützens- und Erhaltenswürdigkeit des menschlichen Lebens erfährt freilich von verschiedensten Seiten eine immer stärkere Infragestellung. Die großen Fortschritte in der pränatalen Diagnostik führen auch zu neuen ethischen Dilemma-Situationen. „Donum vitae", das lehramtliche Dokument der katholischen Kirche von 1987, sagt zu dieser Frage: „Wenn die vorgeburtliche Diagnostik das Leben und die Integrität des Embryos und des menschlichen Fötus achtet und auf dessen individuellen Schutz oder Heilung ausgerichtet ist, ist die Antwort (bezüglich der sittlichen Erlaubtheit) positiv." Was aber, wenn ein pathologischer Befund den Druck auf selektive Tötung der behinderten Ungeborenen verstärkt? „Solche eugenischen Bestrebungen könnten die Gesellschaft dazu bringen, daß sie behinderte Kinder überhaupt nicht mehr akzeptiert und letztlich ihre Ablehnung auch auf ‚überlebende' Behinderte ausdehnt", so der Ethik-Codex der Barmherzigen Brüder. Vor einem solchen moralischen Dammbruch ist eindringlich zu warnen.

3. Der Dammbruch wird freilich intensiv betrieben, und da dies in offenem Angriff nicht die erwünschte Akzeptanz erreichen würde, geschieht es in einer „sanften" Form, in der Gestalt des Mitleids mit nicht mehr „lebenswertem Leben". Die Euthanasiedebatte ist in Österreich eröffnet. Am 11. Februar 1998 übergab der Arbeitskreis „Menschenwürdiges Sterben" dem Präsidenten des Nationalrates Dr. Heinz Fischer ein „Manifest für die Selbstbestimmung" mit dem Titel „Menschenwürdiges Sterben – Teil unserer Lebenskultur". In diesem Manifest plädieren namhafte Philosophen, Ärzte und Juristen unseres Landes für die ethische Erlaubtheit und die entsprechende rechtliche Freistellung der aktiven Sterbehilfe.

Ich danke dem Präsidenten der österreichischen Ärztekammer, Primarius Dr. Michael Neumann, für seine unmißverständlich klare ablehnende Antwort auf diesen Vorstoß: „Es ist nicht Aufgabe des Arztes, Menschen zu töten." Die Euthanasie, die aktive „Sterbehilfe" widerspreche dem zeitlosen ethischen Selbstverständnis der Ärzte und der christlich-abendländischen Tradition, heißt es in der Aussendung der Ärztekammer: „Wir Ärzte haben die Pflicht zu heilen, Schmerzen zu lindern und Sterbende menschlich zu begleiten." Ärzte könnten daher weder von Betroffenen noch von anderer Seite Tötungsaufträge übernehmen und exekutieren.[57] Die Fragen, die mit dem „Manifest" aufgeworfen sind, haben so tiefgreifende Folgen, daß ich mich damit etwas näher befassen möchte.

Zum Manifest für „menschenwürdiges Sterben"

In Holland nehmen seit der gesetzlichen Straflosstellung die Fälle aktiver Sterbehilfe sprunghaft zu. Was unter dem Thema „menschenwürdiges Sterben" begann, bekommt bald eine dramatische Eigendynamik. Wie sollte auf alte, pflegebedürftige Menschen nicht bald ein immer stärker werdender Druck entstehen, „freiwillig" den Platz zu räumen und sich von einer mühsam gewordenen Existenz durch ärztliche Tötungshilfe „befreien" zu lassen? Angesichts der wachsenden Kosten der Altenpflege wird ein gleichfalls wachsender Euthanasiedruck unvermeidlich sein, ja es wird geradezu zum Ausdruck rücksichtslosen Lebenwollens werden, wenn alte Menschen nicht um den Tod bitten.

Doch nicht nur auf den alten Menschen wird sich der Druck erhöhen, sich töten zu lassen, sondern auch auf die vielen, die durch Unfälle, durch Gehirnschlag, durch schwere Krankheit in ihrer physischen, vielleicht auch psychischen Gesundheit schwer beeinträchtigt sind. Wer Wochen, Monate in einer Rehabilitationsstation verbringt mit nur kleinsten Therapiefortschritten, wer dabei seelisch entmutigt ist und sich als Last für die anderen empfindet, wird sich selbst unter massivem Druck finden, seinem irdischen Leben ein Ende bereiten zu lassen. Auch hier wird sich zeigen: Wer dann noch am Leben bleiben will, wird sich als Schmarotzer und Egoist empfinden, der nur an sein Weiterleben denkt statt sich „sozial" zu verhalten und die tödliche Dosis zu erbitten. Vor einiger Zeit war im Spanischen Fernsehen ein Videofilm über den Zyankali-Freitod eines Schwerbehinderten zu sehen, vom Einnehmen der Dosis über den Todeskampf bis zum Exitus.

Noch eine andere, schwerwiegende Konsequenz der aktiven Sterbehilfe gilt es zu bedenken: In der hippokratischen Auffassung ist die Beziehung von Arzt und Patient geprägt vom Grundwert des Vertrauens. Diese Beziehung ist nicht nur ein Rechtsverhältnis, auch nicht nur eine Expertenintervention mit dem Ziel, eine gestörte Mechanik wieder in Gang zu setzen, sondern eine personale Beziehung, deren wichtigste Voraussetzung das Vertrauen ist. Daher heißt es ja im hippokratischen Eid: „Was immer ich bei der Behandlung sehe oder höre oder auch außerhalb der Behandlung im Leben der Menschen, werde ich, soweit man es nicht ausplaudern darf, verschweigen und solches als ein Geheimnis betrachten." Das strikte Halten des ärztlichen Geheimnisses ist ein unabdingbares Element der Vertrauensbeziehung. Ebenso das andere: „Ich will zum Nutzen der Kranken eintreten, mich enthalten jedes willkürlichen Unrechts und jeder anderen Schädigung, auch aller Werke der Wollust an den Leibern von Frauen und Männern, Freien und Sklaven." – Die Beziehung zum Patienten muß vom festen Vertrauen getragen sein, daß der Arzt nur helfen und heilen will, daß auch das Gebiet der sexuellen Begegnung aus seiner Berufstätigkeit ausgeklammert ist. Vor allem aber muß der Patient die feste Gewißheit haben, daß der

Arzt ihn nie und nimmer töten wird. Wie sollten alte oder behinderte Menschen unter dem sozialen Druck der möglichen Euthanasie nicht – bewußt oder unbewußt – Angst vor dem Mann (der Frau) im weißen Kittel bekommen, wie seinerzeit die Wiener vor dem Herrn Pfarrer, wenn's zum Sterben kam und die schwarze Soutane der Bote der „Letzten Ölung" war? In manchen euthanasieoffenen Ländern gibt es daher bereits Ärzte, die sich öffentlich verpflichten und dies auch auf ihrer Ordinationstafel ankündigen, daß sie „médecins pour la vie" sind und garantiert keine aktive Sterbehilfe erteilen.

„Menschenwürdiges Sterben" kann nicht aktives Töten beinhalten, wohl aber den Verzicht auf sinnlose Quälerei technologischer Lebensverlängerung: „Die Moral verlangt keine Therapie um jeden Preis. Außerordentliche oder zum erhofften Ergebnis in keinem Verhältnis stehende aufwendige und gefährliche medizinische Verfahren einzustellen, kann berechtigt sein. Man will dadurch den Tod nicht herbeiführen, sondern nimmt nur hin, ihn nicht verhindern zu können. Die Entscheidungen sind vom Patienten selbst zu treffen, falls er dazu fähig und imstande ist, andernfalls von den gesetzlich Bevollmächtigten, wobei stets der vernünftige Wille und die berechtigten Interessen des Patienten zu achten sind."

Und weiter: „Selbst wenn voraussichtlich der Tod unmittelbar bevorsteht, darf die Pflege, die man gewöhnlich einem kranken Menschen schuldet, nicht abgebrochen werden. Schmerzlindernde Mittel zu verwenden, um die Leiden des Sterbenden zu erleichtern selbst auf die Gefahr hin, sein Leben abzukürzen, kann sittlich der Menschenwürde entsprechen, falls der Tod weder als Ziel noch als Mittel gewollt, sondern bloß als unvermeidbar vorausgesehen und in Kauf genommen wird."

So heißt es im „Katechismus der Katholischen Kirche" (KKK 2278–2279) zu diesem Thema. Der Arzt ist nicht zur

Maximalbehandlung verpflichtet; als vertrauter Helfer des Patienten darf er diesen auch „heimgehen lassen" durch das Tor des Todes, ohne ihn mit allen möglichen technisch-medizinischen Mitteln von diesem natürlichen *transitus* fernzuhalten.

Der heutigen Tendenz, den Unterschied zwischen „aktiver" und „passiver" Euthanasie aufzugeben, muß klar widersprochen werden. Es genügt nicht, wie diese Tendenz es tut, das Handeln rein nach seinen Konsequenzen zu beurteilen, unabhängig davon, ob diese Konsequenzen durch aktives Tun oder durch Unterlassen zustande kommen. Gewiß sind die Grenzen zwischen aktiver und passiver Euthanasie bisweilen fließend (etwa wenn man ein Beatmungsgerät abschaltet). Dennoch drückt diese unverzichtbare Unterscheidung verschiedene Grundhaltungen gegenüber dem Leben und dem Sterben aus, die moralisch nicht neutral sind. Angesichts des Sterbens ist die moralisch einzig richtige Haltung das Übersich-verfügen-Lassen, den Tod anzunehmen, ohne ihn nochmals quasi manipulieren zu wollen, sei es in der Richtung extremer und sinnloser Lebensverlängerung um jeden Preis, sei es in Richtung des vorzeitigen und willkürlichen Herbeiführens des Todes. Damit aber stoßen wir auf den entscheidenden Punkt in der Widerlegung der Argumentation des „Euthanasie-Manifests".

Der tiefste, radikalste Grund, warum diesem Manifest aufs entschiedenste widersprochen werden muß, liegt in seinem falschen Verständnis von Selbstbestimmung. Das Recht auf Selbstbestimmung gehört gewiß zu den menschlichen Grundrechten, doch ist es kein absolutes Recht. Wir haben alle das Recht, uns den Tod zu wünschen, wir haben nicht das Recht, ihn selber herbeizuführen. Das Wort „Freitod" ist ein semantischer Betrug. Wir sind zwar frei, uns selber zu töten, wie wir auch frei sind, andere zu töten. Doch beide Male handelt es sich um eine unerlaubte und unsittliche Tat, um

Mord: Selbstmord oder Ermordung eines anderen. Das Persönlichkeitsrecht der Selbstbestimmung ist nicht absolut, es ist dem absoluten Grundsatz des Lebensschutzes untergeordnet. Das menschliche Leben ist das höchste Gut der Rechtsordnung, es ist unantastbar, für andere wie für mich selbst. Die österreichische Rechtsordnung basiert auf diesem Grundsatz des absoluten Lebensschutzes. Das gilt selbst für die sogenannte „Fristenregelung", die nicht die ethische Zulässigkeit der Abtreibung, auch nicht innerhalb der Drei-Monate-Frist bedeutet, sondern nur deren Freistellung von der Strafbarkeit.

Warum das so ist, warum das Selbstbestimmungsrecht nicht, wie das „Manifest" meint, ein unbedingtes Freiheitsrecht ist, sondern der höheren Ordnung der absoluten Unverfügbarkeit und Schutzwürdigkeit des Lebens untersteht, begründet unsere Rechtsordnung nicht. Sie ist hier offensichtlich von einem Vorverständnis geprägt, das sie nicht selbst positiv gesetzt hat, sondern das sie als gegeben voraussetzt. Dieses Vorverständnis besagt, daß das menschliche Leben sich nicht unserer Selbstsetzung verdankt, daher sich auch unserer völligen Selbstverfügung entzieht. Wir sind für unser und der anderen Leben als einem uns anvertrauten Gut verantwortlich.

Den Autoren des „Manifests" und allen, die darin irgendeine Art von „Fortschritt" sehen, sei eindringlich gesagt: Diese irrige Ansicht von Selbstbestimmung zerstört in letzter Konsequenz die Grundlagen der Demokratie, die diese sich nicht selbst in freier Verfügung gibt, sondern die sie – in der Form der unbedingten Menschenrechte – als ihre Grundlage voraussetzen muß. Die unantastbare Würde des Menschen, von der Empfängnis bis zum natürlichen Tod, auch in Krankheit und Behinderung, ist das Fundament echter Demokratie, in der alle Menschen gleicher Würde sind und sich des gleichen unbedingten Lebensschutzes erfreuen, auch um den Preis, über ihr eigenes Leben nicht völlig verfügen zu können, weil es geschütztes Gut ist.

Mensch von Anfang an

Ich habe mich ausführlicher mit der radikalen ethischen Krise befaßt, die durch die Euthanasie-Forderung entsteht. Es kann nicht verschwiegen werden, daß der ethische Widerstand gegen diese Forderung auch schweren Schaden erlitten hat, seit vor 25 Jahren, am 22. Jänner 1973, der Oberste Gerichtshof der Vereinigten Staaten im Falle Roe versus Wade die Freigabe der Abtreibung entschieden hat.[58] „Es ist nicht Aufgabe des Arztes, Menschen zu töten", so hieß es in der Presseerklärung der Österreichischen Ärztekammer. Nun entwickelt sich aber ab der Empfängnis der Embryo nicht zum Menschen, sondern *als* Mensch, er ist „Mensch von Anfang an". Wie das Recht der Selbstbestimmung an der Unverfügbarkeit des eigenen Lebens seine Grenzen findet, so auch am unveräußerlichen Lebensrecht des Anderen, den das empfangene Kind als „Mensch von Anfang an" darstellt.

Der hippokratische Eid stellt dementsprechend auch Euthanasie und Abtreibung unter ein gemeinsames „Nie und nimmer": „Ich werde aber nicht und ganz und gar nicht (und) niemandem, auch nicht auf seine Bitte hin, ein todbringendes Mittel geben, und ich werde auch nicht einen solchen Ratschlag erteilen; ebenso werde ich nie einer Frau ein Abtreibungsmittel geben." Fünffach verneint wird hier jegliche Tötung, Tötung auf Verlangen, Anleitung dazu, Abtreibung.

Ich bin mir bewußt, daß wir es hier mit einem Bereich zu tun haben, der viele Belastungen und Nöte kennt, oft mit großen Bedrängnissen und Ängsten verbunden ist, und daß hier das Verurteilen der betroffenen Menschen zu vermeiden ist, auch wenn die Tatsache unausweichlich da steht, daß es bei der fraglichen Handlung um die aktive Tötung eines Menschenkindes geht, die als Tat sittlich durch nichts gerechtfertigt werden kann.

Was kann die Medizin? Was darf der Mensch?

Die ethische Situation des Arztes ist, so scheint mir, in den letzten Jahrzehnten deutlich schwieriger, komplexer, unüberschaubarer geworden. Einem enormen Wissens- und Könnenszuwachs entspricht nicht von selbst bereits ein Zuwachs an ethischer Kraft. Und doch wächst mit dem Wissen und Können auch die Verantwortung, die sittliche Herausforderung. Die Medizin hat hier teil an der allgemeinen wissenschaftlich-technischen Entwicklung unserer Gesellschaft.

Was die Chirurgie, die Transplantationsmedizin, aber auch die neuen Bereiche der Genetik, der Fortpflanzungsmedizin bereits heute können und vielleicht noch können werden, gehört zu den faszinierendsten Abenteuern der Menschheitsgeschichte. Doch ist alles Gekonnte auch schon ein Gesolltes? Der Philosoph Hans Jonas spricht im Zusammenhang mit der wissenschaftlich-technischen Kultur unserer Zeit von einer Zwangsläufigkeit der Anwendung wissenschaftlicher Erkenntnisse. Dies erklärt das Gefühl der Hilflosigkeit und des Ausgeliefertseins an den technischen Fortschritt, das in letzter Zeit stärker geworden ist. Wird aus dem Klonenkönnen zwangsläufig der geklonte Mensch?

Der Soziologe Max Weber hat die These aufgestellt, daß eine technisch-rationale Kultur letztlich zu einem Freiheitsverlust führen werde: Es gebe einen Höhenflug der Zweckrationalität bei einem gleichzeitigen Verkümmern der Wertrationalität. Das Nachdenken darüber, welche Zwecke wir überhaupt im Licht welcher Werte mit unserem technischen Können anstreben sollen, kommt zu kurz. In der Medizin zeigt sich dieses Phänomen darin, daß der medizinische Fortschritt eine Eigendynamik gewinnt, in der immer unklarer wird, ob er überhaupt noch dem Wohl des Menschen dient. Wenn aber unklar wird, was denn dem Wohl des Menschen dient, auf welche Werte die Medizin ihr Tun ausrichtet, dann läuft sie Gefahr, zu einem reinen Dienstleistungsbetrieb zu werden, wo die Wünsche der Konsumenten erfüllt werden, ohne eine innere Orientierung der Medizin an einem objektiven Verständnis vom Wohl des Menschen, das dem Arzt die ethische Richtschnur für seine Praxis bieten kann.

Diese allgemeine Orientierungsschwierigkeit ist nicht nur Folge einer wissenschaftlich-technischen Kultur, sie ist auch Folge einer Pluralisierung der Weltanschauungen und Werte. Pluralisierung bedeutet gleichzeitig Subjektivierung. Worin das Wohl des Menschen besteht, was Heilsein bedeutet, das wird zunehmend zu einer Sache privater Anschauung erklärt. Das mag vordergründig als ein Mehr an Freiheit empfunden werden. Diese Freiheit ist freilich teuer erkämpft. Sie führt mit ihrer Privatisierung zunehmend in Vereinsamung und Unsicherheit. Wie der kanadische Philosoph Charles Taylor oft betont, stehen dann die einzelnen Individuen zunehmend machtlos irgendwelchen wirtschaftlichen und gesellschaftlichen Entwicklungen gegenüber. Gesellschaftlich wirksam ist aber nur so etwas wie eine „gemeinsame Freiheit“, die auf gemeinsam bejahten Werten und darauf aufbauendem gemeinsamen Handeln basiert. Mit anderen Worten: „gemeinsame Freiheit“ setzt so etwas wie gemeinsamen Glauben voraus. Diese gemeinsame Glaubensbasis hat lange Zeit hindurch bei uns das Christentum, die Kirche geboten. Ihre derzeitige Krise ist nicht zu übersehen. Dazu einige Beobachtungen und mögliche Wege aus der Krise.

Die Kirche lebt mitten in der Gesellschaft. Die Subjektivierung der Weltanschauungen und Werte trifft auch sie voll. Hier dürfte auch der Kernpunkt der Glaubenskrise in der heutigen Gesellschaft liegen, nämlich in der Privatisierung des Glaubens. Die Soziologen sagen heute nicht mehr wie früher, daß der Glaube einfach verschwinde, sondern daß er privatisiert werde, daß jeder sich seinen Glauben nach seinen Überzeugungen und Bedürfnissen „zusammenstelle" und daß er damit zunehmend kirchlich ungebundener werde. Ein solcher „privatisierter" Glaube hat aber keine gesellschaftliche Prägekraft mehr. Wenn aber nur „gemeinsame Freiheit" gesellschaftlich wirksam ist, dann kommt der Kirche als einem Ort gemeinsamer Freiheit und gemeinsamer Wertverwirklichung in der heutigen Gesellschaft neue Bedeutung zu. Voraussetzung dafür ist freilich, daß die Kirche sich selber einig ist, welche Lebenspraxis in der heutigen Situation dem Evangelium entspricht, und damit dem, was das Evangelium unter Heilsein und Heilwerden des Menschen versteht. Dazu bedarf es in der Kirche viel mehr des geduldigen und beharrlichen Ringens um Konsens in moralischen Schlüsselfragen. Nur so kann die Kirche eine „moralische Identität" zeigen, die einerseits von der Freiheit aller Beteiligten getragen und anderseits gesellschaftlich wahrnehmbar ist. Ich denke, daß gewisse gefährliche Entwicklungen etwa in Fragen der Gentechnik, der Abtreibung, der Euthanasie, nur durch die Kraft eines gemeinsamen inneren Widerstandes aufgefangen werden können. Dieser Widerstand aber setzt die freie und gemeinsame Überzeugung der Beteiligten voraus, ohne die es an der notwendigen inneren Motivation fehlt.

Wie kann die Kirche diese sittliche Überzeugungskraft (wieder) gewinnen? Nur durch eine entschiedene Neubesinnung auf die motivierende Kraft der Botschaft, die ihr von Jesus Christus als Weg und Auftrag mitgegeben wurde und die unverändert aktuell bleibt: das Evangelium. Das Gleichnis vom barmherzigen Samariter, der sich dem Schwerverwundeten gegenüber als der Nächste erwiesen hat (Lk 10, 29–37), ist jedem einsichtig. In den ethischen Konflikten unserer Zeit ist daher nichts überzeugender als das gelebte Beispiel. Es sind vom Evangelium geprägte Gestalten und Gemeinschaften, die in oft erstaunlich einfacher Weise den Weg aus einem sittlichen Dilemma finden. Mutter Teresa war eine der großen Vorkämpferinnen des Lebensschutzes und der Sterbehilfe. Sie hat für die in den Straßen von Kalkutta Sterbenden nicht die „barmherzige Spritze" gefordert, sondern sie aufgenommen und ihnen in den letzten Tagen und Stunden ihres Lebens Liebe und menschliche Wärme geschenkt. Ihr Vorbild hat weltweit prägend gewirkt. Mutter Teresa war gegen die Abtreibung. Sie ist dafür nicht auf die Straße gegangen, sie hat keine gesetzlichen Strafverschärfungen gefordert. Sie hat das Einfachste, Nächstliegende getan, sie hat überall gesagt: „Tötet die Kinder nicht, gebt sie mir!" Tausende Kinder konnten so zur Welt kommen und Adoptiveltern finden. *Exempla trahunt,* nur das Vorbild „zieht". Alle Argumente gegen die Euthanasie sind kraftlos ohne gelebte und gelungene Alternativen. Die Hospiz-Bewegung ist eine solche. Erst auf diesem anschaulichen Hintergrund werden auch die sittlichen Argumente einsichtig.

Achtung vor der Schöpfungsordnung

Nach dem gelebten sittlichen Vorbild, dem zweifellos der erste Platz zukommt, sind die Achtung und die Ehrfurcht vor der uns vorgegebenen Ordnung der Wirklichkeit, der Schöpfungsordnung, der wichtigste sittliche Orientierungspunkt, um den es sich in freier Verantwortung gemeinsam zu sammeln gilt, soll unsere Gesellschaft nicht in Barbarei verfallen.

In der modernen Ethik wurde und wird freilich immer wieder bestritten, daß aus dem Sein ein Sollen folge, daß die Wirklichkeit einen sittlichen Anspruch an den Menschen stellt. Dem gegenüber hat die klassische Ethik immer die Überzeugung vertreten, daß wir uns an der Wirklichkeit, an der „Wahrheit der Dinge" (Josef Pieper) in unseren sittlichen Entscheidungen zu orientieren haben. Ohne den Begriff der „Natur" des Menschen und ihrer Gesetzlichkeiten wird, trotz aller Einwände, eine tragfähige Ethik nicht möglich sein. So unvergleichlich jeder Mensch in seiner Einzigartigkeit ist, so sehr gilt es doch, daß wir gerufen sind, uns „naturgemäß", das heißt unserem leib-seelisch-geistigen Menschsein entsprechend zu verhalten, und daß darin ein Sollensanspruch sich an uns selbst, aber auch an den Arzt richtet; ein Anspruch, dem wir nicht ungestraft zuwiderhandeln dürfen.

Hans Jonas hat in seiner großen Ethik „Das Prinzip Verantwortung" ein eindruckvolles Beispiel für das jedermann evidente Zusammenfallen von Sein und Sollen gegeben: er verweist auf „das Allervertrauteste . . .: das Neugeborene, dessen bloßer Atem unwidersprechlich ein Soll an die Umwelt richtet, nämlich: sich seiner anzunehmen. Sieh hin und du weißt. Ich sage ‚unwidersprechlich': denn natürlich läßt sich der Kraft dieses wie jedes Soll widerstehen, sein Ruf kann auf Taubheit stoßen (obwohl mindestens im Falle der Mutter dies als Entartung angesehen wird) oder durch andere ‚Rufe' . . . (wie) den nackten Selbsterhaltungstrieb übertönt werden – an der Unwidersprechlichkeit des Anspruchs als solchem und seiner unmittelbaren Evidenz ändert dies nichts". So besitzt „das im Säugling sich manifestierende ‚Sollen' fraglose Evidenz, Konkretheit und Dringlichkeit . . . In ihm zeigt sich exemplarisch, daß der Ort der Verantwortung das ins Werden eingetauchte, der Vergänglichkeit anheimgegebene, vom Verderb bedrohte Sein ist". Das Sein des Säuglings ist nicht nur „der Archetyp aller Verantwortung . . ., sondern auch ihr Keim"[59]. Und es ist klar für Hans Jonas, daß dieser Ruf zur Verantwortung, der vom bloßen Sein des Säuglings ausgeht, immer, überall und „per se" gilt.

Gerade die Medizin kommt nicht umhin, auf die Wahrheit des Menschen, auf seine ganze Wirklichkeit zu schauen, um ihre sittliche Orientierung zu finden. Dazu gehört ein intensives Bemühen, die „Natur" des Menschen immer besser kennenzulernen, den Menschen in seiner Gesamtheit zu sehen, keine seiner Dimensionen auszublenden. Daß hier das christliche Menschenbild zutreffender und somit hilfreicher ist als ein behavioristisches, materialistisches, wage ich mit Überzeugung zu behaupten. Dazu gehört auch die Akzeptanz der Grenzen, die der Medizin trotz aller Erfolge gesetzt sind, „daß Krankheit ein natürlicher Bestandteil des Lebens und kein unvorhersehbarer und bedauernswerter Defekt oder Ausnahmezustand ist und daß der Tod unausweichlich ist"[60]. Der Tod ist im christlichen Menschenbild nicht *exitus,* sondern *transitus,* nicht Ende, sondern Übergang, Heimgang zum letzten Ziel. Wie Krankheit und Tod erlebt werden, hängt davon ab, wie das Leben gesehen wird, ob es als Gabe Gottes und als Aufgabe gelebt wird. Die großen christlichen „Lehrmeister" haben viel zu sagen über das Ineinander von Seele und Leib, über das gute oder schlechte Leben der Seele und dessen Auswirkung auf den Leib. Hier warten große, oft ungehobene Erfahrungsschätze auf ein Gespräch zwischen Medizin und Glaubenserfahrung. Gehoben werden diese Schätze dort, wo gelebter christlicher Glaube und ärztliche Wissenschaft einander im konkreten Umgang mit den Kranken und im intensiven Hinhorchen auf die

Lebenserfahrung christlicher Meister begegnen. Hier wird dann auch sichtbar, was Jesu Selbstbezeichnung als Arzt (vgl. Mk 2, 17) für das Miteinander von Medizin und Glauben bedeuten kann.

Tugend als zweite Natur

Ethik-Kodizes sind hilfreich, ja notwendig. Die Spitäler der Barmherzigen Brüder haben einen für ihre Häuser verbindlichen medizinethischen Kodex erarbeitet, der ein eindrucksvolles „Enchiridion", ein Handbuch der medizinischen Ethik darstellt. Ethik-Kodizes haben aber auch die Gefahr in sich, daß die sittliche Verantwortung an rechtliche Regelungen delegiert wird, daß die persönliche, an Wissen und Gewissen orientierte Haltung und Handlungsweise zu kurz kommt. Auch in der Moraltheologie gab und gibt es die Tendenz, zu sehr in der Kasuistik verhaftet zu bleiben, in der Moraltheologie bzw. dem sittlichen Lehramt der Kirche in allen möglichen Detailfragen konkrete Anweisung gewissermaßen „nachschlagen" zu können. Kasuistik ist hilfreich aber nicht ausreichend. Das Ethos hat tiefere Quellen. „Agere sequitur esse", sagt ein scholastisches Axiom: das Handeln folgt aus dem Sein. Das sittlich richtige Handeln folgt aus dem sittlich guten Sein. Deshalb kommt es in erster Linie auf das Werden und Wachsen der sittlichen Persönlichkeit an, die gerade in einer immer unüberschaubareren und komplexeren Situation, wie sie den heutigen ärztlichen Alltag prägt, aus einem sicheren inneren sittlichen Urteil heraus zu handeln vermag. Die klassische Ethik spricht hier von den Tugenden, „qui bonum faciunt habentem", also von Haltung und Handlungsdispositionen, die den, der sie hat, gut machen, weil sie ihm gewissermaßen zur zweiten Natur geworden sind, so daß er mit einer gewissen Leichtigkeit und Selbstverständlichkeit ihnen gemäß zu handeln geneigt ist.

In der ärztlichen Praxis ist, ähnlich wie in der priesterlichen, Vertrauen ein vorrangiger Grundwert. Ich darf nochmals das anfangs genannte gemeinsame Referat des Arztes und des Theologen zitieren: „Wer dem Leidenden wirklich helfen möchte, muß ihm ganzheitlich begegenen: seine Persönlichkeit bis zum Geistigen, Sozialen und Religiösen hin erfassen und in diese DU-ICH-BEZIEHUNG sich selber ganz einbringen. Der echte Arzt . . . wirft die eigene Existenz in die Waagschale seines Berufes : Sein Charakter, die Lauterkeit seines guten Willens, seine ganze Lebensführung werden zum Heilmittel, zum begegnenden Faktor der Gesundung des Patienten.“[61]

Im Eid des Hippokrates heißt es: „Heilig [rein, unbefleckt, gottgeweiht] und rein [fromm, gerecht nach göttlichem oder natürlichem Recht] werde ich mein Leben und (auch) meine Kunst bewahren.“[62] Die beiden Begriffe „heilig“ und „rein“ sind der religiösen Sprache entnommen. Sie weisen in ehrfürchtiger Scheu auf Dinge, die mit der Gottheit in Beziehung stehen und zeigen damit an, daß in der Sicht des Hippokrates, nicht anders als in der des Weisen Ben Sira, die medizinische Berufsverantwortung im Urgrund des Glaubens verankert ist. „Krise der Medizin – Krise des Glaubens“: Es liegt ganz im Interesse der Medizin, im Interesse des Arztes und vor allem im Interesse der Menschen, denen Medizin und Arzt dienen, daß Hippokrates überlebt. Wie dankbar gedenken wir der Ärzte, die nach diesem Ideal gelebt und gewirkt haben!

9.
Kirche und Judentum

Von Zion aus an alle Völker der Erde

Ist das Christentum eine jüdische Sekte?[63]

Als Bischof der Katholischen Kirche stehe ich – in deren Selbstverständnis – in der Nachfolge jener Zwölf, die Jesus von Nazareth in einer bewußten, nach langem Gebet erfolgten Wahl zu seinen Aposteln gemacht hat und die alle, wie er selber auch, Juden waren. Zwölf Apostel hat er erwählt, anknüpfend an die zwölf Söhne Jakobs bzw. Israëls, denen die zwölf Stämme entstammen, die Gott zu Seinem Bundesvolk erwählt und gemacht hat. „All meine Quellen entspringen in dir“, so heißt es im Psalm 87 von den „Völkern“ gegenüber Jerusalem. „All meine Quellen entspringen in dir“, muß und darf (müßte und sollte) das Christentum gegenüber dem Judentum sagen. Es gibt nichts Wesentliches im Christentum, das nicht im Judentum wurzelt: vielleicht ist gerade deshalb das Verhältnis der beiden so komplex, belastet, von dunklen Schatten ebenso begleitet wie von gelegentlich aufleuchtenden hellen Momenten.

Ist das Christentum eine jüdische Sekte? Als solche wurde es in den ersten Anfängen von den Außenstehenden aber auch teilweise in Israël selbst wahrgenommen. So klagt der Hohepriester Hananias Paulus vor dem römischen Statthalter Felix an: „Wir finden nämlich, dieser Mann ist eine Pest, ein Unruhestifter bei allen Juden in der Welt und ein Rädelsführer der Nazoräersekte“ (Apg 24, 5). Unruhe brachte die Predigt des Paulus tatsächlich überall in die jüdischen Gemeinden, und wo er hinkam, gab es Spaltung über die Frage, ob Jesus von Nazareth der Messias sei oder nicht. Von außen gesehen ging es um innerjüdische Streitereien. Der römische Statthalter Festus sagt zu König Agrippa, was auch in anderen römischen Quellen (Plinius, Tacitus) als anfängliche Reaktion zu finden ist: „Die Ankläger (des Paulus) führten nur einige Streitfragen gegen ihn ins Feld, die ihre Religion und einen gewissen Jesus betreffen, der gestorben ist, von dem aber Paulus behauptet, er lebe" (Apg 25, 19). Nach gründlicher Prüfung kommt Festus zur Ansicht, hier liege kein Vergehen vor, das die Todesstrafe verdiene (Apg 25, 25). Auch der jüdische König Agrippa zeigt sich tolerant und meint, man könne Paulus straffrei gehen lassen (Apg 26, 32).

Anders stellt sich die Sache für die religiösen Autoritäten in Jerusalem dar. Die Sache war todernst, nicht nur weil die neue Gruppe, die manche die Nazoräersekte nannten, ständig wuchs und in allen Kreisen des Judentums, selbst bei den Priestern, immer mehr Anhänger fand, sondern vor allem im Blick auf die Inhalte der neuen Bewegung, die sich selber als „der Weg" bezeichnete, was einen gefährlichen Absolutheitsanspruch enthalten konnte. Um diesen ging es letztlich nicht nur im Konflikt um Paulus, sondern schon im Prozeß Jesu selbst. Daß in diesem Prozeß manches unrechtmäßig verlaufen ist, wird allgemein anerkannt. Daß aber der eigentliche Prozeßinhalt nach damalig geltendem Recht die Todesstrafe (durch Steinigung) verdient hat, ist ebenfalls unbestreitbar. Der Evangelist Markus bringt den Kern der Streitfrage äußerst klar zum Ausdruck. Der Hohepriester fragt Jesus: „Bist du der Messias, der Sohn des Hochgelobten?" Auf Jesu Antwort „Ich bin es" folgt die verständliche, ja fast muß man sagen notwendige Reaktion: „‚Ihr habt die Gotteslästerung gehört. Was ist eure Meinung?' Und sie fällten einstimmig das Urteil: ‚Er ist schuldig und muß sterben'" (Mk 14, 61–65).

Gotteslästerung galt als todeswürdiges Verbrechen. Jesus aber trifft der Vorwurf: „Du bist nur ein Mensch und machst dich selbst zu Gott" (Joh 10, 33). Dies ist der Kern des Konflikts von Anfang an, und in diesem Konflikt geht es im Wesentlichen (wenn man durch die vielen Schichten von sekundären und tertiären Motiven, die sich um diesen Kern gelagert haben, hindurchstößt) um die *emunah* im biblischen

Sinn: um die Treue zu Gott, der sich als der Gott des Bundes, der Einzige, der Heilige geoffenbart hat: „Höre, Israël! Der Herr, unser Gott, der Herr ist einzig. Darum sollst du den Herrn, deinen Gott, lieben mit ganzem Herzen, mit ganzer Seele und mit ganzer Kraft“ (Dtn 6, 4–5). Weil sie in der Treue zu Gott feststehen wollten, konnten die religiösen Verantwortlichen das Selbstzeugnis Jesu von Nazareth nicht annehmen. Historische und menschliche Redlichkeit verlangt von uns, diese Haltung nicht auf – vielleicht auch vorhandene – politische und psychologische Motive zu reduzieren. Ich sehe in der Ehrfurcht vor dem Ernst und der Größe solcher Glaubenstreue den wichtigsten Schritt auf dem Weg heutiger Begegnung. Doch darüber mehr zum Abschluß unserer Überlegungen. Vorerst müssen wir einen Blick auf die überaus schmerzliche Geschichte werfen, die auf die ersten Anzeichen der Trennung durch lange Jahrhunderte gefolgt ist.

Anzeichen der Trennung gab es früh. Bald war es ein tiefer Riß, ein unüberwindbar scheinender Graben. Wer war schuld an der Scheidung? Einen Hauptanteil an der Trennungsgeschichte haben die sich als eindeutig gebenden Schuldzuweisungen. Da sich bald zeigte, daß nur ein (kleiner) Teil des Judentums Jesus als Messias anerkannte, kam es zur folgenreichen Entscheidung des sogenannten „Apostelkonzils“ in Jerusalem (etwa im Jahre 48/49): wer als Nichtjude Christ werden wollte, mußte nicht über den Weg der Beschneidung und des Gesetzes, der Tora, gehen. Bald waren die unbeschnittenen „Heidenchristen“ gegenüber den „Judenchristen“ die Mehrzahl. Die Situation der Judenchristen wurde immer schwieriger, besonders seit den beiden jüdischen Kriegen (66–73 und 132–135): innerhalb des Judentums konnten sie sich nicht halten, galten sie doch als Sekte. Mit der Einführung der „Birkat-ha-Minim“ in das tägliche „Achtzehngebet“, das heißt mit der Einführung einer Verwünschung der Ketzer

(„minim"), mit der vermutlich vor allem die (Juden-)Christen getroffen werden sollten, wurde die Teilnahme am Synagogengottesdienst unmöglich gemacht. Schon das Johannesevangelium bezeugt diesen allmählichen Prozeß des Ausschlusses aus der Synagoge. Auch in der Apostelgeschichte sehen wir, wie konkret, von Ort zu Ort, in der Diaspora die Trennung vom jüdischen Wurzelstamm vor sich ging. Geschichtliche Redlichkeit gebietet, auch daran zu erinnern, daß es immer wieder jüdische Verfolgungen gegen Christen dort gab, wo dies dem Einfluß der jüdischen Gemeinden auf die Herrschenden möglich war. Daß die Christen dies im Übermaß „vergolten" haben, gehört ebenso zur Geschichte.

Nun trat etwas ein, das ich mir bisher noch nicht genügend erklären kann (auch weil mir die umfassenden historischen Kenntnisse fehlen), das aber zutiefst das Klima, die „Seelenlandschaft" des Judentums und auch das jüdisch-christliche Verhältnis geprägt hat: eine Mauer des Schweigens wuchs zwischen beiden. Zwar gibt es in der frühen nachchristlichen jüdischen Literatur eine gewisse Polemik gegen Jesus von Nazareth, gegen Maria, seine Mutter, doch spielt das im Ganzen eine geringe Rolle. Viel dominanter ist das Schweigen über den ganzen Komplex des Christentums. Der Kanon der biblischen Bücher wird fixiert, es entsteht eine reiche religiöse jüdische Literatur, Mischna, Talmud und die vielen Auslegungen von Schrift und Tradition. Ein reiches religiöses Leben entfaltet sich, sorgfältig gepflegt, tradiert, aber auch vor fremden Blicken bewahrt, so daß es nicht ausblieb – oft mit tragischen Folgen –, daß Christen den Juden allerlei geheime Praktiken vorwarfen (Ritualmordlegenden), vergessend, daß sie selber früher Gegenstand solcher Verdächtigungen gewesen waren (Trinken von Menschenblut). Mit einer Bewunderung und Verehrung erweckenden Treue blieb das Judentum beim Glauben der Väter, alle Entbehrungen zu tragen bereit, die „das Joch der Tora" auferlegt, täglich Gott preisend für die Gabe der Erwählung und des Bundes. Die eine Frage freilich, die damals in Jerusalem im Raum stand, wer Jesus sei, blieb seither ungefragt, sie schien nicht mehr auf, zumindest nicht im Innenraum jüdischen Glaubenslebens.

Um so mehr brach sie von außen herein, dröhnend, voll Schrecken, Angst verbreitend und oft den Tod. In den Memoiren des Rabbinersohnes David Tulman las ich, daß für die Seinen – und für wie viele Juden durch wie viele Generationen! – der Karfreitag ein Schreckenstag war. An ihm kam es zu Pogromen, wurden die „Gottesmörder", die „perfiden" Juden, die Jesus gekreuzigt haben, von verhetzten Christen verfolgt. Wie konnte es dazukommen, daß die Christen in ihrer großen Mehrheit durch so viele Jahrhunderte weithin verdrängt haben, was Jesus selber gesagt hatte: „Das Heil kommt von den Juden" (Joh 4, 22) und was der Apostel Paulus der Gemeinde in Rom in Erinnerung gerufen hat: „Nicht du trägst die Wurzel, sondern die Wurzel trägt dich" (Röm 11, 18)? Wie konnte es zu einem so tiefen und folgenschweren Vergessen der jüdischen Wurzeln des Christentums kommen?

Man hüte sich vor jeder vorschnellen Vereinfachung. Die Geschichte von fast 2000 Jahren jüdisch-christlicher Beziehungen ist vielgestaltig, es gibt in ihr alle Höhen und Tiefen menschlicher Größe und Schuld. Vor allem sollen wir uns im Urteil über frühere Generationen zurückhalten, ehe der Herr der Geschichte, der einzig gerechte Richter, sein Urteil auch über uns und unsere Zeit gesprochen hat. Dennoch wird man, behutsam und ohne besserwisserische Überheblichkeit, sagen müssen, daß, analog zum Verstummen des Judentums über den Juden Jesus und seine Frage: „Für wen haltet ihr mich?" (Mt 16, 15), ein Erblinden des Christentums für „Gottes erste Liebe" (Friedrich Heer), für sein erwähltes Volk, das ER niemals verstoßen hat, eingetreten ist. Damit ging

Hand in Hand das Vergessen bis hin zum Verkennen der jüdischen – bleibenden! – Wurzeln allen christlichen Lebens.

Geschichte Israëls – Geschichte aller

Wie kommt es anderseits, daß heute überall in der Welt die Bibel Israëls gelesen wird, daß sie, zusammen mit der christlichen, das am meisten übersetzte, am meisten verbreitete, am meisten gelesene Buch der Welt ist? Im Jahre 144 nach Christus wurde in Rom ein Mann aus der christlichen Gemeinde ausgeschlossen, der Markion hieß. Der Grund für seine Exkommunikation: er hatte eine „rein christliche" Bibel produziert – ohne das „Alte Testament", und mit einem von allen, wie er meinte, jüdischen Elementen gereinigten Neuen Testament. Markions Lehre war klar: Für ihn war der Gott der Juden, der Schöpfer dieser bösen Welt, ein böser Gott. Er wollte den unbekannten Gott lehren, den Jesus geoffenbart habe, der reine Liebe sei, nicht den jüdischen Gesetzesgott. Der Kirche und ihren Lehren warf er vor, sie seien „pseudoapostoli et Judaici evangelizatores." Er wollte eine strikte Trennung von Gesetz und Evangelium und beschuldigte die Kirche, sie betrachte Gesetz und Evangelium und somit Altes und Neues Testament als Einheit.[64] Man kann die Tragweite dieser Exkommunikation kaum überschätzen. Markion gründete eine Gegenkirche, die noch bis ins 5. Jahrhundert bestand. Die Katholische Kirche ging einen anderen Weg. Sie sagte ja zum Alten Testament. Und dieses Ja bedeutete, daß die Bibel Israëls mit der christlichen Mission in alle Welt hinausging, weit über die Kreise der jüdischen Diaspora hinaus, zu allen Völkern, in allen Sprachen.

Theodor Herzl schrieb 1897 in einer spitzen Polemik gegen den deutschen Rabbinerrat, der seinen „Judenstaat" heftig abgelehnt und von einer „jüdischen Mission“ auf Erden gesprochen hatte, den überraschenden Satz: „Wenn es eine jüdische Mission gibt, so war es das Christentum.“[65] Wie immer Herzl diesen Satz gemeint hat, er spricht die Tatsache an, um die es hier geht: Die christliche Mission hat die Bibel Israëls in alle Welt hinausgetragen, nicht als irgendein historisches Dokument, sondern als bindende Offenbarung Gottes, die allen Menschen zugedacht ist. Die Entscheidung gegen Markion, das Ja zum Alten Bund als verbindlicher, bleibend gültiger Offenbarung bedeutet, daß Menschen aus allen Völkern und Stämmen, Sprachen und Nationen die Bibel als sie betreffendes, für sie gültiges Buch empfingen.

„Und so kam es, daß die Thora, die Propheten und die anderen Schriften sich in der ganzen Welt verbreitet haben und als Wort Gottes aufgenommen wurden. Die unterschiedlichsten Völker haben die Verheißungen und die Schriften empfangen, die ihnen von uns mit der Frohen Botschaft von Jesus Christus gebracht und verkündet worden ist. Diese Bibel ist das meistübersetzte Buch auf dieser Erde, bis zum Tag in etwa 1600 Sprachen . . . Trotz der Vielzahl dieser Sprachen halten wir daran fest, daß die hebräische Bibel, deren gesicherten Text wir in den schönen vokalisierten Handschriften der Massoreten aus der jüdischen Tradition empfangen, ein von Oben inspirierter Text ist. Und alle Christen anerkennen den hebräischen Text als geoffenbarte Quelle und als verbindlichen Bezugspunkt aller Übersetzungen. Ob man will oder nicht, ob dies gefällt oder nicht, den Juden oder den Heiden – den Völkern –, dieses in der Menschheitsgeschichte einzigartige Phänomen bewirkt, daß die besondere Geschichte des jüdischen Volkes überall gegenwärtig ist: nicht nur seine Geschichte, sondern seine geistige Tradition. Denn die Bibel stellt sich nicht nach der Art der Annalen der ägyptischen und babylonischen Herrscher dar. Sie gibt sich als Wort Gottes, das allen Menschen den Weg der fundamentalen sittlichen Gebote eröffnet; es macht den Ruf nach einem heiligen Leben vernehmbar und enthüllt die Tiefen der Weisheit; es zeigt den wahren geistigen Kampf, der stets andauert. Vor allem macht es der ganzen Welt die Stimme des Einzigen [- Er sei gepriesen -] hörbar. Die Völker, die die Thora als ein Wort der Wahrheit empfangen, hören die Offenbarung des Einzigen, des Gottes aller Völker. So können sie den Gott Israëls nicht anders denn als ihren Gott verstehen. Ob er will oder nicht, jeder Jude wird so von den Völkern, die die Bibel empfangen, als zu dem Volk zugehörig gesehen, durch das Gott sich zu erkennen gibt. Der Streit des Heiden für oder gegen Gott, für oder gegen seine Götzen, wird früher oder später ein Kampf für oder gegen die Juden ... Wo die Bibel als inspiriertes Wort angenommen wird, wird stets das jüdische Volk und seine Geschichte als der grundlegende Bezugspunkt der heiligen Geschichte vorgestellt, in die jedes der Völker in Christus eingeladen ist. Deshalb wird auch dort, wo kein Jude lebt, aber wo die Bibel gegenwärtig ist, von den Juden die Rede sein" (Kardinal Jean-Marie Lustiger).[66]

Die Konsequenzen, die Wege, aber auch die Irrwege, die aus diesem wahrhaft weltgeschichtlichen Vorgang folgten und immer noch folgen, gilt es, wenigstens in groben Umrissen zu skizzieren. Die erste und wohl am tiefsten eingreifende Konsequenz in das Leben der Völker, die die Bibel als Wort Gottes annehmen, besteht darin, daß die Geschichte Israëls zur Geschichte aller werden soll.[67] Wo immer die Bibel angenommen wird, dort treten Menschen, Völker, Kulturen, Sprachen ein in die Geschichte des Volkes Gottes, dort wird Israëls Geschichte zur ihren. Was Jahr für Jahr im jüdischen Seder gesagt wird, daß nämlich ein jeder der Teilnehmenden sich selber als einen betrachten solle, der aus Ägypten mit auszieht (gemäß der Tradition, die sagt: „Von Geschlecht zu Geschlecht ist jeder verpflichtet, sich selbst anzusehen, als sei er aus Ägypten gezogen“[68]), das wird für alle wahr, die durch die Annahme des Wortes Gottes zu Miterben der Verheißung geworden sind.

Wie tief dies in das Selbstverständnis der Völker eindringen konnte und ihr Leben und Denken, Fühlen und Handeln bestimmt hat, dafür sollen im folgenden einige Beispiele und Hinweise gegeben werden. Vorweg sei ein besonders eindrückliches Beispiel genannt, auf das Kardinal Lustiger in seinem schon zitierten Vortrag hinwies: das Zeugnis der Schwarzen in der „Neuen Welt“. Die schwarzen Sklaven, die ihrer Würde, ihrer Kultur, ihres Landes beraubt wurden, mußten ihrer Lage einen Ausdruck, eine Deutung geben. Sie fanden diese durch den christlichen Glauben, der es ihnen möglich machte, sich selber und ihr Geschick mit dem jüdischen Volk zu identifizieren, das im „Sklavenhaus Ägypten“ litt. Diese Identifikation erlaubte ihnen, zu überleben und zu leben. Ihr Weg aus der Sklaverei wurde zum Weg der Befreiung aus Ägypten: „Let my people go!“ Mit dem Evangelium erhielten sie das Alte Testament. Durch das Evangelium haben sie das Alte Testament kennen und verstehen gelernt und darin die eigene Geschichte, das eigene Geschick zu deuten, zu leben vermocht. Im Exodus sahen sie ihre Hoffnung. Ihr Glaube wurde zur Quelle ihrer Befreiung. Als Christen verstanden sie sich auch als „Bene Israël“, als Söhne Israëls. Von daher stammen wohl auch die alten Verbindungen zwischen Schwarzen und Juden in Amerika.

Doch bleiben wir nicht bei diesem besonders auffallenden Beispiel. Die Identifikation mit der Geschichte des Volkes Israël reicht bis an die Wurzeln der christlichen Geschichte. Selten kommt dies so stark zum Ausdruck wie in der christlichen Osternachtsfeier, in der überall auf Erden nicht nur der Nacht gedacht wird, in der Christus aus dem Grab erstand, sondern auch der Befreiung aus Ägypten. „Dies ist die Nacht", so singt das *Exultet,* das Lob über die Osterkerze, „die unsere Väter, die Söhne Israëls, aus Ägypten befreit und auf trockenem Pfad durch die Fluten des Roten Meeres geführt hat." In derselben Feier wird nach der Verlesung des Berichts vom Auszug aus Ägypten gebetet: „Gott, . . . gib, daß alle Menschen Kinder Abrahams werden und zur Würde des auserwählten Volkes gelangen" und: „Gib, daß alle Menschen durch den Glauben an der Würde Israëls (an der *‚israelitica dignitas'*) teilhaben." Was damals mit Israël geschah, wird in der Osternacht von allen, die aus den Völkern in die Verheißungen Israëls eingetreten sind, auch als ihre eigene Befreiung gefeiert.

Hier mag sich Unbehagen melden. Ist eine solche Sicht nicht eine Usurpation? Wird hier nicht versucht, dem jüdischen Volk seine eigene Geschichte zu rauben, indem sie spiritualisiert und universalisiert wird? Ist dann nicht eine der Konsequenzen, daß auch die Landverheißung und die Hoffnung auf die Heimkehr in das eigene Land, nach Erez Israël spiritualisiert wird? Denn der Exodus führte ins Gelobte Land, dieses war sein Ziel. Was aber bedeutet die Landverheißung, wenn die Völker durch das Evangelium, mit der Bibel, diese Verheißung erhalten? Was bedeutet Erez Israël dann? Diese Frage weist auf eine lange, schmerzensreiche, schuldbeladene Geschichte hin, die nicht zu Ende ist, in der aber neue, hoffungsvolle Seiten aufgeschlagen wurden. Ehe wir eine Antwort zu formulieren versuchen, muß ich nochmals einen – scheinbar – weiten Bogen um die Kernfrage schlagen. Es soll kein Umweg sein.

Was in der christlichen Liturgie geschieht, was mit dem Evangelium von der Geschichte des einen Volkes Gottes zur Geschichte vieler Völker geworden ist, das hat seine tiefen Wurzeln in der Sendung des jüdischen Volkes selbst. Denn ob das Volk Israël es will oder nicht, das Joch der Erwählung hat es in die Mitte der Geschichte, in einen universalen Auftrag hineingestellt, der allen Völkern gilt, seit Gott zu unserem Vater Abraham gesagt hat: „Durch dich sollen alle Geschlechter der Erde Segen erlangen“ (Gen 12, 3). Eine Prophetie aus dem Buch Jesaja beleuchtet diese universale Sendung: „Am Ende der Tage wird es geschehen: der Berg mit dem Haus des Herrn steht fest gegründet als höchster der Berge; er überragt alle Hügel. Zu ihm strömen alle Völker. Viele Nationen machen sich auf den Weg. Sie sagen: Kommt, wir ziehen hinauf zum Berg des Herrn und zum Haus des Gottes Jakobs. Er zeige uns seine Wege, auf seinen Pfaden wollen wir gehen. Denn vom Zion kommt die Weisung des Herrn, aus Jerusalem Sein Wort. Er spricht Recht im Streit der Völker, er weist viele Nationen zurecht. Dann schmieden sie Pflugscharen aus ihren Schwertern und Winzermesser aus ihren Lanzen. Man zieht nicht mehr das Schwert, Volk gegen Volk, und übt nicht mehr für den Krieg. Ihr vom Haus Jakob kommt, wir wollen unsere Wege gehen im Licht des Herrn“ (Jes 2, 2–5).

Diese Prophetie ist leider noch nicht voll erfüllt. Immer noch zieht man, Volk gegen Volk, das Schwert. Doch eines ist zum Teil schon Wirklichkeit geworden: *De Sion exibit lex* – „vom Zion kommt die Weisung des Herrn“. Wenn auch die große „Völkerwallfahrt“ zum Berg des Herrn nicht vollendet ist, so ist doch bereits vom Zion Sein Gesetz zu allen Völkern ausgegangen. Nochmals: Wir können die Bedeutung der antimarkionitischen Entscheidung des frühen Christentums nicht hoch genug ansetzen. Denn was bedeutet es für die Völker, die das Evangelium angenommen haben, daß sie mit ihm auch die Tora und die Propheten und die anderen Schriften erhalten haben? Dazu einige stichwortartige Hinweise.

Jahrhundertelang hat Europa mit der Bibel lesen gelernt, nicht nur mit den Evangelien, sondern ebenso intensiv mit den Psalmen, mit der Tora, den Propheten, den Weisheitsschriften. Mir ist nicht bekannt, wie weit es jemals zum Gegenstand wissenschaftlicher Untersuchungen gemacht wurde, daß die Völker Europas in der Welt der Bibel ihre „éducation sentimentale" erhielten. Die Bibel ist ja nicht einfach ein Geschichtenbuch, ein literarisches Dokument, ein historisches Zeugnis. Sie ist das Lebensbuch, das wie kein anderes die Seelenlandschaft Europas – und inzwischen auch weiterer Teile der ganzen Erde – geformt hat. In der Bibel finden die Völker die großen, prägenden Identifikationsgestalten: Abraham, den Vater aller Glaubenden; Isaak, seinen Sohn, den er zu opfern bereit war; Jakob, den listenreichen, der nicht weniger als Odysseus die Phantasie, das Vorstellen und Fühlen geprägt hat; unvergleichlich die Josefsgeschichte und die des Königs David; das Bild des Dulders Hiob, das des Daniel in der Löwengrube und viele andere. Sie alle haben die Bilder der Seele geformt, mit denen Menschen aus allen Völkern und Sprachen ihre eigene Lebensgeschichte zu deuten vermochten, ihrem Schmerz einen Namen geben konnten. Die Sprachen Europas sind tief von ihrer biblischen Muttersprache geprägt, mit ihren Worten und Bildern haben sie Gestalt angenommen. Aus der Bibel haben Generationen ihr affektives, sittliches, geistliches Leben genährt. Das Hohelied hat nicht weniger als Ovids Liebeskunst die Bilder der Liebe geprägt.

Es ist tragisch, daß der atheistische Jude Sigmund Freud den „Familienroman", die seelische Konstellation des Verhältnisses von Vater, Mutter und Kind, nicht an biblischen Gestalten orientiert hat, sondern am griechischen Mythos des Ödipus, und daß er, in der Wiener Berggasse fast als Nachbar Theodor Herzls wohnend, Mose, den Führer ins Gelobte Land, mit seinen fragwürdigen Spekulationen quasi „umgebracht" hat (in seiner Spätschrift „Der Mann Moses"). Wie anders sähe die Psychoanalyse aus, hätte sie sich an den großen biblischen Gestalten orientiert, an Abraham und seinem

Sohn, an Tobit und Sara, an König Davids Sünde und Reue! Das Bild des Herrschers war in Europa lange Zeit von den großen Königsgestalten des Alten Testaments geprägt. Nicht die orientalischen Despoten, nicht die römischen Kaiser waren das Vorbild, sondern David und Salomo. Im Alten Testament lernten die christlichen Herrscher die Maßstäbe gerechter Herrschaft, im Alten Testament wurde ihnen auch warnend vor Augen gestellt, wie tragisch die Folgen von Ungerechtigkeit und Machtmißbrauch aussehen. Shakespeares Königsdramen sind nicht denkbar ohne die Königsbücher in der Bibel. Sie lesen sich wie deren Ausfaltung.

Mit der Bibel erhielten die Völker die sittliche Botschaft des Volkes Gottes. Diese besteht gewiß im Dekalog, in den Mahnungen der Propheten. Sie besteht aber allem zuvor in der grundlegenden Botschaft am Beginn der Genesis: „Laßt uns Menschen machen als unser Abbild, uns ähnlich. Sie sollen herrschen über die Fische des Meeres, über die Vögel des Himmels, über das Vieh, über die ganze Erde und über alle Kriechtiere auf dem Land. Gott schuf also den Menschen als sein Abbild; als Abbild Gottes schuf er ihn. Als Mann und Frau schuf er sie“ (Gen 1, 26–27). Das kleine Volk Israël wurde zum Träger und Boten der universalen Botschaft, daß die Menschen wahrhaft eine Familie bilden, verwandt untereinander und verbunden durch den gemeinsamen Ursprung im Stammelternpaar, gleicher Würde voreinander durch den gemeinsamen Ursprung im Willen und Werk des Schöpfers.

Mit der Bibel ging diese Botschaft um die Welt, sie wurde zur Grundlage dafür, daß allen Menschen die gleichen Menschenrechte zuzuerkennen sind. Wie wenig selbstverständlich dieser biblische Universalismus war und ist, kann man bei einem Philosophen wie Kelsos nachlesen, der im zweiten Jahrhundert Juden wie Christen vorhält, die Idee eines gemeinsamen Ursprungs und daher einer gleichen Würde aller

Menschen sei widersinnig und „die Sprache des Aufruhrs". Griechen und Barbaren seien eben nicht auf gleicher Stufe. So hat sich wahrhaft die Prophetie des Jesaia erfüllt: *De Sion exibit lex,* vom Zion geht Gottes Weisung aus an alle Völker der Erde.

Neues unter der Sonne

Um so erstaunlicher ist es eigentlich, daß man bei uns bis heute die im Grunde „markionitische" Rede vom „alttestamentarischen Zorn" hören kann. Nicht selten begegnet einem bei Christen die völlig irrige Aussage, Jesus habe statt des alttestamentlichen Gottes des Zornes einen liebenden Vatergott verkündet – ein Zeichen, wie tief die antijüdischen Spuren sich im christlichen Boden eingegraben haben! Es gab immer wieder Stimmen der echten Toleranz, etwa jene des hl. Bekenners und Märtyrers Maximus (†662), der vielleicht jüdische Ahnen hatte, und der sich klar gegen die Zwangstaufe von Juden aussprach. Doch wieviele andere Stimmen stehen der seinen entgegen! Immer wieder waren es die Päpste, die den Juden Schutz gewährten. Nach den tragischen Ereignissen in Wien im Jahre 1421 (die Ausgrabungen am Wiener Judenplatz haben sie uns wieder in Erinnerung gerufen) war es Papst Martin V., der auf Bitten spanischer Rabbiner den Kaiser aufforderte, die zwangsgetauften Juden wieder frei zu ihrem Glauben zurückkehren zu lassen. Der vielgeschmähte Papst Pius XII. gehört sicher zu denen, die in schlimmster Zeit wirklich und wirksam vielen Juden geholfen haben. Und doch, wieviel Blindheit im christlichen Gesichtsfeld!

Kohelet sagt, es gebe nichts Neues unter der Sonne (Koh 1, 9). Doch dürfen und müssen wir sagen, daß unser Jahrhundert Neues gebracht hat: nie Dagewesenes an Menschenfinsternis, demgegenüber das leichthin als finster bezeichnete Mittelalter wie eine lichte Epoche erscheint. Vom ersten groß geplanten Genozid an den Armeniern (1915) über den Gulag bis hin zum Kambodschanischen Massenmord: dieses Jahrhundert verdient mit Osip Mandelstam „das Jahrhundert der Wölfe“ genannt zu werden. Die tiefste seiner Finsternisse ist die Schoah. Neu ist aber auch das Umdenken, das bei vielen auf dem Weg durch die Nacht eingesetzt hat. „Metanoiete“ – so lautet nach dem Evangelisten Markus das Grundwort der Predigt Jesu: „Denkt um“, „kehrt um“! Solches Umdenken geschieht nur dort wirklich, wo Reue aufkommt, wo Buße getan wird. Dies setzt wiederum Besinnung, Erinnerung voraus, einen neuen Blick auf die Geschichte mit der betroffenen Frage: wie konnte es dahin kommen? Wo liegen die Wurzeln, wodurch wurde das Unfaßbare vorbereitet? Vieles ist hier bereits geschehen, vieles liegt noch vor uns.

Ein weites Feld neuer Einsichten tat sich auf, als christliche Bibelwissenschaftler das Jüdische im Neuen Testament ins Licht zu heben begannen, als Historiker der Geschichte des christlichen Antijudaismus nachzuforschen anfingen. Ohne Überheblichkeit früheren Generationen gegenüber dürfen wir sagen, daß dadurch heute die Gestalt Jesu den Christen näher gekommen ist, daß seine Botschaft, sein Weg, auch seine Bereitschaft zu sterben in neuem Licht erscheinen und daß dadurch deutlich wurde, wie sehr der geschichtliche Antijudaismus eine Fehlentwicklung weg von Jesu Absichten war. Parallel dazu wurde das Schweigen des Judentums über Jesus gebrochen. Zahlreiche jüdische Jesusbücher bezeugen diese neue Phase. Viele sehen mit Martin Buber in Jesus einen „großen Bruder“, der bleibend zu den Großen seines Volkes gehört.

Wird dieser Neuanfang anhalten? Zu tief sind die Wunden jüdischer Erinnerung, zu tief sitzen alte Vorurteile im christlichen Gedächtnis, als daß nicht Sorge angebracht wäre. Wie kann das Heilende gefördert werden? Zuerst wohl durch weiteres Heilen der Erinnerung. Es geht nicht um ein ständiges Bohren im Vergangenen, sondern um das biblische „Gedenken", das sich der Taten Gottes und der Geschichte menschlicher Schuld im Licht der Treue Gottes erinnert. Die Bibel ist die große Schule solchen Gedenkens. So soll auch heute und weiterhin an die jüdisch-christliche Geschichte erinnert werden. Erforderlich ist sodann ein vertieftes Verständnis von Toleranz. Sie kann nicht in einer Relativierung aller Religionen auf einen gemeinsamen „Vernunftkern" hin bestehen, wie das die Lessingsche Aufklärung gemeint hat. Die wirkliche Begegnung der Religionen und speziell die zwischen Judentum und Christentum geschieht dort, wo die Ehrfurcht vor dem Glauben des Anderen wächst, wo wir vor der *emunah,* der Treue zu Gott staunend innehalten. Müssen die Christen sich fragen, ob die jüdischen Gläubigen in ihrer jahrhundertelangen Treue zum „Joch der Tora" und zum Bund – einer durch viele Märtyrer besiegelten Treue – nicht in einer einzigartigen Weise Zeugen der Treue Gottes sind? Trägt es vielleicht zur Heilung der jüdischen Erinnerung bei, wenn der Blick auf die Christenheit nicht nur Schuld und Versagen, sondern auch die vielen Zeugen der *emunah* zu Gott betrachtet, an denen es unter den Christen in keinem Jahrhundert gefehlt hat? Vor kurzem wurden zwei österreichische Priester und eine Ordensschwester selig gesprochen (Pfarrer Otto Neururer, P. Jakob Gapp und Sr. Restituta Kafka), die um ihres Glaubens willen von den Nazis umgebracht wurden.

Seit Abraham die Verheißung „Durch dich sollen alle Völker der Erde Segen erlangen" (Gen 12, 3) erhielt, weiß Israël um seine universale Sendung: Träger der Verheißung, Zeuge Gottes für alle Völker zu sein. Das Christentum versteht sich von Anfang an als „zu allen Völkern" gesandt (Mt 28, 18–20), weil alle Menschen durch Jesus den Messias, den Sohn des Hochgelobten, Zutritt zum Erbe der Väter erhalten haben. So sei die Aussage gewagt, das Christentum erinnere das Judentum an seinen Auftrag, Segensträger für alle Völker zu sein. Doch muß umgekehrt gesagt werden, daß das Christentum dringend der Erinnerung bedarf, daß es die Treue Gottes verrät, wenn es seine jüdischen Wurzeln verleugnet, aus denen es das Erbe der Verheißungen empfängt. Jeder Antijudaismus ist deshalb Untreue zu Gott.

Beiden aber sagt die Bibel, die jüdische wie die christliche, „daß Gott nicht auf die Person sieht, sondern daß ihm in jedem Volk willkommen ist, wer ihn fürchtet und tut, was recht ist" (Apg 10, 35). Eine alte jüdische Tradition sagt, daß zehn Gerechte die ganze Welt aufrechterhalten und tragen. Die Bibel weiß, daß die Gerechten nicht nur unter den Juden und den Christen zu finden sind. Der Dulder Hiob ist ein „Heide". Auf die „Gerechten" aber kommt es an. „Der Gerechte muß viel leiden" (Ps 34, 20), sagt die Bibel. Leiden aber, so weiß die Offenbarung Gottes, kann sühnend, versöhnend, heilend sein, auch stellvertretend für andere. „Mein Knecht, der gerechte, macht die vielen gerecht, er lädt ihre Schuld auf sich", sagt der Prophet Jesaia vom Gottesknecht, womit zugleich das Volk Israël und der Messias bezeichnet sind: „Durch seine Wunden sind wir geheilt" (Jes 53, 11.5). Judentum und Christentum sind Träger und Zeugen einer großen Hoffnung: daß die Mächte des Bösen, des Leides und des Todes nicht das letzte Wort haben.

Weltweite Landverheißung

Was bedeuten diese vielfältigen Bezüge, diese 1000 Fäden, die die Christenheit mit Jerusalem verbinden, mit dem Tempel, mit Erez Israël? Gewiß, viele pilgern ins „Heilige Land", seit nun bald 2000 Jahren, um dort selber die Spuren der Patriarchen, Davids, Jesu und der Apostel zu verehren. Doch geht es ihnen um Erez Israël im Sinne der biblischen Verheißung des Landes? Hat das Land für die Christen auch nur annähernd die Bedeutung bewahrt, die es in den biblischen Verheißungen hat? Die christliche Mission hat zwar die Tora, die Propheten und die anderen Schriften zu allen Völkern hinausgetragen, aber vermittelt durch einen ganz bestimmten Verstehensschlüssel: Professor Zwi Werblowsky von der Hebräischen Universität hat das treffend formuliert: „Schon das Neue Testament zeigt eine deutliche Tendenz zu dem, was man als ‚Entterritorialisierung' des Heiligkeitsbegriffes bezeichnen könnte, sowie die folgerichtige Auflösung örtlich festgelegter Symbole. Nicht der Tempel und das Allerheiligste sind der Mittelpunkt, sondern Christus; nicht die Heilige Stadt oder das Heilige Land stellen den ‚Bezirk' der Heiligkeit dar, sondern die neue Gemeinde, der Leib Christi."[69]

So kann für die christliche Tradition Jerusalem und das „Heilige Land" in gewisser Weise überall sein, wo immer Menschen ein christliches, gottgefälliges Leben führen. Diese „Universalisierung" der Landverheißung dürfte sich schon in den Seligpreisungen Jesu ankündigen, wenn Er sagt: „Selig, die keine Gewalt anwenden [oder: selig die Sanftmütigen], denn sie werden das Land erben" (Mt 5, 5). Ist das eine „Verfälschung" der ursprünglichen Landverheißung? Ja, mancher könnte es als eine Art „Usurpation" empfinden, daß die jüdische Hoffnung auf Erez Israël von der christlichen Tradition „spiritualisiert" wurde, und dies mit dem Anspruch, das „wahre Israël" darzustellen, an die Stelle des „alten" Israël getreten zu sein. Ich werde auf diese Problematik und ihre schmerzensreiche Geschichte noch abschließend eingehen.

Vorerst aber sei auf einen positiven Aspekt dieser „Universalisierung" der Landverheißung hingewiesen. Ich formuliere hier mehr eine Intuition als eine ausgearbeitete, verifizierte These. Ich glaube, die Menschen und Völker, denen die Bibel als Wort Gottes zukam, lernten mit dem Volk Israël, in dessen Geschichte sie eintraten, auch die Liebe zum Land der Verheißung, die Sehnsucht nach Jerusalem und Zion; sie lernten so etwas wie „Heimat" kennen; in der Schule der Bibel, der Psalmen, der heiligen Geschichte wuchs so etwas wie eine Kultur der Heimatliebe. Ja, ich frage mich, ob das, was uns in Europa als Liebe zur Heimat, zum Vaterland bekannt ist, nicht auch eine Frucht der Erziehung durch die Bibel ist. Die ganze biblische Bild-, Sprach- und Gefühlswelt von Fremde und Heimat, von Exil und Heimkehr hat den Sinn für die Heimatliebe mitgeprägt. Etwas von der Freude an Erez Israël ist mitgewandert in die Fremde der Völker und hat dieser den Glanz der Heimat gegeben. Etwas von der Sehnsucht nach Erez Israël hat auch die Sehnsucht der Herzen nach der Heimat geformt, vielleicht besonders ausgeprägt im deutschen Kulturraum. Diese Heimatliebe blieb im Lot, solange sie als Gegengewicht die Sehnsucht nach dem himmlischen Jerusalem, der ewigen Heimat kannte. Denn auch das lernten die Völker von der Bibel, daß wir mit Abraham „Fremdlinge und Beisassen" sind und hier keine bleibende Stätte haben.

Wo freilich dieser Ausblick auf die kommende Erde, die zukünftige Welt, ausfiel, wo die Heimatliebe gottlos wurde, schlug sie um in den Nationalismus, der die Erwählung Israëls usurpiert und sie auf ein anderes Volk, eine Rasse, eine Klasse überträgt und diese verabsolutiert, vergötzt. Ansätze dazu gab es in der europäischen Geschichte schon früh. So etwa, wenn Eusebius von Cäsarea das unter Kaiser Konstantin christlich gewordene römische Reich einfach mit dem Volk Gottes identifiziert: „Kein kleines und unbedeutendes, das nur in irgendeinem Winkel der Erde wohnt", sondern das große römische Reich ist für ihn das „neue Volk Gottes".[70]

Die Identifikation des eigenen Volkes mit dem auserwählten und damit des eigenen Landes mit dem „Gelobten" ist eine der Quellen des europäischen Nationalismus. Man kann den Nationalismus als Usurpation der Landverheißung an Gottes erwähltes Volk sehen. Solches zeichnet sich schon früh in Frankreich ab: Seit dem dreizehnten Jahrhundert gibt es die Ideologie, Frankreich sei das „Neue Israël", Frankreich sei Gottes Königreich.[71] Doch erst mit dem 19. Jahrhundert bekommt der Nationalismus jenes bedrohliche, pervertierte Gesicht einer das eigene Volk, die eigene Nation vergötzenden Machtideologie, die zu den großen Katastrophen des 20. Jahrhunderts geführt hat. Die radikale Perversion der biblischen Erwählung und Landverheißung erfolgt in der Rassenideologie des Nationalsozialismus und in der Klassenideologie des Marxismus-Leninismus.

Im Raum dieser wildgewordenen biblischen Erwählungsideen des Nationalismus hat der emanzipierte, agnostische Jude Theodor Herzl seinen jüdischen Nationalismus entwickelt. Auch wenn Herzl mit der Idee eines Judenstaates in Uganda oder anderswo spielte, die Anziehungskraft von Erez Israël erwies sich als stärker und größer. Und mit der Besinnung auf Erez Israël begann für den emanzipierten Theodor Herzl eine Rückbesinnung auf seine Quellen. Auf dem ersten Zionistenkongreß in Basel 1897 sagte er: „Der Zionismus ist die Heimkehr zum Judentum, noch vor der Rückkehr ins Judenland." Auf dem zweiten zionistischen Kongreß sagte Theodor Herzl: „Wenn es überhaupt legitime Ansprüche auf ein Stück der Erdoberfläche gibt, so müssen alle Völker, die an die Bibel glauben, das Recht der Juden anerkennen."[72] Von diesen beiden Worten Herzls ausgehend, versuche ich drei zusammenfassende Schlußbemerkungen zu formulieren:

1. Es war entscheidend wichtig, daß das frühe Christentum, die Kirche Roms, zu Markion ein klares Nein gespro-

chen und damit die gesamte Bibel, Altes und Neues Testament, in die ganze Welt hinausgetragen hat. Ein anderes Ja unterblieb freilich weitgehend, und diese Unterlassung hatte schwere negative Folgen: das Ja zur Fortdauer des erwählten Volkes auch dort, wo es in Jesus von Nazareth nicht den Messias Israëls, den Heiland der Welt erkennen konnte. Es bedurfte einer langen Zeit, einer Zeit voll Blut und Wunden, bis mit der Konzilserklärung „Nostra Aetate“ 1965 und den nachfolgenden Erklärungen der Päpste im christlichen Bewußtsein deutlich hervortrat, was bereits Paulus über Gottes bleibende Treue zu seinem Volk und seinem Bund gesagt hat: „Sie sind Israëliten: damit haben sie die Sohnschaft, die Herrlichkeit, die Bundesordnungen, ihnen ist das Gesetz gegeben, der Gottesdienst und die Verheißungen, sie haben die Väter, und dem Fleisch nach entstammt ihnen der Christus ...“ (Röm 9, 4–5); „... denn unwiderruflich sind Gnade und Berufung, die Gott gewährt“ (Röm 11, 29). Herzl sprach von der Heimkehr zum Judentum. Eine „Heimkehr“ zu den Wurzeln ereignet sich auch in der Kirche.

2. Papst Johannes Paul II. hat am 17. November 1980 in Mainz gesagt, daß „der Alte Bund niemals gekündigt worden ist“. Dieser Bund verpflichtet die Juden, Gott in Erez Israël zu dienen, im Land der Verheißung. Insofern ist die Heimkehr nach Erez Israël ein heiliges Gebot, das sich aus dem bleibenden Bund ergibt. Freilich ist diese Pflicht nicht identisch mit der Gründung eines souveränen Staates. Das wußte Herzl selber, wenn er eine Theokratie für den „Judenstaat“ ablehnte. Das hindert nicht daran, den Wunsch nach einer nationalen Heimstätte des jüdischen Volkes zu bejahen, ja zu begrüßen und zu unterstützen, wie es vielfach von christlicher Seite geschah. Nur mußte diese Gründung den mühevollen, leidensreichen Weg einer völkerrechtlich verankerten, auch der palästinensischen Bevölkerung gerecht werdenden Weise verfol-

gen. Der lange Weg zu einem dauerhaften Frieden ist noch nicht zum Ziel gelangt.

3. Dieser Weg zur völkerrechtlichen Sicherung des Friedens geht immer auch und entscheidend über Menschen, die den Weg der Gerechtigkeit gehen. Beim Propheten Jesaja steht: „Zion wird durch Recht erlöst werden und seine Bewohner durch Gerechtigkeit" (Jes 1, 27). Und im Buch Exodus: „Einen Fremden sollst du nicht ausbeuten. Ihr wißt doch, wie es einem Fremden zumute ist; denn ihr selbst seid in Ägypten Fremde gewesen" (Ex 23, 9). Die Heimkehr nach Erez Israël ist ein Zeichen der Hoffnung, noch nicht die Erfüllung der Hoffnung. Noch sind wir Pilger, und das ist uns allen gemeinsam, die wir versuchen, Kinder Abrahams zu sein, der selber sich als „Pilger und Beisassen" verstand. Noch sind die Kinder Israëls versprengt, auch wenn die Sammlung begonnen hat. Noch herrschen beschämende Spaltungen – welches Bild der Uneinheit geben die Christen im Heiligen Land, aber auch die Juden und die Moslems! – und doch erbitten wir alle von Gott, und das ist uns gemeinsam: „Erbittet Frieden für Jerusalem. Wer dich liebt, sei in dir geborgen" (Ps 122, 6).

10.
Kirche und Zukunft

Hoffnung über den Tod hinaus – Einübung des Lebens

Schlagwort „Jenseitsvertröstung"[73]

C. G. Jung hat einmal gesagt, der Glauben an die Unsterblichkeit gebe „dem Leben jenes ungestörte Fließen in die Zukunft, dessen es zur Vermeidung von Stockungen und Regressionen bedarf".[74]

Aus zwei Gründen vor allem, so scheint mir, besteht heute auch unter Theologen eine gewisse Scheu, sich einem Thema zuzuwenden, das wohl seit eh und je mit dem Gedanken an Sterben und Tod verbunden ist: die Unsterblichkeit, das „Leben nach dem Tod". Den ersten Grund sehe ich in der Verunsicherung, die durch die Religionskritik seit der Aufklärung vielfach entstanden ist: Ausblick, Hoffnung auf Unsterblichkeit gilt als „privatisierender Egoismus", als Anmaßung, als Verweigerung, sich in das Ganze integrieren zu lassen, als Beharren auf der eigenen Partikularität (so bei Hegel)[75]; gilt als Nicht-Ernst-Nehmen des Todes (Hegel betont das mit hinreißendem Pathos). Besonders im Gefolge von Karl Marx wird diese Kritik an der Unsterblichkeitshoffnung sozial gewendet und verstärkt dadurch ihre Wirkung: „Jenseitsvertröstung" wird zum Schlagwort, mit dem jedes Reden vom „ewigen Leben" zur unsozialen Ausflucht erklärt wird. Der Einsatz für eine gerechtere Welt wird zum exklusiven Gegensatz zur Hoffnung auf den „Himmel", auf das ewige Leben.

Der zweite Grund liegt in der heute ungeheuer verbreiteten Ansicht, die „unsterbliche Seele" sei etwas, was die griechische Philosophie als Kuckucksei in das noch unverdorbene Nest der jungen Christenheit gelegt habe. Der ausgebrütete Kuckuck habe dann allmählich das ursprünglich biblische Erbe aus dem Christentum herausgeworfen: nämlich eine „biblische Anthropologie", in der man von einem Leib-Seele-Dualismus nichts wisse, folglich auch nichts von einer unsterblichen Seele, die den Tod des Leibes überdauere. Der

Mensch der Bibel sei vielmehr ein Ganzes, der Tod betreffe den ganzen Menschen, es gehe nicht um Unsterblichkeit der Seele, sondern darum, daß die Auferstehung des ganzen Menschen verheißen sei.

Unsterblichkeitshoffnung gilt daher vielfach als unsozial und unbiblisch. Das genügt oft, daß der Prediger, der solche, meist mit Überzeugung und wissenschaftlichem Anspruch vorgetragene Thesen hört und liest, den Mut verliert, vom „ewigen Leben“ zu predigen. Damit ist aber den Predigten ein wichtiges Element verlorengegangen.

Die gegenwärtige Flut von Literatur über „Leben nach dem Tod“ ist zwar kein Beweis dafür, daß Hoffnung auf Unsterblichkeit nicht unsozial und unbiblisch ist, sie zeigt aber, wie wichtig es ist, daß die Christen dieses Thema von ihrer Warte aus beleuchten, daß wir „Rechenschaft geben von der Hoffnung, die in uns ist“ (1 Petr 3, 15). Solche Rechenschaft zu geben, möchte ich als Christ hier versuchen, weniger mit dem Anspruch des Fachtheologen, als vielmehr als „normaler Gläubiger“, dem der Glaube ein Licht bedeutet, das seinen Weg erhellt und Irrwege zu unterscheiden hilft. Ich werde dabei nicht versuchen, die ganze Debatte um „Unsterblichkeit der Seele oder Auferstehung der Toten“ zu referieren und dazu Stellung zu nehmen. Ich möchte etwas Einfacheres unternehmen: Ich möchte zunächst zeigen, wie wesentlich Hoffnung auf den „Himmel“, das „ewige Leben“ zur christlichen Botschaft gehört und ferner, wie sehr gerade von der christlichen Jenseitshoffnung stimmt, was C. G. Jung allgemein von der Unsterblichkeitshoffnung sagt: daß sie zu einem menschlicheren, „gelungenerem“ Leben hilft, daß sie auch eminent sozial ist.

Dabei wird freilich auch deutlich werden, daß die Unsterblichkeitshoffnung des christlichen Glaubens von anderen Unsterblichkeitskonzeptionen verschieden, zum Teil sogar mit ihnen unvereinbar ist. Ich denke dabei besonders an die zur Zeit wahre Triumphe feiernden „wissenschaftlichen" Unsterblichkeitsthesen, etwa an Jean Charons unsterbliche Elektronen oder Jacobsons parapsychologische Erklärung, aber auch an die Flut an reinkarnationistischer Leben-nach-dem-Tod-Literatur von seiten derer, die an Reinkarnation glauben.[76]

Unsterblichkeitshoffnung – biblisch reich belegt

Die Geheime Offenbarung, das letzte Buch der Bibel, schließt mit dem gewaltigen Ausblick: „Siehe – so spricht der, der auf dem Throne sitzt – siehe, ich mache alles neu" (Offb 21, 5).

Diese Verheißung richtet sich auf ein Jenseits von Zeit und Welt. Kein Zweifel für die Bibel, daß diese unsere Zeit und diese unsere Welt vergehen werden. Dazu bedarf es im übrigen gar keiner besonderen Offenbarung. Jeder Mensch weiß – oder kann wissen –, daß nicht nur er selber vergeht, sondern daß diese Welt vergeht, verglüht oder vereist, sich auflösen wird ... Was aber nicht evident ist, ist die Verheißung, die in der „Geheimen Offenbarung" steht: „Und ich sah einen neuen Himmel und eine neue Erde; denn der erste Himmel und die erste Erde sind verschwunden, und das Meer ist nicht mehr" (Offb 21, 1); der 2. Petrusbrief fügt hinzu: „Wir erwarten aber nach seiner Verheißung einen neuen Himmel und eine neue Erde, in denen Gerechtigkeit wohnt" (2 Petr 3, 13). Wie diese Gerechtigkeit aussehen soll, sagen Bilder der Apokalypse: „Gott wird abwischen alle Tränen von ihren Augen, und der Tod wird nicht mehr sein, und kein Leid noch Geschrei noch Schmerz wird mehr sein; denn das Erste ist vergangen. Siehe ich mache alles neu" (Offb 21, 4–5).

Die Wucht dieser Bilder ist unwiderstehlich. Und doch traut man sich heute oft nicht so recht, sie zuzulassen. Die besagte Kritik meint, solche Bilder würden zu leicht zur Jenseitsvertröstung mißbraucht, der Mensch werde demotiviert, hier und jetzt gegen Leid und Unrecht zu kämpfen, weil es ja erst dort und dann Trost und Gerechtigkeit geben werde. Ganz abgesehen von dieser Kritik stellt sich die viel schärfere Frage: Wieweit ist der „Himmel" für die Christen heute, für die unter uns, die sich als Christen betrachten, ein Sehnsuchtsbild? Wieweit wirkt für sie und für mich der Ausblick auf das ewige Leben motivierend, handlungsprägend, zielgebend für unser Leben und Sterben? Zwar bekennen wir im Credo, daß wir „an das ewige Leben" glauben; zwar spricht die Liturgie ständig von dem kommenden Leben, an dem wir Anteil erhalten werden. Aber können wir von uns sagen, daß uns als *die* Frage bewegt, was den schriftgelehrten Juden bewegte, der Jesus fragte: „Guter Meister, was muß ich tun, um das ewige Leben zu erlangen" (Lk 18, 18)? Wirkt diese Frage heute nicht maßlos egoistisch? An sein eigenes ewiges Heil denken, wo hier und jetzt die Menschen gefoltert werden und verhungern?

Die Hoffnung auf das ewige Leben ist nun freilich in den Grundtexten des Christentums so wesentlich, daß wir uns schwerlich der Frage entziehen können, ob wir Christen sind, wenn wir diese Hoffnung nicht teilen. Was machen wir mit einem Text wie dem folgenden: „Habt nicht die Welt lieb noch was in der Welt ist! Wenn jemand die Welt lieb hat, ist die Liebe zum Vater nicht in ihm . . . Die Welt vergeht und ihre Lust; wer aber den Willen Gottes tut, bleibt in Ewigkeit" (1 Joh 2, 15.17).

Die ersten Christen sprachen von sich als „Pilgern" und „Fremdlingen" (1 Petr 2, 11), sie sind „nicht von der Welt" (Joh 17, 16); sie empfinden sich hier als „im Exil, fern vom

Herrn" (2 Kor 5, 6); bei ihm ist ihre eigentliche Heimat, dorthin zieht es sie; Jesus selber sagt, sie sollten sich dort, im Himmel einen Schatz sammeln und dort solle ihr Herz hängen (Mt 6, 20f). Sie vergleichen ihre Situation mit den „Paröken" – denen, die nur vorübergehend in einem Land leben, das nicht das ihrige ist. Aus diesem Verständnis heraus wird sich der Name für ihre Gemeinschaft entwickeln: Paroikien, Parochien, woraus unser Wort „Pfarrei" wurde. Sie sind hier wie eine in einem fremden Land lebende Flüchtlingsgemeinde – wohin es sie zieht, ist die ewige Heimat: „denn wir haben hier keine bleibende Stadt, sondern wir suchen die künftige" (Hebr 13, 14).

Man kann aus diesen Worten sehr viel über das Selbstverständnis der ersten Christen heraushören. Wir brauchen nur die Situation der Flüchtlinge in unserem Jahrhundert anzusehen, um dieses Selbstverständnis etwas deutlicher zu fassen: Was macht den Flüchtling und Fremdling aus? Zum Schmerz über die Heimatlosigkeit, über den Verlust der Heimat, des vertrauten Lebensraumes kommt die Fremdheit im Land des Exils. Die Fremdheit geht meist Hand in Hand mit der sozialen, rechtlichen, menschlichen Ungeschütztheit: der Fremde ist ausgeliefert, er wird, selbst im gastlichsten Land, immer spüren, daß er nicht hierher gehört, er bleibt ein Fremder.

Die ersten Christen sahen in Abraham ihr „Modell", der von sich sagte: „Fremdling und Pilger bin ich" (Gen 23, 4), und sie sahen dies nicht nur begründet in der Tatsache, daß Abraham aufgebrochen ist aus seiner Heimat, fortgezogen, einem Ruf zu folgen, der ihn zum Fremden gemacht hat, sondern auch darin, daß er die ungesicherte Existenz des Fremdlings führte, mit all der Verachtung, Mißachtung und Entrechtung, die damit verbunden ist.[77]

Ist dieses Selbstverständnis noch das der heutigen Christen? Sind unsere Pfarreien Parökien, Exils- und Fremdlingsgemeinden? Das sind keine akademischen Fragen! In vielen Teilen der Welt hat die aktive Mitgliedschaft in einer „christlichen Gemeinde" heute zur Folge, daß die Betreffenden gesellschaftlich zu Geächteten werden, ihrer zivilen Rechte beraubt werden. Wer sich als Christ bekennt, wird in seinem eigenen Land, oft im eigenen Ort, in der eigenen Familie zum Fremden – denken wir etwa an Franz Jägerstätter, der die Einsamkeit und Fremdheit in seinem Dorf (und auch in seiner Kirche!) erleben mußte, weil ihm, wie er sagte, das Bürgerrecht im Reich Gottes wichtiger war als das Bürgerrecht im Dritten Reich.[78] Ein frühchristlicher Text hat das so formuliert: „Jede Heimat ist ihnen (den Christen) Fremde, und jede Fremde Heimat."[79] Diese Erfahrung kann, ja muß sich in gewissem Sinne in jeder Generation auf zweifache Weise wiederholen. Wenn sie sich nicht auf gewaltsame Weise *von außen* durch Verfolgungen aufdrängt, so bricht sie *von innen* her auf, wie eine innere Notwendigkeit, die sich aus der christlichen Erfahrung selbst ergibt. Wir sehen dann, wie Menschen „alles verlassen", um ein Leben der Armut und der radikalen Nachfolge zu führen. Wir sehen zum Beispiel die große Bewegung des alten Mönchtums (die Sehnsucht nach der Wüste) oder des irischen Mönchtums, wo Menschen von einer Sehnsucht erfaßt werden, ihre Heimat zu verlassen, um Christus als Fremde in fremden Ländern zu suchen.[80] Die Pilgerfahrten sind noch ein Echo dieser urchristlichen Haltung, sie sind Symbol für ein Lebensverständnis des Auf-dem-Weg-Seins. Die Wiederentdeckung der Fußwallfahrt mit ihren Mühen, aber auch mit ihren befreienden Erfahrungen der Loslösung, des Aufbruchs auf das heilige Ziel hin, scheint mir darauf hinzudeuten, daß diese christliche Grunderfahrung auch heute neu lebendig wird.[81]

Fremd werden, um in der Loslösung von Heimat, Sicherheit, Anerkennung und Geborgenheit die Loslösung einzuüben, die den Christen in seinem Verhältnis zur Welt bestimmen soll; Fremdling werden, weil er Fremdling ist, um zeichenhaft deutlich zu machen, daß er hier keine bleibende Stätte hat, wie Christus, der „in sein Eigentum kam, aber die Seinen nahmen ihn nicht auf" (Joh 1, 11); der in dieser Welt, die doch sein Werk ist, als einer gelebt hat, der von sich sagen konnte: „Die Füchse haben Gruben und die Vögel des Himmels Nester; der Menschensohn dagegen hat nichts, wo er sein Haupt hinlegen kann" (Mt 8, 20). In seiner Nachfolge verstanden sich also die ersten Christen als „die, die ihre Zelte im Himmel aufgeschlagen haben" (vgl. Offb 12, 12 und 13, 6), als solche, die das Himmlische Jerusalem zur Mutter haben (Gal 4, 25).

Und nun das Erstaunliche: Diese Menschen, die sich nach der ewigen Heimat sehnen, werden zu Zivilisatoren, Kultivatoren; zu liebevollen Sammlern und Pflegern alles Schönen und Wahren. Ich möchte einen Vergleich wagen: Mao Tsetung hat den „Neuen Menschen" utopisch erträumt und geplant, und sein gelehriger Schüler Pol-Pot hat, um diesen Neuen Menschen zu formen, die Hälfte seines kambodschanischen Volkes vernichtet, die gesamte geistige Elite liquidiert, alles überlieferte Wissen, alles kulturelle Erbe radikal zerstört, damit aus der Asche des alten ein neuer Mensch sich erheben kann. Die irischen Mönche, die auch von einem Neuen Menschen träumten, die das Kommen dieser Neuen Menschheit, des Neuen Himmels und der Neuen Erde ersehnten – hier bereits, freilich endgültig erst im Jenseits – haben nichts von der alten Kultur zerstört, sie haben sorgfältig die Klassiker der Römer abgeschrieben, selbst die frivolsten Komödien eines Plautus. Ihre Sehnsucht nach dem ganz Neuen, nach der radikalen Umwandlung von Mensch und Kosmos, hat sie nicht zu einem rasenden Zerstören getrieben, sondern zum liebevollen Aufbauen; ihre Sehnsucht nach dem

Jenseits hat sie zu Menschen gemacht, die die Erde lieben, zu Künstlern, Dichtern, zu Baumeistern von Domen.

Es berührt eigenartig, daß gerade die Zeiten intensiver Jenseitshoffnung Zeiten großer künstlerischer Kraft sind. Warum haben die Menschen der Gotik oder des Barock, die so stark aufs Jenseits bezogen waren, Zeit und Geduld gehabt, ihrer Hoffnung in Stein Gestalt zu geben? Diese Menschen, die in ihren Liedern sangen: „Mitten wir im Leben sind mit dem Tod umfangen", die die Hinfälligkeit des Lebens so intensiv erfuhren, ließen nicht einfach alles liegen und stehen, sie ließen die Welt nicht „fahren". Warum haben sie sich Zeit genommen, Dome und Kathedralen zu bauen? Es gehört viel Glauben dazu, eine Kathedrale zu beginnen im Wissen, daß mehrere Generationen daran bauen werden, ehe sie fertig sein wird, daß man selber die Vollendung nicht sehen wird. Zur Illustration dieser These sehe man sich nur an, wie platt und schwunglos die Kunst der Aufklärungszeit im Vergleich zur Hochblüte des Barock ist, dessen beschwingende Jenseitshoffnung im Klassizismus auf die Maße gutbürgerlicher, aufgeklärter Vernunft zusammengestutzt wurde: die Aufklärung macht den offenen barocken Himmel zur kahlen Decke und nimmt damit dem Leben auf der Erde Farbe und Freude.

Dies also ist meine These: Je intensiver die Jenseitshoffnung des einzelnen und der Gesellschaft, desto weniger besteht die Gefahr, daß ihr Verhalten in diesem Leben unmenschlich und ihr Sterben verdrängt wird. Zwischen Jenseitshoffnung und „Zustimmung zur Welt"[82] besteht eine „signifikante Korrelation". Diese These ist nicht „beweisbar". Mir scheinen aber so viele Erfahrungen dafür zu sprechen, daß sie nicht als bloße Behauptung zu gelten braucht. Ich möchte anhand von drei Beispielen diese These verdeutlichen. Die Beispiele entstammen dem sozialen, dem politischen und dem familiären Bereich.

Todesverdrängung ist Ewigkeitsverdrängung

Man hat viel von der Leid- und Todverdrängung in der „säkularisierten“ Gesellschaft gesprochen. Die Frage ist, ob diese Verdrängung nicht ineins die des Todes und des ewigen Lebens ist. Ein Züricher Psychiater, Dr. Florian Langegger, hat viele Jahre die Bildwelt der chronisch psychisch Kranken untersucht. Dabei hat er festgestellt, daß die Kranken ihren Zustand oft beschreiben als ein „wie tot sein“, ein „Lebendig-begraben-Sein“, ein „Schattendasein“. Er konnte feststellen, daß frappierende Parallelen zwischen den Unterweltsmythen verschiedener Kulturen und der Bildwelt dieser Kranken bestehen. Auch die Beschreibungen in Dantes Inferno (z. B. die im Eis eingefrorenen Lebendig-Toten) treffen zu.[83]

Im Gespräch mit ihm kam mir die Frage, ob dieses erschütternde Phänomen der Lebend-Toten unserer psychiatrischen Anstalten nicht etwas mit der Jenseitsverdrängung zu tun hat. Ich liefere meine Überlegungen mit gebotener Vorsicht: Wo der Ausblick auf das Jenseits ausfällt (ein großer Teil der Mitteleuropäer glaubt, es sei mit dem Tode alles aus!), wo die Verheißung ewigen Glücks als Hoffnungsbild verblaßt, muß die Glückserwartung sich auf dieses Leben konzentrieren: „Paradise now“, hier muß das Paradies gefunden werden! Dieses Leben wird mit einer Glückserwartung befrachtet, die es nicht tragen kann, weil es in diesem Leben kein bleibendes Glück geben kann. Krankheit, Leid und Tod, alles, was das sofortige Glück bedroht, muß verdrängt werden; sehr oft werden sie delegiert an solche, die „keinen Platz an der Sonne haben“: der Preis dafür ist hoch.[84] Könnten die genannten Phänomene bei den psychisch Kranken nicht auch damit zusammenhängen? Damit die Gesunden jetzt und hier ihr Paradies haben können, müssen die gespensterartigen Klinikbewohner jetzt und hier ein Unterweltsdasein führen!

Positiv gewendet: Die Solidarität der Gesunden, Glücklichen mit den Leidenden und Sterbenden ist nur möglich, wenn beide sich zur selben Welt gehörig wissen, wenn dieses Leben nicht für die einen das Paradies, für die anderen die Hölle, sondern für beide ein Unterwegs ist, durchaus jenes „Tal der Tränen", von dem das Kirchenlied singt. Übrigens ist das Bild vom Tränental, dessen sich eine eilfertige Liturgiemodernisierung schämt, ein zweiseitiges Bild. Es hat eine Trauer- und eine Hoffnungsseite: Trauer, weil es von den Tränen weiß, die in dieser „finsteren Schlucht" (Ps 23, 4) vergossen werden; Hoffnung, weil ein Tal eine Richtung hat, offen ist, und weil der Wanderer im finsteren Tal unterwegs ist zur lichten Weite: Solidarität aus dem Wissen, daß diese Erde und dieses Leben ein Ort des Leidens und der Tränen ist, aber ein offener Ort, in dem Hoffnung lebt, weil wir alle hier durchwandern.

Die Gefährlichkeit bloß irdischen Glücks

Daß die modernen politischen Utopien ihr Pathos weitgehend daraus beziehen, daß sie die jüdisch-christliche Jenseitshoffnung „umgekippt" haben in politische Diesseitserwartung, wurde immer wieder von Politologen gezeigt.[85] Es ist nur konsequent, daß die Marxsche Utopie der klassenlosen Gesellschaft dazu geführt hat, daß all diejenigen Menschen, die das Heraufkommen des verheißenen Glückszustandes verhindern, die sich ihm durch ihr „falsches Bewußtsein" entgegenstellen, einfach vernichtet werden. Aber auch die Glücks- und Wohlstandsforderung unserer Konsumgesellschaften kann nur aufrechterhalten werden, indem wir kollektiv die Augen verschließen vor dem Preis an Hunger und Armut, den die Völker in weniger weit entwickelten Ländern dafür bezahlen. Und betrachten wir die globalen Auswirkungen der hemmungslosen Rohstoffvergeudung, so müssen wir eingestehen, daß wir unser gegenwärtiges Wohl auf Kosten der künftigen Generationen erhalten.

Wann werden politische Parteien, die sich christlich nennen, den Mut haben, zu sagen, daß wir um unserer moralischen Integrität willen nicht weiter nur von Glücks- und Wohlstandsforderungen sprechen dürfen? Damit Politik menschengerecht ist, damit sie nicht zur hemmungslosen Macht- und Glückssicherung der einen auf Kosten der anderen wird, müßte sie sich der Verlogenheit und Gefährlichkeit unserer gängigen Glücks- und Wohlstandsforderungen bewußt sein. Das zuvor über Solidarität Gesagte gilt auch hier: Damit eine solidarische Politik möglich ist, eine Politik, die auch Selbstbeschränkung zum Wohle anderer kennt, darf eigentlich die Glückssicherung nicht das oberste Motiv der Politik sein – weder die Glückssicherung des eigenen Staatswesens (die dann auf Kosten anderer Länder ginge) noch die Glückssicherung für eine bestimmte Gruppe, Klasse oder Rasse im Staatswesen.

Gewiß kann solidarische Politik auch ohne ausdrücklichen Bezug aufs „Jenseits" motiviert werden, etwa durch die „goldene Regel": so zu handeln, wie man selber behandelt zu werden wünscht. Und doch meine ich, daß die Menschlichkeit der Politik dort am ehesten gewährleistet ist, wo die Menschen wissen, daß sie in diesem Leben Pilger sind, wo sie sich ausdrücklich unterwegs auf ein ewiges Ziel wissen, wo damit dem Bereich der (eigenen) irdischen Glückssicherung nie letzte Bedeutung zukommen kann. Eine solche Relativierung des politischen Bereichs und seiner Möglichkeiten bedeutet gerade nicht eine Einladung zur Resignation. Im Gegenteil, sie schafft erst die Voraussetzung für echte Freiheit. Denn wenn die Politik anerkennt, daß der Mensch eine ewige Bestimmung hat, dann kann sie, als zeitliche Wirklichkeit, keinen absoluten Anspruch auf den Menschen erheben. Der Mensch gehört nicht allein dem Staat, der Partei, dem Kollektiv, der Rasse, der Nation. Er geht wegen seiner ewigen Bestimmung nie ganz in seinen zeitlichen Bindungen auf. Er ist frei, weil seine Seele nicht dem Staat gehört, sondern Gott. Deshalb erachten alle totalitären Regime die Religion als den Hauptfeind, da jeder religiöse Akt die innere Freiheit gegenüber allen relativen Bindungen deutlich macht. Jede religiöse Betätigung ist ein sichtbarer Erweis, daß die politischen und gesellschaftlichen Autoritäten nur relativ sind[86]: „Gebt dem Kaiser, was des Kaisers ist, und Gott, was Gottes ist" (Mt 22, 17). Mit diesem Wort ist jede absolute politische Autorität aufgehoben und zugleich ihre relative Gültigkeit bestätigt.

Die ersten Christen waren sich wohl bewußt, was sie riskierten, indem sie dem Kaiser die göttlichen Ehren, die das Imperium forderte, verweigerten: für sie ist nur einer Kyrios, König und Herr: Christus. Und die Zugehörigkeit zu seinem Reich, das nicht von dieser Welt ist (Joh 18, 36), macht sie frei gegenüber allen Herrschaften dieser Welt. Und doch lehrten die ersten Christen, für den Kaiser zu beten (1 Tim 2, 7) und sich der Autorität des Kaisers zu unterwerfen (1 Petr 2, 13). Gerade wenn der Kaiser, wenn die Macht und die ihr dienende Politik nicht vergöttlicht werden, weil die Menschen nicht nur Bürger dieser Welt sind, ist die Chance gegeben, daß diese relative Macht menschengerecht gebraucht wird.[87]

Ein letztes Beispiel soll verdeutlichen, inwiefern die Jenseitsbezogenheit des Menschen Bedingung für einen menschengerechten Autoritätsgebrauch ist: das Problem der Vater-Sohn- beziehungsweise der Eltern-Kinder-Beziehung. Daß Väter und Söhne im Konflikt leben, ist seit Sigmund Freud fast zur Selbstverständlichkeit geworden, so daß Familien, in denen Vater und Sohn einander lieben und verstehen, beinahe der Krankhaftigkeit verdächtigt werden. Nun ist bekanntlich die Phase der ersten großen Autoritätskrise die Zeit, in der die Kinder feststellen, daß die Eltern nicht allwissend und allmächtig sind, daß der Vater nicht wie der „liebe Gott" ist. Die Enttäuschung wird um so größer sein, je absoluter die Vaterautorität zuvor war. Nun ist meine These, daß in einer Familie, in der die Kinder von früh an die Eltern beten sehen, in der sie an den Gesten und am Selbstverständnis der Eltern erfahren, daß es über den Eltern noch jemanden gibt, vor dem die Eltern sich selbst hinknien, die Relativierung der elterlichen Autorität nicht so dramatisch verlaufen wird. Der Vater war nie der Herrgott, er hat seine Autorität immer als relative ausgeübt, als einer, der selber nicht letzte Instanz ist. Ich meine daher, daß der Vater-Sohn-Konflikt in der seit Sigmund Freud als typisch erachteten Form ganz und gar nicht typisch, sondern noch einmal auch das Ergebnis des „Jenseitsverlustes" ist. Dem Vater, der nicht mehr selbst als Pilger mit relativer Autorität gesehen wird, wird eine absolute Autorität aufgebürdet, die er nicht tragen kann und darf: Er muß zur grausamen Tyrannenfigur und dann, entlarvt und entmachtet, zur traurigen Witzfigur werden. Wo Kinder ihre Eltern als betende Menschen erleben, dort muß das Eltern-Kind-Verhältnis nicht die ödipale Zerrfigur annehmen, die Freud ihm angesehen hat.

Am deutlichsten wird wohl, worum es geht, wenn wir unser Verhältnis zur Zeit unter diesem Gesichtspunkt betrachten. Meist leiden wir ja unter der doppelten Spannung: zuwenig Zeit zu haben und zuviel Zeit zu vergeuden. Dies ändert sich, wenn wir konsequent als solche leben, die zur Ewigkeit hin unterwegs sind. Wenn ich weiß, daß dieses Leben nicht alles und nicht das letzte ist, dann brauche ich nicht krampfhaft an meiner Zeit festzuhalten, um sie auszukosten, aus ihr alles herauszuholen, zu besitzen, zu genießen. Ich kann Leid annehmen, weil ich nicht ängstlich auf die Uhr schauen muß, wie mir die Minuten zerrinnen, die ich habe, um das Leben zu genießen. Paradoxerweise habe ich mehr Zeit, wenn ich auf das ewige Leben hin lebe. Die Gehetztheit des heutigen Lebens, die Tatsache, daß wir trotz aller gigantischen Zeitersparnis durch Maschinen und Computer immer weniger Zeit haben, kommt letztlich daher, daß wir zu wenig in der Ewigkeit leben.[88]

Anderseits gewinnt die Zeit eine ganz andere Dichte und Intensität, wenn sie im Ausblick auf die Ewigkeit gelebt wird. Ich bin viel intensiver verantwortlich für das, was ich mit meiner Zeit mache, die mir für dieses Leben anvertraut ist. Paulus sagt, wir sollen „die Zeit auskaufen" (Eph 5, 16). Was bleibt von dem, was wir mit unserer Zeit gemacht haben? Der Ernst dieser Frage klingt oft in den Gleichnissen Jesu an. Ist meine Zeit erfüllt, oder zerrinnt sie leer? Wenn ich weiß, daß dieses Leben ein Weg ist, dessen Ziel das ewige Leben ist, dann bin ich für jeden Schritt verantwortlich, da ich vom Weg abkommen, das Ziel verfehlen und damit mein eigenes (ewiges) Leben verspielen kann. Um diesen Ernst wissen die großen Epen, von der Odyssee angefangen: sie sind symbolische Schilderungen des menschlichen Lebensweges, seiner Zielgerichtetheit, der Irrfahrten, Gefahren, Kämpfe, aber auch der guten Götter, die den Herumirrenden beschützend begleiten und ihm schließlich die glückliche Heimkehr gönnen.

Andrej Sinjawskij, der seine Zeit nicht vergeudet hat und der doch sieben Jahre in Sibirien Zeit haben mußte, schreibt: „Das Leben der Menschen ähnelt einer Dienstreise – es ist kurz und verantwortungsvoll. Man kann nicht darauf rechnen, wie auf einen ständigen Wohnsitz, und sich Möbel anschaffen. Aber es ist einem auch nicht gestattet, vor sich hinzuleben, die Zeit zu verbringen wie im Urlaub. Es sind einem

Fristen gesetzt und Summen angewiesen. Und nicht nur einem allein. Wir alle auf der Erde sind weder Gäste noch Gastgeber, weder Touristen noch Einheimische. Wir alle befinden uns auf einer Dienstreise."[89]

Vielleicht gelingt es uns, von dieser Sicht aus ein geheimnisvolles Wort der Urkirche besser zu verstehen, das im ersten Jahrhundert in der Liturgie gesungen wurde: „Möge Deine Gnade kommen und möge die Welt vergehen."[90] Die Sehnsucht der frühen Christen richtet sich auf die Wiederkunft Christi, auf das Kommen des Reiches Gottes, um das wir in jedem Vater-Unser beten: Von dieser Wiederkunft erhoffen sie sich, daß alles neu wird, daß Tod und Leid besiegt werden, daß sie Gott schauen werden ... Aber dieses Kommen geht nicht ohne Leiden und Tod, die „Geburtswehen" der neuen Schöpfung (vgl. Röm 8, 19) vonstatten. Weil die Christen darum wissen, erscheinen sie den einen als weltverachtende Pessimisten, den anderen als naive Optimisten. Sie sind keines von beiden: sie lieben die Erde, weil sie wissen, daß nichts, was Gott geschaffen hat, schlecht ist (vgl. 1 Tim 4, 4), nichts verloren geht, kein Lächeln, keine Schönheit, kein Leben. Aber sie wissen auch, daß die Gestalt dieser Welt vergeht, und daß ihr Herz schon dort ist, wo sie nicht mehr Fremde und Pilger, sondern zu Hause sind. Diese Haltung wieder zu erlernen scheint mir ein wesentlicher Anspruch des Glaubens heute zu sein. Im folgenden sollen drei Wege exemplarischer Christen als Beispiel dafür in Erinnerung gerufen werden. Der österreichische Kanzler Engelbert Dollfuß, der oberösterreichische Bauer Franz Jägerstätter und die Ordensfrau Sr. Restituta Kafka sind in dieser Haltung in den Tod gegangen.

Am Beispiel Dollfuß: Der Sinn des Opfers[91]

Es ist nicht meine Aufgabe – und es fehlt mir dazu auch die Kompetenz –, eine historische, politische Würdigung Engelbert Dollfuß', Österreichs Kanzler, der am 25. Juli 1934 von Nationalsozialisten ermordet wurde, zu versuchen. Über Dollfuß als Menschen und Christen zu sprechen, ist schon angemessener. Andere haben dies aus bester Kenntnis versucht, nicht zuletzt seine eigene Tochter. Wichtige Zeugnisse über den Christen sind freilich unwiederbringlich verloren: die Akten der unter Kardinal Innitzer vorgenommenen Zeugenbefragung über das christliche Leben und Sterben des Kanzlers sind unauffindbar. Der Kardinal hat sie wohl 1938 aus Sorge um die Gefahr für die Zeugen vernichten lassen.

Freilich muß eine Stunde des Gedenkens, muß unser Gebet mit Christus ein Gebet für alle Menschen sein: für die Verstorbenen und die Lebenden, für die Täter und die Opfer, für die einstmals Verfeindeten, die nun alle vor dem einzig gerechten Richter stehen, der allein die Herzen kennt und der allein ganz vergeben kann. Engelbert Dollfuß hat sterbend seinen Mördern verziehen, darin ist er Christus, seinem Meister, gefolgt. Doch auch er bedarf der Vergebung seiner Opfer und des Erbarmens Gottes. Auch das darf nicht übersehen werden. Aber wer, wäre er auch der Bemühteste, Eifrigste, könnte von sich sagen, er bedürfe nicht der Vergebung?

Eine andere Frage, eine Frage des Glaubens, soll hier gestellt werden: die Frage, die sich jeder Mensch stellt, den ein schweres Unglück trifft, und der Mord an Engelbert Dollfuß war für seine Familie ein schwerer Schlag, und nach der Überzeugung vieler, damals wie heute, ein Unglück für Österreich, ja für die Welt. Die Frage also: Wie kann Gott so etwas zulassen? Der Glaube sagt, alles sei in Gottes Hand, seine Vorsehung lenke alles, die geringsten ebenso wie die großen Ereignisse. Hat Gott dies alles und die folgenden Katastrophen zugelassen? Blicken wir im Glauben auf die Geschichte, auch auf ihre tragischen Ereignisse, so müssen wir uns die Frage stellen: Wo ist Gottes Hand in diesen Zeitläufen? Wie kann jemand heute, nach Auschwitz und dem Gulag, mit der Kindlichkeit der Bergpredigt daran glauben, daß alles, alles in den Händen des liebenden, himmlischen Vaters ist?

War die Verknüpfung von „Zufällen", die am 25. Juli 1934 zum Mord am Kanzler führte, in Gottes Vorsehung? Im Katechismus der Katholischen Kirche steht: „Das Zeugnis der Schrift lautet einstimmig: Die Fürsorge der Vorsehung ist *konkret* und *unmittelbar;* sie kümmert sich um alles, von den geringsten Kleinigkeiten bis zu den großen weltgeschichtlichen Ereignissen" (KKK 303). Um alles, auch um die Verbrechen? Der Gläubige wird versuchen, oft im schmerzlichen Ringen, auch das Unglück, das ihn trifft, aus Gottes Hand anzunehmen.

Der Glaube an die Vorsehung Gottes erlaubt es uns nicht, vorschnelle Schlüsse zu ziehen, etwa in der Art, daß den Kanzler die Strafe für die Todesurteile vom Februar 1934 ereilt hätten. Auch der blasphemische Mißbrauch, den Hitler mit dem Wort „Vorsehung" getrieben hat, darf uns nicht daran hindern, in gläubigem Sinn nach den Wegen Gottes zu fragen. Wie immer die menschlichen Verstrickungen gewesen sein mögen (etwa daß der Kanzler am Tag vor seiner Ermordung die Begnadigung von Josef Gerl abgelehnt hat): Gott allein ist der gerechte Richter über die Herzen und die Taten! Es geht nicht an, die Vorsehung Gottes unmittelbar aus den Ereignissen ablesen zu wollen. Zu sehr sind Gottes Wege nicht unsere Wege und seine Gedanken nicht unsere.

Das Ereignis vom 25. Juli 1934 steht als dunkles Unglück da, und als solches wurde es von vielen wachen Menschen erkannt. Zwei Zeugnisse unter vielen: Die „Jüdische Front" schrieb am 31. Juli 1934 zum Mord an Dollfuß: „Denn in dieser Zeit, als der Haß gegen unsere Brüder und ihre Rechte anstürmte, war Bundeskanzler Dollfuß derjenige, der unbeirrt von den Losungen einer verhetzten Minderheit in der neuen ständischen Verfassung unsere Gleichberechtigkeit verankerte, eine Tat, die vielleicht nicht populär war, aber dem Gefühl der Gerechtigkeit und der inneren Verantwortung als Führer entsprang. Wir wissen ihm Dank dafür, daß er uns nicht zu Menschen zweiter Sorte stempeln ließ."

Es mag heute unpopulär sein, aber es muß gesagt sein: Es war die tiefe Überzeugung von jener „ersten Grundwahrheit", von der die österreichischen Bischöfe in ihrem zu wenig bekannten Hirtenbrief gegen den Nationalsozialismus vom Dezember 1933 sprachen, die Dollfuß – so sehr seine Regierung auch diktatoriale Züge hatte – zum entschiedenen Gegner des Nationalsozialismus machte. Sie lautet: „Die Menschheit ist eine einheitliche Familie, aufgebaut auf Gerechtigkeit und Liebe. Darum verurteilen wir den nationalsozialistischen Rassenwahn, der zum Rassenhaß und zu Völkerkonflikten führt, ja führen muß." Max Horkheimer hatte die Lehre von der einen Menschheitsfamilie als die „großartigste Lehre in der jüdischen und christlichen Religion" bezeichnet. Im Brief des Apostels Paulus an die Epheser kommt sie zum Ausdruck: „ein Gott und Vater aller, der über allem und durch alles und in allem ist" (Eph 4, 6). Pius XII. nannte es 1939, in ausdrücklicher Ablehnung der Rassenideologie, „das Gesetz der Solidarität und Liebe zwischen den Menschen", das auf der inneren Einheit der Menschheitsfamilie des einen Gottes und Vaters aller beruht. Es ist daher ein krasses Unrecht, Dollfuß und Hitler, oder auch Dollfuß und Stalin nebeneinander zu stellen. Es ist dies vor allem nicht zu verantworten vor den Opfern Hitlers und Stalins.

Das zweite Zeugnis, das ich dafür nennen möchte, ist Karl Kraus, von dem Werner Kraft, sein jüdischer Biograph, sagt: „Er war für Dollfuß und gegen Hitler, er war für Dollfuß, weil dieser gegen Hitler war, er war radikal gegen Hitler, er war radikal für Dollfuß, weil er ihn für einen Mann hielt, der dieser Aufgabe gewachsen war . . . Als er [Dollfuß] ermordet wurde, hat er geweint . . . Er wußte, warum. Es war alles verloren, nicht nur Österreich, sondern die deutsche Welt und die Welt als ganze."[92] Und wie, wenn der einsame Kampf die braune Flut doch zum Stillstand gebracht hätte?

Wir sind hier wieder bei der Frage der göttlichen Vorsehung: warum kam es zur Katastrophe? Der Katechismus zitiert ein Wort des heiligen Augustinus: „Der allmächtige Gott . . . könnte in seiner unendlichen Güte unmöglich irgend etwas Böses in seinen Werken dulden, wenn er nicht dermaßen allmächtig und gut wäre, daß er auch aus dem Bösen Gutes zu ziehen vermöchte."[93]

Versagt dieser Glaube angesichts der Grauen, die in unserem so fortschrittlichen Jahrhundert geschahen? Eines ist gewiß: die Wege der Vorsehung Gottes werden uns erst ganz offenbar sein, wenn wir Gott schauen werden, wie Er ist. Und noch etwas können wir im Glauben als gewiß annehmen: in allem Dunkel leuchten schon jetzt Zeichen der guten Fügungen Gottes. So dürfen wir heute sagen, daß der gemeinsame Weg der Verfeindeten der Ersten Republik durch die Nacht der Lager von Dachau und Mauthausen eine Kultur der Gemeinsamkeit geprägt hat, auf die der soziale Friede und die Eintracht unserer Republik aufbauen. Die Geschichte des Volkes Gottes lehrt: Die Prüfungen, die Gott zuläßt, sind Anrufe zur Umkehr. Auf zwei solche Anrufe Gottes an unsere Zeit im Sterben des Engelbert Dollfuß sei hingewiesen:

1. Der Mut und die Entschlossenheit dieses Menschen hat selbst viele Gegner beeindruckt. Seine Ermordung bleibt ein

dringender Aufruf, mutig den Anfängen des Bösen zu widerstehen, was wieder voraussetzt, das Böse beim Namen zu nennen. Glauben wir nicht, Rechtsstaatlichkeit und sozialer Friede erhielten sich quasi von selbst! Bedenken wir, daß unser gesellschaftlicher Frieden auf dem Mut und den Opfern derer beruhen, die aus der Katastrophe die Umkehr gelernt haben.

2. Das Opfer hat einen tiefen Sinn. Sein Leben zu opfern, im Alltäglichen der sich im Dienst verzehrenden Nächstenliebe oder im Ernstfall des Ganzopfers: das ist höchster Lebenssinn. Wir werden neuen Katastrophen nicht entgehen, wenn wir nicht neu die Freude der Opferbereitschaft lernen. Das Evangelium von der Brotvermehrung (Joh 6, 1–15) ist das anschauliche Bild für die Fruchtbarkeit des Opfers. Aus dem Wenigen, das dieser kleine Bub dabei hatte, den fünf Gerstenbroten und den zwei Fischen, macht Jesus Nahrung für Tausende, und es bleibt noch eine Überfülle an Resten. So wird es mit Jesu Lebensopfer sein: Sein Leib, hingegeben für alle, wird unerschöpfliche Nahrung und Kraftquelle, die nicht versiegt.

Engelbert Dollfuß hat sein Leben mit Christus leben wollen. In seinem Sterben hat er sich bewußt mit dem Opfer Christi vereint. So sinnlos dieser Tod erscheinen mag, so sehr er eine Katastrophe für Österreich und für die Welt war, der Glaube sagt uns, daß jedes Opfer, mit dem Opfer Christi verbunden, Sinn hat, wirksam bleibt, unsichtbarer Quell; wirksamer oft als die lauten, die sichtbaren Taten, die die Geschichte registriert. Im Opfer Christi, das in der heiligen Messe geheimnisvoll Gegenwart wird, dürfen wir gewiß sein, daß das Lebensopfer des Kanzlers und die vielen, meist verborgenen Opfer von damals und heute unserer Heimat und der „ganzen Welt Frieden und Heil“ bringen.

Am Beispiel Jägerstätter: Das Zeugnis des Glaubens[94]

Mit dem Wort Martyrium verbindet das heutige Sprachempfinden vor allem den Gedanken des Erleidens und Erduldens von ungerechter Gewalt, sei es um des Glaubens willen, wenn Martyrium im engeren Sinn gefaßt wird, sei es um der Gerechtigkeit und Menschlichkeit willen, faßt man Martyrium im weiteren Sinn. Der Aspekt des gewaltlosen Erleidens von Gewalttätigkeit scheint dabei der gemeinsame Nenner zu sein: Martyrium als „Anti-Gewalt".

Andere Akzente setzt das altkirchliche Verständnis von Märtyrer und Martyrium.[95] Gewiß fehlt auch da nicht der Aspekt des Erleidens von Verfolgung und ungerechter Gewalt, der Hauptton liegt aber darauf, daß der Märtyrer ein Kämpfer ist, ein Streiter in einem gewaltigen Kampf, in dem alle „Mächte und Gewalten" dieser Welt ihre äußerste Kraft aufbieten gegen eine andere Macht und Gewalt, in deren „Kriegsdienst" der Märtyrer steht. Der Märtyrer gehört zur militia Christi[96]; in der Schlacht, in der er mitkämpft, geht es um den endgültigen Sieg des „Herrn der Herren, des Königs der Könige" (Offb 17, 14), und wenn der Märtyrer siegt, dann siegt Christus in ihm, weil in seinem Leiden Christus selbst gelitten hat. Nicht Gewalt und Gewaltlosigkeit stehen einander gegenüber, sondern zwei Gewalten, freilich unterschiedlicher Art und mit unterschiedlichen Mitteln kämpfend. Welche diese Gewalten sind und um welchen Einsatz es in ihrem Kampf geht, das macht das Martyrium offenbar, ja in gewisser Weise treten diese Gewalten überhaupt erst offen zutage im Kampf der Märtyrer. Denn nach der Sicht der Apokalypse hat erst der Sieg Christi – und der der Märtyrer in ihm – die „Mächte und Gewalten" entfesselt, die gegen seine Herrschaft kämpfen. Damit erhält aber das Zeugnis der

Märtyrer eine Schlüsselstellung in der Frage nach dem Wesen der Gewalt, der Macht und der Herrschaft.

Das Martyrium als Teilnahme am endzeitlichen Kampf der Gewalten zu sehen, war nicht einfach eine überhitzte Phantasie der frühen Kirche. An einer so klaren Märtyrergestalt wie dem oberösterreichischen Bauern Franz Jägerstätter kann man die bleibende Aktualität dieses Verständnisses ablesen.[97] Sein klares Zeugnis, das ihn zur Ablehnung des Waffendienstes in Hitlers Reich führte, legt die Mächte bloß, die hier im Kampf sind. Seine Schrift, in der er 1943, schon zum Tode verurteilt, seine Überzeugung begründete, ist in ihrer schlichten Wahrhaftigkeit ein Spiegel für jeden, der sich fragen will, wie es im Ernstfall um sein Christsein steht. Wir zitieren auszugsweise aus dieser „Gefangenschaftserklärung":

„Will hier nun einige Worte niederschreiben, wie sie mir gerade aus dem Sinn und auch vom Herzen kommen. Wenn ich sie auch mit gefesselten Händen schreibe, so ist es mir noch immer lieber, als wenn der Wille gefesselt wäre. Nicht Kerker, nicht Fesseln oder Todesurteil sind es imstande, einem Glauben und den freien Willen zu rauben. Gott gibt so viel Kraft, daß (sich) alles Leid ertragen läßt, die stärker ist als alle Macht der Welt. Gottes Macht ist unbesiegbar. Wenn man sich für jeden Menschen solche Mühe geben möchte, (ihn) von der schweren Sünde, die den ewigen Tod mit sich bringt, zu warnen und davon abzuhalten, als man mit mir sich Mühe gibt, vom ehrlosen Tode zu erwarnen, so glaube ich, hätte der Satan am Jüngsten Tag eine magere Ernte zu erwarten. Immer wieder möchte man einem das Gewissen erschweren betreffs Gattin und Kindern; ob man aber, weil man Gattin und Kinder hat, Gott durch Lügen – abgesehen von allem andern, was man noch tun soll – nicht beleidigt, kann ich natürlich nicht glauben. Hat nicht Christus selbst gesagt: ‚Wer Vater, Mutter oder die Kinder mehr liebt als mich, ist meiner nicht wert'? Oder: ‚Fürchtet euch nicht vor denen, die bloß den Leib töten, die Seele aber nicht töten können. Fürchtet vielmehr den, der Seele und Leib in die Hölle zu verderben vermag' ... Hätte Gott mir nicht die Gnade und die Kraft verliehen, für meinen Glauben auch zu sterben, wenn es verlangt wird, so würde ich vielleicht dasselbe tun wie die meisten anderen der Katholiken ... Wer das fertigbringt, für beide Reiche zu kämpfen, bei allen beiden Gemeinschaften gut zu stehen, nämlich bei der Gemeinschaft der Heiligen und bei der nationalsozialistischen Volksgemeinschaft, jeden Befehl, der im Dritten Reich gegeben wird, zu befolgen, ohne dabei mit den Geboten Gottes in Konflikt zu geraten, der mag meinetwegen ein großer Künstler sein. Ich bring' das eben nicht fertig. Und so will ich halt doch lieber auf die Rechte im Dritten Reich Verzicht leisten und mir die Rechte im Gottesreich sichern. Gut ist es freilich nicht, daß man der Familie dieses Leid nicht ersparen kann. Aber die Leiden dieser Welt sind kurz und gehen alle vorüber. Dann sind diese Leiden doch gar nicht zu vergleichen mit denen, die Jesus seiner lieben Mutter durch seine Leiden und Sterben nicht ersparen konnte!"[98]

Bei der Lektüre dieses Textes und anderer Schriften Jägerstätters, seiner Antworten auf die Argumente, mit denen man ihn vom Martyrium abhalten wollte, wird man unmittelbar der Worte Jesu inne: „Wenn sie euch überliefern, habt nicht Sorge, wie oder was ihr reden sollt, denn es wird euch in jener Stunde gegeben werden, was ihr zu sagen habt. Denn nicht ihr seid es, die reden, sondern der Geist eures Vaters ist es, der in euch redet" (Mt 10, 19–20). In den Worten Jägerstätters berührt die klare Geistesgetragenheit seines Sprechens und Handelns. Man kann nur staunen, mit welcher Sicherheit dieser einfache Mann die geistige und auch die politische Situation seiner Zeit erfaßte, Lüge von Wahrheit unterschied und selbst Priestern und seinem Linzer Bischof gegenüber bestimmt und demütig seinen Weg begründete, ohne je die Hierarchie oder die den Kriegsdienst leistenden Katholiken zu verurteilen.

In der alten Kirche las man am *dies natalis* des Märtyrers, am Tag seiner Geburt für das ewige Leben, den Bericht über sein Martyrium in der Liturgie vor. Es ging dabei wohl nicht nur um das Vorbild der Märtyrer; in ihrem geistgewirkten Zeugnis „vor Statthalter und Königen" (Mt 10, 18) gaben die Märtyrer der Kirche den rechten Blick, die „Zeichen der Zeit" zu verstehen, leuchtet doch im Geschehen des Martyriums die Wahrheit über die Zeit deutlich auf. Da wir heute gerne vom Lesen der „Zeichen der Zeit" sprechen, müssen wir um so sorgfältiger auf die Stimme der Zeugen hören, „die dem Lamm folgen wohin es geht" (Offb 14, 4). Geht es uns beim Lesen von Märtyrerberichten verschiedener Jahrhunderte nicht ähnlich wie den Emmausjüngern, als Jesus ihnen den Sinn, die innere Notwendigkeit seines Leidens erschloß und als ihnen dabei „das Herz brannte" (Lk 24, 22), weil wir dabei erahnen, daß im Martyrium das innerste Geheimnis Christi lebendig wird und seine Wirkkraft spürbar erscheint? Blicken wir in diesem Sinne auf einige Aspekte im Zeugnis Jägerstätters.

Grundlegend für seine Haltung ist die unbedingte Bereitschaft, Gott zu dienen. Die Treue zu Gott ist kostbarer als alles, selbst das eigene Leben: „Ich bin der Ansicht, daß jeder, der bereit ist, lieber zu leiden und zu sterben, als Gott durch die geringste läßliche Sünde zu beleidigen, auch für seinen Glauben leidet." Die Gottesherrschaft, deren Kommen Jesus verkündigte und bewirkte, kann nur angenommen werden in dieser unbedingten Bereitschaft, alles um ihretwillen hintanzustellen: „Suchet zuerst das Reich Gottes . . ." (Mt 6, 33). Es geht um die alte und immer neue Wahl zwischen den zwei Wegen (vgl. Dtn 30, 15–20), um die Entscheidung für den einen oder den anderen Herrn (Mt 6, 24), um die Wahl zwischen der Liebe Gottes und der Eigenliebe (Augustinus).

Die Wahl ist zuerst im eigenen Herzen zu treffen. Sie hat aber unweigerlich gesellschaftliche, ja in gewissem Sinne politische Folgen. Es ist nicht leicht, die politische Einstellung Jägerstätters genau zu erfassen. Sie hat sich unter dem Eindruck der politischen Verhältnisse und entsprechend der persönlichen religiösen Entwicklung gewandelt. Man hat zurecht davor gewarnt, Jägerstätters Ablehnung des Kriegsdienstes vorschnell als Pazifismus zu deuten. Er soll bereit gewesen sein, hätte die Möglichkeit bestanden, seine österreichische Heimat auch mit der Waffe zu verteidigen. In seiner letzten Gefangenschaft hat er aber geäußert, er ziehe es als Christ vor, mit dem Wort Gottes zu kämpfen und nicht mit den Waffen. Dennoch wäre er bereit gewesen, als Sanitätssoldat Dienst zu leisten, wie das inzwischen in Prag wieder aufgefundene Kriegsgerichtsurteil bezeugt.[99]

Doch hat seine einsame Wahl tiefere Motive als seine Heimatliebe, ohne diese auszuschließen. Die Wahl, vor die sich Jägerstätter gestellt weiß, ist nicht eine rein private Angelegenheit: Jeder muß sie treffen; jeder muß sich für oder gegen das Reich Gottes entscheiden. Warum aber haben Millionen deutschsprachiger Katholiken ihre Wahl nicht in der Weise des oberösterreichischen Bauern getroffen? Dem Einwand, er verurteile durch seine Haltung alle diese Katholiken, begegnete er mit der klaren, geisterfüllten Antwort: „Es wurde ihnen nicht die Gnade gegeben." Jägerstätter weiß, daß seine Einsicht Gnade ist, und auch, daß Gott ihm die Gnade und die Kraft verliehen hat, für seinen Glauben zu sterben.

Auch wenn er sich nie ein Urteil über die Katholiken anmaßte, die seinem Entschluß nicht folgten, so muß doch die Einsamkeit seines Weges sehr schwer gewesen sein. Es gibt wohl Zeiten, wo einige wenige den Auftrag erhalten, gewissermaßen stellvertretend für die ganze Kirche im Martyrium den unbedingten Anspruch des Reiches Gottes zu bezeugen. Vielleicht gehört diese Einsamkeit zum Geheimnis des Martyriums. Aus seiner inneren Gewißheit heraus kann Jägerstätter prophetisch sagen, daß eine neutrale Haltung gegenüber dem Dritten Reich nicht möglich ist. Seine Einstellung trifft sich dabei mit der urkirchlichen und letztlich neutestamentlichen Sicht: „Christus verlangt aber auch von uns ein öffentliches Bekenntnis unseres Glaubens, genau wie auch der Führer Adolf Hitler von seinen Volksgenossen." Das heißt für Jägerstätter nicht, daß man der weltlichen Obrigkeit nicht zu gehorchen habe. Gottes Gebot lehrt uns, sogar nichtchristlichen Oberen zu gehorchen, „aber nur soweit sie uns nichts Schlechtes befehlen; denn Gott müssen wir noch mehr gehorchen als den Menschen."

Der tiefste Grund aber, warum Jägerstätter der nationalsozialistischen Obrigkeit nicht gehorchen konnte, warum er jede Form der Kollaboration ablehnte, war der, daß er diese Macht „klar für teuflisch in Wesen und Ursprung" ansah. So ist der Ernst seines Lebenseinsatzes im letzten nicht mehr politisch motiviert – und darin rühren wir an das Spezifische des christlichen Martyriums –, er entspringt vielmehr der Erkenntnis, daß es um einen „Kampf ums Ganze, um Sein oder Nichtsein" geht, „denn für ihn stand das ewige Leben oder der ewige Tod auf dem Spiel". Sein großer Schmerz muß gewesen sein, weder bei seinem Bischof noch (mit Ausnahmen) bei den Priestern ausdrückliches Verständnis für seine Erkenntnis und Ermutigung für die Konsequenzen, die er selber daraus zog, gefunden zu haben. Diese Einsamkeit mag das Schwerste auf seinem Weg gewesen sein: „Oh, wir armes, durch großen Wahn verblendetes Volk!" Diese Einsamkeit mag aber auch zum Geheimnis seines Martyriums gehören, starb doch Christus selber verlassen . . .

Jägerstätter sieht in den Greueltaten des Naziregimes (über die er erstaunlich klar Bescheid weiß!) die sichtbaren Folgen einer „unsichtbaren Macht“, „die alles daran setzt, um den Menschen auf den Weg des Verderbens zu führen“. Er weiß, daß „nur, wer Gewalt bringt, das Himmelreich erlangt“ (vgl. Mt 11, 12). Daher sind Leiden unvermeidlich – aber was sind sie gegenüber der kommenden Herrlichkeit? Der Ausblick auf die kommende Herrlichkeit wird zu einem mächtigen Motiv in den Gefängnisbriefen an seine Frau: „Sollte es Gottes Wille sein, daß ich Euch auf dieser Welt nicht mehr sehe, so erhoffen wir es uns doch bald im Himmel.“ Und in seinem Osterbrief jubelt er: „Christus ist auferstanden – Alleluja ... Wenn wir auch harte Zeiten zu verkosten haben, so müssen und können wir uns doch mit der Kirche mitfreuen, denn was gibt es Freudigeres, als daß Christus wieder auferstanden ist und als Sieger über Tod und Hölle hervorgegangen ist! Was kann es für uns Christen Trostvolleres geben, als daß wir den Tod nicht mehr zu fürchten haben!“ Das ist der einzige wirkliche „Endsieg“, und er ist schon errungen.

Dabei bewahrt der Bauer Jägerstätter seinen Sinn für nüchterne Tatsachen: „Ich glaube, der Herrgott macht es uns jetzt doch ohnehin nicht so schwer, das Leben für unseren Glauben einzusetzen, denn wenn man bedenkt, daß in diesen schweren Kriegszeiten schon Tausende von jungen Menschen aufgefordert wurden, ihr Leben für den Nationalsozialismus einzusetzen, und viele mußten in diesem Kampf schon ihr blutjunges Leben opfern. Warum soll es denn dann härter sein, das Leben für einen König einzusetzen, der uns nicht bloß Pflichten auferlegt, sondern uns auch Rechte gibt, dessen Endsieg uns gewiß ist und dessen Reich, das wir uns dadurch erkämpfen, ewig bestehen wird?“

Die Überlegungen Jägerstätters erinnern erstaunlich an die Worte, die in der Mitte des zweiten Jahrhunderts Justin der

Märtyrer in seiner Verteidigungsschrift an den Kaiser richtet: „Wenn schon die von euch verpflichteten und in Dienst genommenen Soldaten das euch geleistete Gelöbnis höher achten als ihr Leben, ihre Eltern, ihre Heimat und alle ihre Angehörigen, obschon ihr ihnen nichts Unvergängliches bieten könnt, um wieviel mehr müssen wir, die nach Unvergänglichem trachten, alles auf uns nehmen, um das Ersehnte von dem zu erhalten, der die Macht hat, es zu geben?"[100]

Ohne diesen Ausblick auf die jenseitige Vollendung des Reiches Gottes wäre wohl schwer eine Antwort auf die brennende Frage zu finden, die Jägerstätter sich selber ausdrücklich gestellt hat: Was kann das Opfer eines einzelnen ausrichten? Dieser Frage muß sich jede „politische Theologie" stellen. Es ist die Frage nach dem Sinn des Todes Jesu und damit nach dem Sinn des christlichen Martyriums. Gerade hier, wo, menschlich gesehen, die Ohnmacht des „einsamen Zeugnisses" greifbar wird, stoßen wir auf den inneren Grund, warum im Evangelium und in der alten Kirche von den Märtyrern in Sieger- und Herrschaftssymbolen gesprochen wird: Wenn Jägerstätter auch alleine steht und sein Zeugnis der Öffentlichkeit verborgen bleibt, so bekommt doch seine Tat, weil sie in Einheit mit dem Kreuz und der Auferstehung Christi geschehen ist, geradezu weltgeschichtliche Bedeutung; seine einsame Tat wird Sieg in und mit dem Sieg Christi, und sei sie noch so verborgen, sie bedeutet Kommen der Gottesherrschaft.

Diese Wirksamkeit des Blutzeugnisses gehört zu den tiefsten Überzeugungen des Neuen Testamentes und der alten Kirche. Jägerstätter war sich dieser Dimension seines Zeugnisses durchaus bewußt: Seine Todeshingabe sollte ein Vorbild sein: „Will man denn nicht Christen sehen, die es noch fertig bringen, dazustehen inmitten allen Dunkels in überlegener Klarheit, Gefaßtheit und Sicherheit, die inmitten aller Fried- und Freudlosigkeit, Selbstsucht und Gehässigkeit dastehen im reinsten Frieden und Frohmut, die nicht sind wie schwankendes Schilfrohr, das von jedem leichten Winde hin- und hergetrieben (wird)?"

Nach Gordon C. Zahn „wollte er sein Leben opfern, um dem Regime zu zeigen, wie ungerecht dessen Krieg und dessen Kirchenverfolgung waren". Man wird dieses Motiv des Protestes durchaus gelten lassen, aber die Dimension, in der Jägerstätter die Macht des Dritten Reiches sah, macht verständlich, warum er im letzten Brief an seine Frau, wenige Stunden vor seiner Enthauptung, am 9. August 1943, schreiben konnte: „Möge Gott mein Leben hinnehmen als Sühneopfer nicht bloß für meine Sünden, sondern auch für (die der) anderen." Und: „Ich danke auch unserem lieben Jesus, daß ich für ihn leiden durfte und auch für ihn sterben darf." So ist der letzte Sinn seines Weges eingeborgen in das zentrale Heilsgeschehen, den Sühnetod Jesu Christi zur Erlösung aller Menschen. In dieser Sicht stellt sich die Frage nach dem Erfolg des „Kampfes für das Reich Gottes" in einer anderen Dimension als der der politischen Effizienz: politischer Erfolg kann nicht das letzte Kriterium sein.

Am Zeugnis Jägerstätters werden vor allem zwei Punkte besonders deutlich, die im heutigen Glaubensbewußtsein zu verschwimmen drohen: Zum einen, daß Jesu Tod ein Sühnetod war. „Jesus Christus ist die Sühne für unsere Sünden, nicht nur für die unseren, sondern auch für die der ganzen Welt" (1 Joh 2, 2). Nur als Teilnahme an diesem Sühneleiden Christi kann auch eine Situation sinnvoll sein, in der kein aktives Eintreten für Gerechtigkeit, kein direkter Kampf für eine menschenwürdigere Welt mehr möglich sind, wo als letztes Wort nur die Teilnahme am Kreuz Christi, am letzten Wort Gottes, verbleibt. Nur wenn Christi Kreuz die Welt erlöst hat, ist Martyrium kein „begeisterter Selbstmord", sondern das letzte Wort der Liebe.

Zum Zweiten aber macht der freimütige Tod Jägerstätters deutlich, daß unsere Heimat und unser Ziel der Himmel ist. Die Welt der Märtyrer steht und fällt mit der Hoffnung auf die kommende Vollendung der Gemeinschaft mit Christus im Himmel. Wäre dies nicht ihre tragende Hoffnung, so wären sie „beklagenswerter als alle Menschen" (1 Kor 15, 19). Daß alle Güter dieses Lebens nicht „den Freuden, die uns Gott in seinem Reiche bereitet hat", vorzuziehen sind, machen die Märtyrer anschaulich. Nur von dieser Hoffnung her versteht man die immer wieder bezeugte Freude der Märtyrer. Hier wird das Martyrium zur Testfrage an jeden Christen, wo er seinen Schatz hat und wo folglich sein Herz ist (vgl. Mt 6, 21); denn für das Zeugnis Christi selbst auf das Leben zu verzichten ist nur möglich, wenn die Herzen und der Sinn des Christen „droben" sind, „dort, wo Christus ist" (Kol 3, 1).

Mit diesem letzten Hinweis stellt sich aber erneut die anfangs aufgeworfene Frage, inwiefern das Martyrium die „Mächte und Gewalten" bloßlegt und offenbart. Das zuletzt Gesagte sieht nun gerade so aus, als ginge es im Ernstfall christlichen Lebens um eine „Flucht aus der Zeit", ein Aussteigen aus der Geschichte und ihren Kämpfen. Martyrium als Weltflucht: hinter diesem Einwand steht ein tiefgreifendes Mißverständnis des zentralsten christlichen Welt- und Geschichtsverständnisses.

Der Märtyrer, der den Tod des Leibes nicht fürchtet, der weiß, daß ihm „Sterben Gewinn ist", weil ihm Christus das Leben ist (Phil 1, 21), setzt gerade darin einen geschichtswirksamen, in gewisser Weise auch politischen Akt: der in der Zeit und in der Geschichte vollzogene Akt des Martyriums läßt Grenze und Ende der Geschichte sichtbar werden und konfrontiert damit jede irdische Macht und Gewalt unerbittlich mit ihrem Ende.

Nun hat gerade die Jenseitssehnsucht die Urkirche nicht daran gehindert, „zum Gebet und zur Danksagung (!) für Könige und alle, die in obrigkeitlicher Stellung sind“, zu ermahnen, „damit wir ein ruhiges und stilles Leben führen können in aller Frömmigkeit und Ehrbarkeit“ (1 Tim 2, 1–2; vgl. 1 Petr 2, 13–14). In vielen Ländern, in denen Totalitarismus und Korruption herrschen, erweisen sich heute die Christen als tragende Stützen einer gerechten Ordnung. Dies freilich nur unter der Voraussetzung, daß sie auf millenaristische Träume von einem irdisch-innerweltlichen messianischen Reich verzichten (vgl. Apg 1, 6–8), wie auch anderseits die weltliche Macht auf den Anspruch letzter Zuständigkeit verzichten muß; sie muß anerkennen, daß sie keinen letzten Anspruch auf den Menschen erheben kann. Angesichts massiver Ungerechtigkeiten und zunehmender Gewalttätigkeit in den Konflikten wächst bei vielen die Ungeduld. Die Flucht in die Gewalt scheint der einzige Ausweg zu sein, beziehungsweise die Resignation vor ihrer Unausweichlichkeit.

Die Märtyrer sind gerade in Zeiten solcher scheinbarer Ausweglosigkeit die lebendigen Zeugen dafür, daß Gewalt auch in der Geschichte nicht das letzte Wort ist, daß Frieden möglich ist, denn so sehr ihre Hoffnung auf das kommende Reich Christi ausblickt, so sehr wird doch gerade durch ihre Lebenshingabe das Reich Christi schon zur geschichtlichen Gegenwart. Die christliche Hoffnung erfüllt hier Ahnungen, die tief in der Geschichte der Menschheit wurzeln: daß das Opfer des Unschuldigen den Kreislauf der tödlichen Gewalt durchbricht und neu den Frieden stiftet. Christus ist „unser Friede“, er hat endgültig die „Feindschaft in seinem Fleisch vernichtet“, hat „Frieden gestiftet“ durch sein Blut (Eph 2, 14–18), weil in seinem Martyrium die Liebe über alle Gewalt des Bösen gesiegt hat. So sind gerade die Märtyrer für den christlichen Glauben die Bestätigung, an die Macht der Liebe auch in der Geschichte zu glauben. Diese Gewißheit spricht auch aus den Worten, mit denen Franz Jägerstätter sein geistliches Testament beendet: „Lieben wir die Feinde, segnen wir die, welche uns fluchen, beten wir für die, welche uns verfolgen. Denn die Liebe wird siegen und wird bleiben die ganze Ewigkeit. Und glücklich jene, welche in der Liebe Gottes leben und sterben."

Am Beispiel Sr. Restituta: Die Berufung der „Kleinen"[101]

Es war wohl eine Fügung der himmlischen Regie, daß die Kirche an dem Tag, an dem wir im Dom zu St. Stephan in einer Danksagungsmesse der seligen Schwester Restituta gedachten, zwei Märtyrer im Heiligenkalender verzeichnet hatte, deren Leben erstaunliche Parallelen mit dem Leben von Sr. Restituta aufweisen: die Heiligen Thomas Morus und John Fisher. Es gibt zwischen dem Schicksal dieser beiden Märtyrer – beide wurden enthauptet – und Sr. Restituta zutiefst berührende und bewegende Parallelen, ja Identitäten trotz des großen menschlichen Unterschiedes. Beide waren bedeutende Theologen, Thomas Morus war auch ein bedeutender Politiker seiner Zeit, Kanzler des Königs; beide zogen sich den Haß König Heinrichs VIII. zu, weil sie seine Ehescheidung und seine Wiederverheiratung nicht annehmen wollten. Beide haben die Treue zum Nachfolger des Petrus bewahrt und den Sukzessionseid und den Eid auf die Suprematsakte verweigert. John Fisher wurde noch im Kerker von Papst Paul III. zum Kardinal erhoben. Beide wurden des Hochverrats angeklagt und kurz hintereinander, John Fischer am 22. Juni und Thomas Morus am 6. Juli 1535, durch Enthaupten hingerichtet.

„Hochverrat“ lautete auch die Anklage gegen Sr. Restituta. Auch sie starb, weil sie ihrem Herrn die Treue hielt, nach ihrem Gewissen handelte und lieber in den Tod ging, als diese Treue zu brechen, oder, wie wir es mit den Worten von Franz Jägerstätter sagen könnten, sie wollte nicht dem Dritten Reich und dem Reich Christi zugleich dienen. Was verbindet diese drei von Herkunft und Rang so unterschiedlichen Menschen – den gebildeten Theologen John Fisher, den hochgelehrten Thomas Morus und die einfache Krankenschwester, die vor ihrem Ordenseintritt noch Trafikantin war? Die Antwort ist klar: Was sie verbindet, ist die Nachfolge Christi, das Mitgehen mit dem Herrn bis in den Tod, in Geradheit des Herzens und in Treue.

Es ist schwer zu verstehen, warum wir Christen Menschen seligpreisen, die für Christus in den Tod gehen – ein Paradox. Ein Biograph (P. Sagardoy) schreibt über Sr. Restituta: „Für Christus in der Dunkelheit des Gefängnisses zu sterben, ist keine Tat, die uns vor den Menschen erhebt, und der Weg des Kreuzes bis zum Schafott ist das Ergebnis einer Reihe von Schritten, von Spott und Hohn und nicht ein königlicher Weg.“[102] Heilig wird man, so können wir hier mit den Worten dieses Biographen sagen, durch eine Reihe von Schritten der ganz konkreten kleinen täglichen Kreuzesnachfolge: „Wer mein Jünger sein will, der nehme sein Kreuz auf sich und folge mir nach!“ (Mt 16, 24) und: „Wer sein Leben retten will, wird es verlieren; wer aber sein Leben um meinetwillen verliert, wird es gewinnen“ (Mt 16, 25).

Auf „Verlust“ standen alle Weichen des Lebens von Sr. Restituta, als sie am 18. Februar 1942 verhaftet wurde. Es war der Aschermittwoch, und durch dieses Tor des Aschermittwochs trat Restituta in ihre Passion, in ihre Leidenszeit ein. Sie fand sich plötzlich nicht nur in Gefahr für ihr Leben, sondern auch – und das ist in der Erfahrung der Märtyrer immer das größere Leid – innerem Leiden ausgesetzt, denn ihre Taten, mit denen sie sich die steigende Wut der Nationalsozialisten zugezogen hatte, wurden auch von einem Großteil ihres Ordens mit Kopfschütteln kommentiert: Warum mußte sie auch so unklug sein? Warum mußte sie dem Regime mißfallen? Wäre es nicht vernünftiger gewesen, nachzugeben, unauffällig zu bleiben, nichts zu riskieren? Mehr und mehr distanzierte sich die Generalleitung von ihr, die vorher zwar fachlich äußerst kompetent, menschlich herzlich und aufmerksam, aber vielleicht doch auch etwas zu eigenwillig gewesen war. Eine andere Versuchung tritt an sie heran: Wenn sie sich vom Orden löse, so verspricht man ihr, dann werde ihr das zum Vorteil gereichen.

Wie viele Parallelen für diese innere Bedrängnis in der Dunkelheit auf dem Weg zum Martyrium kennen wir aus der Geschichte der christlichen Heiligkeit? Von den Feinden bedrängt, von den Mitgliedern der eigenen geistlichen Familie zum Teil verlassen: Restituta erscheint uns hier wie der heilige Paulus, der aus dem Gefängnis seinen Schüler Timotheus bittet: „Schäme dich also nicht, dich zu unserem Herrn zu bekennen; schäme dich auch meiner nicht, der ich seinetwegen im Gefängnis bin, sondern leide mit mir für das Evangelium" (2 Tim 1, 8). Sie schreibt in dieser Lage in einem Brief: „Man mag einem alles nehmen, den Glauben, den man im Herzen trägt, den vermag einem niemand zu nehmen." Sie hat „in ihrem Herzen einen Altar aufgeschlagen", weiß aber auch, daß sie den Schatz des Glaubens in einem irdenen Gefäß trägt, das in Gefahr ist, zerbrochen zu werden (vgl. 2 Kor 4, 7).[103] Vielleicht hat sie innerlich dieses Gebet gesprochen, das der Priester still vor der Kommunion betet und das uns allen so zu Herzen geht: „. . . Gib, daß ich Deinen Geboten allzeit treu bleibe, und laß nicht zu, daß ich mich jemals von Dir trenne." Ebensosehr mag sie die Hoffnung des hl. Paulus und seine Zuversicht gehabt haben: „Ich weiß, daß er die Macht hat, das mir anvertraute Gut bis zu jenem Tag zu bewahren" (2 Tim 1, 12).

Ist nicht das die Erfahrung, die wir im Glauben machen und die uns der Heilige Vater in so zutiefst bewegender und eindrucksvoller Weise vorlebt, daß gerade in der Schwäche, in der Bedrängnis, in der äußeren und inneren Not die Gewißheit wächst, daß ein anderer uns trägt, unser Gut bewahrt, bis zu seinem Tag. Der Glaube, dieses uns anvertraute kostbare Gut, dieser Schatz, den wir in irdenen, also zerbrechlichen Gefäßen tragen, so sind wir uns bewußt, kann nicht durch eigene Kraft gerettet werden.

Wie der Herr durch Verrat ausgeliefert wurde, so auch Sr. Restituta. Aber die Auslieferung hat durch diesen Verrat erst begonnen: sie geht weiter und weiter bis zum Tod, denn Stufe für Stufe sinkt Restituta immer tiefer in die Ohnmacht. Sie, der man wegen ihrer Tatkraft und ihres unerschrockenen Auftretens den Spitznamen „Sr. Resoluta" gegeben hatte, muß nun lernen, daß jetzt das Aufgeben des eigenen Willens und das *„fiat"*, das „Ja" zu den Fügungen Gottes von ihr gefordert war.

Gott hatte sich in souveräner Freiheit nicht einen in den Augen der Welt bedeutenden Menschen erwählt, sondern einen von den Kleinen, den Durchschnittlichen. Auch das ist die Handschrift Jesu, seines Evangeliums. Eine Krankenschwester unter vielen anderen, eine Frau aus kleinen, ja armen Verhältnissen, wir könnten sagen, ein typisches „Wiener Mädel" mit einem Vater aus Mähren und einer Mutter aus Böhmen. Eine mollige, gutmütige, fröhliche, vielleicht manchmal in aller Tatkraft etwas barsch reagierende Schwester, die auch im Orden nicht durch zur Schau getragene Frömmigkeit auffiel, sondern durch Herzlichkeit, fachliche Kompetenz, unbestechlichen Gerechtigkeitssinn und manchmal vielleicht sogar durch ein bißchen zuwenig von dem, was man unter „Ordensgehorsam“ und unter „Askese“ versteht. Sie ist in den sich auf den hl. Franz von Asissi berufenden Orden „von der christlichen Liebe“ eingetreten – in Wien nennt man sie die „Hartmannschwestern“. Nun wird von ihr unerwartet das franziskanische Ideal völliger Armut bis zur Hingabe des Letzten erprobt. Alles, was sie, von außen gesehen, als Persönlichkeit zeigte und was sie charakterisierte, wird ihr genommen, sie wird selber wie im Feuer geprüft. Zunächst kann sie noch ihre tatkräftige Liebe auch ihren Mitgefangenen schenken. Sehr bewegend, wie sie einer Kindsmörderin, die von allen im Gefängnis geächtet wird, ihre Liebe nicht verweigert. Sr. Restituta wiederholt in ihren Briefen aus dem Gefängnis: „Gott wird uns nicht mehr auferlegen, als wir tragen können.“

Ein österreichischer Künstler hat eine berührende Statue der neuen Seligen geschaffen, die der Heilige Vater am 21. Juni 1998 in Wien gesegnet hat. Es ist das uns vertraute, lächelnde, gutmütig-breite Gesicht und herum eine Gestalt mit klaren, geraden Linien, wie ein Kristall. An einen Salzkristall habe er bei diesem Werk denken müssen, sagt der Künstler. Die Christen als Salz der Erde (vgl. Mt 5, 13)! Aber auch: Welche „Arbeit“ des Mutterbodens, daß ein Kristall wachsen kann, mit so reinen Linien, mit so glatten Flächen! Wer war da wohl am Werk? Der bevorzugte Beichtvater von Sr. Restituta, P. Schebesta, schreibt in seinen Erinnerungen: „Das barsche, überresolute Wesen der Schwester scheint mir eine mit den Jahren angezüchtete Charaktereigenschaft geworden zu sein, denn sie war zutiefst eine weiche Seele . . . Ich hatte mir wiederholt gesagt, daß sie der Herrgott in eine harte Schule nehmen würde; daß es eine so schwere sein würde, hatte ich nicht geahnt.“ Und er sagt weiter: „Ihr langes Martyrium war die Hochschule ihrer Seelenführung, sie hat sie ausgezeichnet bestanden. Sie wurde sich dessen bewußt, daß sie nicht mit dem Kopf durch die Wand könne, daß sie sich Gottes Willen fügen müsse. Sie fügte sich vorzüglich, wobei ihr die resolute Veranlagung behilflich war, die aber durch den Glauben erleuchtet wurde ..." Und er schließt: „Für mich ist es kein Zweifel, daß Sr. Restituta im Kerker zu einer Heiligen geworden ist ... Ich verehre die Schwester schon seit Jahr und Tag als eine Märtyrerin des Glaubens und gehe mit meinen Anliegen zu ihr."

Salz brennt und reinigt. Es brannte auch in den Hirnen der Machthaber, denn sie hatten erkannt, daß diese einfache Frau, die das Herz auf dem rechten Fleck hatte, sich kein Blatt vor den Mund nahm, daß sie von einem Anderen, Größeren getragen wurde, der in ihr diesen Machthabern entgegentrat und sie, die allmächtig Scheinenden, in Angst versetzte. In dieser Angst schrieben sie schon Monate vor Sr. Restitutas Hinrichtung: „Hinsichtlich einer etwaigen Freigabe der Leiche von Kafka an deren Angehörige zur schlichten Bestattung, hat die Staatspolizeileitstelle Wien insofern Bedenken, als dem Frauenorden, dem die Verurteilte angehört, die Rechte der Hinterbliebenen zukommen und von diesem Falle der Überlassung der Leiche eine unerwünschte Propagandatätigkeit und Verherrlichung der zum Tode Verurteilten als Märtyrerin zu erwarten ist."

Diese Angst der Machthaber hat bewirkt, daß tatsächlich keine Reliquien von ihrem Leib übrig geblieben sind, nur einige persönliche Hinterlassenschaften: das Ordenskleid, aus dem die Reliquien stammen, der Rosenkranz, das Eßbesteck, ihr Profeßring. Der Leichnam wurde in ein Massengrab geworfen, zusammen mit den Leichen der am selben Tag Exekutierten. Und es ist erschütternd zu sehen, wer diese Menschen waren: sechs einfache Straßenbahner, die es gewagt hatten, für einen ebenfalls hingerichteten Freund Geld für einen

Kranz zu sammeln. Welch äußerster Haß bis zur völligen Vernichtung spricht aus diesem Handeln des Regimes, welche unfaßbare Macht des Bösen!

Und dennoch: „Fürchtet euch nicht vor denen, die den Leib töten können“ (Mt 10, 28). Wieviel Angst und zugleich wieviel Haß spricht aus diesem Verhalten des Regimes! Und um wieviel größer als dieser Haß ist der Mensch, der in der Liebe bleibt und „der sein Leben hingibt für seine Freunde“ (vgl. Joh 15, 13)! Jesus nennt alle die seine Freunde, die ihm in Treue nachfolgen. Und was ist beseligender, was ist seliger als Sein Freund, Seine Freundin zu sein, so wie die Sr. Restituta, die uns der Herr als Selige geschenkt und durch das Wort des Papstes bestätigt hat. So dürfen wir bitten: Selige Sr. Restituta ermutige uns, lehre uns, hilf uns auch in schweren Zeiten, wie du in Treue und Hingabe an der Liebe des Herrn festzuhalten, sie anderen weiterzuschenken und Ihm, unserem Herrn, im Vertrauen entgegenzugehen, heute und bis zum Ziel unseres Lebens, bis zum Ende unserer Tage.

Sr. Restituta gehört, mit den mit ihr exekutierten Straßenbahnern, zu den „Einfachen“, deren Namen meist unbekannt und ungenannt bleiben. Sie sind es, die „recht und billig“ Denkenden und Handelnden, die geraden und aufrechten Menschen, ohne die keine demokratische Rechtsordnung, kein am Gemeinwohl orientiertes Gemeinwesen, auch keine kirchliche Gemeinschaft auf Dauer Bestand haben. Wenn Jesus solchen Menschen begegnete, war er „begeistert“ und hat Gott seinen Vater „gepriesen“ (Lk 10, 21). Wir schulden ihnen allen Dank, Hochachtung und Liebe.

Anmerkungen

1. Kirche und Gesellschaft, *Seite 11*

1 Vgl. J. RATZINGER, Salz der Erde, Stuttgart 1996, 193.

2 J. A. MÖHLER, Vom Geist des Zölibates. Beleuchtung der Denkschrift für die Aufhebung des den katholischen Geistlichen vorgeschriebenen Zölibates. Hg. von D. HATTRUP, Paderborn 1992.

3 Vgl. ST. HEID, Zölibat in der frühen Kirche, Paderborn 1997.

4 Hier sei vor allem auf die beeindruckenden Arbeiten der lateinamerikanischen Theologin MARIA THERESA PORCILE SANTISO verwiesen, besonders: La mujer, Espacio de salvación. Mision de la mujer en la Iglesia, una perspectiva antropológica, Montevideo 1991.

5 H. U. VON BALTHASAR, Der antirömische Affekt, Einsiedeln ^{2}1989, 153–187.

6 Überarbeitete Fassung eines Artikels in der Tageszeitung „Die Presse" vom 12. Mai 1995, S. 2.

7 Vgl. J. RATZINGER, Salz der Erde, Stuttgart 1996, 221.

8 Prof. Norbert Lohfink gab einem am 23. 6. 1998 in Brixen gehaltenen Vortrag den Titel: „Ein Gott, der Menschen zu Fremdlingen macht im eigenen Land" (pro manuscripto).

9 H. U. VON BALTHASAR hat gleich nach dem Konzil auf diesen „springenden Punkt" energisch hingewiesen. – Cordula oder der Ernstfall, Einsiedeln ^{4}1987.

10 Dazu die Übersicht von H. M. WOLF, Alte und neue Bräuche. Ein Forschungsprojekt in Wiener Pfarren, in: Heiliger Dienst 52 (1998) 67–90.

11 Der Brief an Diognet 5,5 (2. Jahrhundert), dt. von B. LORENZ, (Christliche Meister Bd. 18), Einsiedeln 1982, 19.

2. Kirche, Europa und Welt, *Seite 39*

12 Überarbeitete Fassung von: Prometheus und Ikarus. Arbeitspapier für die Tagung der Kommission der Bischofskonferenzen der Europäischen Union (COMECE) am 12. Juni 1995.

13 Überarbeitete Fassung von: Europa – eine Herausforderung für Christen? Vortrag im Stift St. Florian am 6. Mai 1994, Erstveröffentlichung in der Festschrift für Alois Mock.

14 PIUS XII., Enzyklika *Summi Pontificatus* vom 20. Oktober 1939, dt. in: Mensch und Gemeinschaft in christlicher Schau. Dokumente, hg. von E. MARMY, Freiburg/Schweiz 1945, 816–854.

15 M. HORKHEIMER, Die Sehnsucht nach dem ganz Anderen, Frankfurt 1971, 64–65.

16 J. ROVAN in: „Zur Debatte“, Nov./Dez. 1993, 4.

17 G. WAGNER, Österreich, Verlag der Staatsdruckerei 1982.

18 PIUS XII., Enzyklika *Summi Pontificatus.*

19 Artikel F, Absatz 2 des Vertrags von Maastricht.

20 J. RATZINGER in: „Europa – Horizonte der Hoffnung“ hg. von F. KÖNIG und K. RAHNER, Graz 1983, 71 und 67.

21 J. RATZINGER, Wendezeit für Europa, Einsiedeln 1992, 98.

22 Zitiert in W. WALDSTEIN, Il compito del diritto romano nell'Europa d'oggi, in: Scienza e cultura in Europa oggi, Bozen 1985, 101–113, hier: 101.

23 J. RATZINGER, Christlicher Glaube und Europa. 12 Predigten, München 1981, 9.

24 Überarbeitete Fassung von: Kirche und Europäische Union. Vortrag vor der Außenpolitischen Gesellschaft,

veröffentlicht in den Wiener Blättern zur Friedensforschung, Jg. 1997.

25 H. TEMPEL in: „Herder-Korrespondenz“ 4/1996, 187.

26 Vgl. A. ETZIONI, Entdeckung des Gemeinwesens, Stuttgart 1995.

27 J. B. METZ, Elementare Krisen – elementare Vergewisserungen. Eine Skizze, in: Kirche in der Gesellschaft. Wege in das 3. Jahrtausend, hg. vom Sekretariat der Österreichischen Bischofskonferenz, St. Pölten 1997, 17–20.

28 A. ETZIONI, Entdeckung des Gemeinwesens.

29 Johannes Paul II., Enzyklika *Laborem exercens* 6.

30 II. Vatikanisches Konzil, Pastoralkonstitution über die Kirche in der Welt von heute *Gaudium et Spes* 1.

3. Kirche und Politik, *Seite 77*

31 Überarbeitete Fassung von: Kirche und Politik. Versuch einer Standortbestimmung, in: was. Zeitschrift für Kultur und Politk, 83 (1995) 5–13.

32 II. Vatikanisches Konzil, Pastoralkonstitution über die Kirche in der Welt von heute *Gaudium et Spes* 24,3 und 25,1.

33 Siehe unten Kapitel 10. Kirche und Zukunft.

4. Kirche und Sozialverantwortung, *Seite 93*

34 Überarbeitete Fassung von: Die Katholische Soziallehre und die wirtschaftliche Entwicklung nach 1989. Vortrag vor dem Club Internationale Wirtschaft am 2. Oktober 1997.

35 M. ALBERT, Kapitalismus contra Kapitalismus, Frankfurt 1992, 223–224.

36 II. Vatikanisches Konzil, Pastoralkonstitution über die Kirche in der Welt von heute *Gaudium et Spes* 25,1.

5. Kirche und Bildung, *Seite 115*

37 Überarbeitete Fassung des Festvortrags anläßlich des 50jährigen Jubiläums des Erzbischöflichen Amtes für Unterricht und Erziehung am 16. April 1997.

38 Vgl. die Antrittsenzyklika Papst Johannes Pauls II. *Redemptor hominis.*

39 Überarbeitete Fassung der Festrede beim Festakt „90 Jahre Handelsakademie Schönborngasse“ am 27. Februar 1997.

40 Johannes Paul II., Enzyklika *Centesimus Annus* 29.

6. Kirche und Kunst, *Seite 131*

41 Überarbeitete Fassung von: Was erwartet sich ein Bischof von heutiger Kulturpolitik? Diskussionsbeitrag zum Dialog im Wiener Stadtschulrat am 8. März 1995 zum Thema „Kunst im Spannungsfeld von Staat und Kirche“.

42 So H.-J. SCHLEGEL in: A. TARKOVSKIJ, Die versiegelte Zeit, Berlin ^{3}1983, 253.

43 R. MENASSE, „Die Presse“, 17. Dezember 1994, S. 3.

44 G. STEINER, Von realer Gegenwart, München 1990.

45 A. TARKOWSKIJ, Die versiegelte Zeit, 57 und 50.

46 H. GAISBAUER, Bitterkeit und Schönheit. Simone Weil und die Gotteserfahrung in der Kunst, 1995, Pro manuscripto 6.

47 A. TARKOWSKIJ, Die versiegelte Zeit, 50.
48 Vgl. H. GAISBAUER, Bitterkeit und Schönheit, 24.
49 N. MANDELSTAM, Das Jahrhundert der Wölfe, Frankfurt 1970, 157.

7. Kirche und Massenkommunikation, *Seite 143*

50 Überarbeitete Fassung von: Menschenbild in einer digitalisierten Gesellschaft, Vortrag bei den Alpbacher Technologiegesprächen am 22. August 1996.
51 L. WITTGENSTEIN, Werkausgabe Band 1, Frankfurt 1984, 229.
52 Referat von A. POMPIDOU auf der COMECE-Tagung am 13. Oktober 1995.
53 H. JONAS, Das Prinzip Verantwortung, Frankfurt/M. 1984.

8. Kirche und Medizin, *Seite 159*

54 Vortrag vor der österreichischen Ärztekammer im Herbst 1998.
55 J. GEHRING/J. MATTLI, Überlebt Hippokrates? Unveröffentlichtes Manuskript. Ich verdanke diesem Vortrag auf einem Kongreß zur medizinischen Ethik im Februar 1998 in Davos wertvolle Anregungen.
56 Wie sehr die Fragen der medizinischen Ethik die wissenschaftliche Gemeinschaft bewegen, zeigt das „Forum" zum Thema „Medizin und Ethik" in: „Spektrum der Wissenschaft", Februar 1998, 46–61.
57 Presseerklärung der Österr. Ärztekammer vom 26. Februar 1998.

58 Vgl. das Manifest einiger prominenter Amerikaner aus diesem Anlaß im Februarheft des Jahres 1998 in der New Yorker Zeitschrift „First Things".

59 H. JONAS, Das Prinzip Verantwortung, Frankfurt/M. 1984, 235 und 242.

60 W. HIDDEMANN, Die Verantwortung des Arztes im 21. Jahrhundert, in: Spektrum der Wissenschaft 2/1998, 46–61; hier 49.

61 J. GEHRING/J. MATTLI, Überlebt Hippokrates?, 4.

62 Ἁγιῶς δὲ καὶ ὁσίως διατηρήσω βίον τὸν ἐμὸν καὶ τέχνην τὴν ἐμήν.

9. Kirche und Judentum, *Seite 181*

63 Überarbeitete Fassung der beiden Artikel: Judentum und Christentum. Annäherungen zum Thema, in: Das Jüdische Echo 46 (1997) 15–17; und: Was bedeutet uns Erez Israel? in: Theodor Herzl Symposion Wien. 100 Jahre „Der Judenstaat", 17.–21. März '96. Der Bericht, Wien 1996, 65–78; gleichlautend in: Internationale Katholische Zeitschrift *Communio* 25 (1996) 543–552.

64 A. V. HARNACK, Markion (TU 45), Leipzig 1924, 197–198.

65 A. ELON, Morgen in Jerusalem. Theodor Herzl. Sein Leben und Werk, Wien 1975, 223.

66 J.-M. LUSTIGER, „Let my people go", in: Nouvelle Revue Théologie 115 (1993) 481–495; hier 483–484.

67 Vgl. J. RATZINGER, Jesus von Nazareth, Israel und die Christen, in: ders., Evangelium, Katechese, Katechismus, München 1995, 63–83.

68 Siehe mPes X,5; vgl. bBer 12a–13a.

69 ZWI WERBLOWSKY, Die Bedeutung Jerusalems für Ju-

den, Christen und Moslems, Broschüre, Jerusalem 1988, 6–7.

70 E. v. IVÁNKA, Rhomäerreich und Gottesvolk, Freiburg 1968, 49–61.

71 Vgl. J.-M. LUSTIGER, „Let my people go", 493.

72 A. ELON, Morgen in Jerusalem, 256.

10. Kirche und Zukunft, *Seite 205*

73 Überarbeitetet aus: Vom menschlichen Sterben und vom Sinn des Todes. hg. von A. H. GRAF HENCKEL-DONNERSMARCK und ST. GRAF BETHLEN, Freiburg/Br. 1983, 133–148.

74 C. G. JUNG, Welt der Psyche, München ^{4}1973, 61f.

75 Vgl. die Texte bei H. U. VON BALTHASAR, Theodramatik, Bd 1, Einsiedeln 1974, 542 ff.

76 J. E. CHARON, Mort voici ta défaite, Paris 1979; N.-O. JACOBSON, Leben nach dem Tod?, Düsseldorf 1973.

77 Vgl. C. SPICQ, Vie chrétienne et pérégrination selon le Nouveau Testament, Paris 1972, 59–71.

78 Siehe unten: Am Beispiel Jägerstätter: Das Zeugnis des Glaubens.

79 Der Brief an Diognet 5, 5.

80 Eine recht anschauliche Darstellung gibt das Buch von J. LACARRIERE, Die Gott-Trunkenen, 1967.

81 Vgl. I. BAUMER, Wallfahrt als Handlungsspiel. Ein Beitrag zum Verständnis religiösen Handelns, Bern 1977.

82 Vgl. J. PIEPER, Zustimmung zur Welt. Eine Theorie des Festes, München 1963.

83 F. LANGEGGER, Psychiatrie und Unterwelt, in: W. PÖLDINGER/G. GRAF WITTGENSTEIN (Hg.), Psychologie und Psychopathologie der Hoffnung und des Glaubens,

Bern 1981 und ders., Doktor, Tod und Teufel, Frankfurt 1982.

84 Zum Phänomen der „Leiddelegation" vgl. H. E. RICHTER, Der Gotteskomplex, Hamburg 1978.

85 Vgl. etwa H. SCHNEIDER, Eschatologie und Politik, in: Religion, Wissenschaft, Kultur 23 (1972/73) 55–82 (mit reichlichen Literaturhinweisen).

86 Vgl. H. DE LUBAC, Die Kirche. Eine Betrachtung, Einsiedeln 1968, 143–180; Zitat: 144.

87 HUGO RAHNER hat diese frühchristliche Sicht des Verhältnisses von Kirche und Staat dokumentiert und ausgelegt: Kirche und Staat im frühen Christentum, München [2]1961.

88 Sehr ansprechend ist das Zeit-Haben in *Momo,* dem bekannten Kinderbuch von MICHAEL ENDE thematisiert.

89 ABRAM TERZ (SINJAWSKIJ), Gedanken hinter Gittern, Wien 1968.

90 Didache 10; Deutsche Ausgabe in der Reihe Fontes Christiani 1, Freiburg/Br. 1991.

91 Überarbeiteter Text der Predigt bei der Gedenkmesse für Engelbert Dollfuß zum 60. Jahrestag seiner Ermordung am Sonntag, 24. Juli 1994 in der Wiener Michaelerkirche.

92 W. KRAFT, Herz und Geist. Gesammelte Aufsätze zur deutschen Literatur, Wien 1989, 280 und 286.

93 AUGUSTINUS, Enchiridion ad Laurentium 11,3; KKK 311.

94 Gekürzt aus: Gewalt und Martyrium: Franz Jägerstätter – Zeuge des Glaubens. Vortrag gehalten in St. Radegund – Ostermiething am 9. August 1992, zum 49. Todestag von Franz Jägerstätter; vgl. auch: Franz Jägerstätter. Ein Zeugnis, in: Internationale Katholische Zeitschrift *Communio* 9 (1980), 271–278.

95 Die Literatur zum Thema ist immens. Es genügt hier der Hinweis auf den Artikel „Martyre“ im *Dictionnaire de Spiritualité* (W. RORDORF, A. SOLIGNAC) mit seinen umfassenden Literaturhinweisen.

96 Vgl. A. v. HARNACK, Militia Christi. Tübingen 1905.

97 Nach wie vor bleibt das verdienstvolle Werk von G. C. ZAHN, Er folgte seinem Gewissen. Das einsame Zeugnis des Franz Jägerstätter, Graz 1967 das grundlegende Werk über Jägerstätter.

98 Zitiert bei G. C. ZAHN, Er folgte seinem Gewissen, 270ff.

99 Veröffentlicht von N. HAASE, Gott mehr gehorcht als dem Staat. Franz Jägerstätter vor dem Reichskriegsgericht. Eine Dokumentation, in: Tribüne. Zeitschrift zum Verständnis des Judentums 29 (1990), Heft 114, 198–206, hier: 204.

100 JUSTIN D. MÄRTYRER, Apologie 1, 39.

101 Überarbeiteter Text der Predigt bei der ersten Messe zu Ehren der seligen Sr. Restituta Kafka im Dom zu St. Stephan, am 22. 6. 1998.

102 A. SAGARDOY, Gelegen und ungelegen. Die Lebenshingabe von Sr. Restituta, Wien 1996, hier: 95.

103 A. SAGARDOY, Gelegen und ungelegen, 59–60; vgl. dazu auch: Schwester Maria Restituta Kafka. Märtyrin aus dem Widerstand, Innsbruck 1998.